観光地ぶらり

橋本倫史

太田出版

観光地ぶらり

目次

プロローグ　わたしたちの目は、どんなひかりを見てきたのだろう

ここじゃないどこかへ旅に出る。

そんな時間を、わたしたちは求めている。

2020年の春にコロナ禍が始まり、移動が「制限」される日々になって、以前にも増して「旅に出たい」と感じるようになった。「自粛」を求められる時代にあって、目的も定めずにぶらりと観光に出かけるのは、どこか気が引けるところがあった。

観光から遠ざかった日々を過ごすにつれ、ひとつの疑問が浮かぶようになった。わたしたちはこれまで、何を求めて観光地に足を運んできたのだろう。部屋にこもりがちな日々に、そんな疑問が頭の中をめぐっていた。

あの日の晩も、そんなことを考えていた。

僕はその日、新宿・思い出横丁の「辰乃家」で飲んでいた。注文したサッポロの瓶ビールをひとくち飲んだところで、「どう、その席だと寒い？」と尋ねられた。ちょっと肌寒くはありますけど、寒いってほどでもないですねと答えると、「暖房をつけるかどうか、これぐらいの季節がいちばん迷うんだよね」とマ

スターは言った。あれは2022年の秋、10月も半ばを迎えた頃のことだった。

その日僕が腰をおろしたのは、入り口近くの席だった。「辰乃家」には戸がなく、店は通りに向かって開け放たれている。だから冬になると冷たい風に晒されるのだけれど、そこに座ると通りの様子を眺めながら酒が飲めるから、僕は好んでその席に座っている。

その日は、いつもの席から見える光景に変化があった。新型コロナウイルスに対する水際対策が緩和された影響か、ここ数年見かけなかった海外からの観光客が大勢行き交っていたのだ。斜め向かいの酒場に目をやると、常連客が観光客とおぼしきふたりと並んで飲んでいる。ホッピーを飲む常連客は、それはビールなのかと訊ねられ、「ノー、ノー。これ、ショーチュー」と笑顔で答えていた。その日を境に、海外からの観光客はどんどん増えてゆき、次第に団体客も見かけるようになった。団体客は、旗を掲げたガイドの後ろをついて歩き、目を輝かせながら写真を撮っている。今から60年前、日本人が海外旅行に出かけ始めたばかりの頃は、メガネ姿にカメラを提げた姿で日本人は戯画化されていたけれど、どこの国だって観光客の行動は似たようなものだ。

「昔から観光客はいたけど、こういうツアーみたいなのはなかったよ」。マスターがタバコを吸いながら教えてくれた。「最近だと、ドレスとかタキシードを着て、結婚式の写真を撮ってく人もいるよ。まあ、この風景はさ、日本人にとっても珍しいじゃん。こんな横丁でさ、しかも向こうを見たら高層ビルが広がってるわけだからね」

観光客は、何を目指して旅に出るのか。

2022年の春にも、そんなことを考えていた。

桜が咲き始めたある日のこと、僕は友人たちと日暮里駅で待ち合わせた。缶ビール片手に谷中霊園をそぞろ歩き、桜を見物したあと、夕やけだんだんを下って「谷中ぎんざ」を歩いた。この商店街を歩くのは久しぶりだという友人が、一軒の「店」の前で立ち止まった。そこには自動販売機だけが設置された無人の店がオープンしていた。それを見た友人は、こんな店ができたんだ、もうすっかり観光地じゃんか、とつぶやいた。

僕は谷中ぎんざから歩いて数分の場所に暮らしていることもあり、友人の言葉は意外な感じがした。僕が引っ越してきたときからもう、そこは観光客で賑わう場所になっていたからだ。

以前、谷中ぎんざにある「越後屋本店」で話を聞かせてもらったことがある。明治37（1904）年に創業された老舗の酒屋だ。

「ここはもともと、日暮里駅からの動線上に、自然発生的にできた商店街らしいんです」。お店の4代目・本間俊裕さんはそう教えてくれた。「戦前は少し北側に入った路地に商店街があったらしいんですけど、このあたりは戦争で焼け野原になったそうなんです。戦後に復興するときに、ここは日暮里駅からまっすぐ歩いてきた場所にありますから、ここらへんで始めたらいいんじゃないかということで、昭和23（1948）年に谷中銀座協進会が立ち上がったみたいですね」

元号が昭和だった頃には、各地に商店街が残っていたから、谷中ぎんざ商店街に観光客が集まることもなく、通りを行き交うのはほとんどが地元客だった。ただ、1996年にNHK連続テレビ小説『ひまわり』のロケ地に選ばれた頃から、少しずつ観光客が増え始めたのだという。それにともなって、「越後屋本店」では店頭で生ビールを販売するようになり、お客さんが軒先で飲んでいけるようにと一升瓶ケースをひっくり返して積み上げ、テーブルがわりに並べるようになったそうだ。今この時代に商店街を目指してやってくる観光客は、何を求めているのだろう？

「だって、何も見るとこないのにね」と、「越後屋本店」の女将さんであるスミ子さんは笑う。「根津のツツジだって、一年中見頃なわけじゃないでしょう。だからもう、食べて、飲んで、帰る。でもね、九州とか北海道とか、遠くからもわざわざ見えてくださるんですよ」

夕暮れどきに「越後屋本店」で黒ラベルの生を飲んでいると、学校帰りの小学生たちがランドセルを背負って駆けてゆく。シルバーカーを押しながら歩いてくるお年寄りの姿を認めると、スミ子さんは「お父さん、お茶買う？」と声をかけ、かわりに自動販売機でお茶を買ってあげている。そのお父さんはシルバーカーからたい焼きを取り出し、御礼に渡している。そんな光景を、僕はビールを飲みながら眺めている。風情がある光景だと感じている。

道を挟んだ向かい側には、少し前に閉店してしまった着物屋さんがあり、シャッターが下されたままになっている。その軒先では、観光客がメンチカツを頬張っている。彼らもきっと、昔ながらの商店街に風情を感じて、ここを訪れたのだろう。

ある時代まで、わたしたちは自分が生まれ育った場所で暮らすしかなかった。自分が生活する範囲を越えて旅に出ることも、容易なことではなかった。何も江戸時代まで遡らなくとも、自分の生活圏を越えて遠出することは、わりと最近まで珍しいことだったはずだ（だから各地に商店街が存在していたのだと思う）。

でも今は、どこに住むか、自由に選ぶことができる。休日になれば、ふらりと遠出することもできる。そうして人の移動が当たり前になった時代に、街をまなざす視線には、観光的なものが混じっている。「この街は風情がある」と感じて部屋を借りることにも、「あの街は風情がありそうだ」と休日に出かけることにも、観光的な視点が含まれる。そうなってくると、もはや誰もが観光客であることから逃れられないのではないかという気がしてくる。

思い出横丁に通って酒を飲んでいる僕も、観光客のひとりだ。

酒を飲んで酔っ払うだけなら、どこだって構わないはずだ。それなのに、思い出横丁で飲むことを、あえて選んでいる。

海外からの観光客もまた、東京には数えきれない「観光地」があるにもかかわらず、思い出横丁を訪れることを選んでいる。もしも僕が、思い出横丁に惚れ込んで、徒歩数分の場所に引っ越したとする。そこから毎日のように思い出横丁に通ったとしても、ある種の観光客であることは免れないように思う。

思い出横丁は、戦後の闇市を起源に持つ横丁だ。終戦から70年以上が経過した今も、当時の面影を残しながら営業を続けている。そこには歴史の影があり、時代の余韻があり、誰かがそこにいた気配を感じる。だから僕は思い出横丁に通い、酒を飲んでいる。海外からの観光客もきっと、佇まいが醸し出す気配に風情を感じて、思い出横丁を訪れているのだと思う。

観光とは、ひかりをみると書く。

僕はきっと、思い出横丁の佇まいに、なんらかのひかりを見出している。海外からの観光客もまた、そこになんらかのひかりを見出しているのだろう。だから、思い出横丁を行き交う観光客に、どこか親近感をおぼえる。

ただし、何にひかりを見出すかは人それぞれだ。すべての観光客が横丁にひかりを見出すわけではないだろう。

浅草に出かけるたび、そんなことを考える。

観光客で賑わう浅草は、平日でも大勢の観光客が行き交っている。レンタル衣装だろうか、着物姿でそぞろ歩く人もいれば、人力車で浅草めぐりをする人もいる。伝法院《でんぼういん》通に入ると、買い食いする人たちが溢れ返っている。メンチカツにカレーパン、チョコ団子に台湾唐揚げ。顔より大きなたこせんに、串刺しになったフライドポテト。いろんな料理をテイクアウトし、写真に収めている人たちの姿を眺めていると、スミ子さんが語っていた「食べて、飲んで、帰る」という言葉が思い出された。

伝法院通を抜け、昼間から賑わうホッピー通りを進んでいくと、東京楽天地浅草ビルが建っている。このビルの4階には「食と祭の殿堂」を謳う「浅草横町」があり、ネオ居酒屋というのか、レトロ調に誂《あつら》えた酒場が軒を連ねている。一歩外に出れば、創業から半世紀を超える老舗の食堂や酒場がいくらでもあるのだけれど、この浅草横町もそれなりに賑わっている。

レトロ調に誂えた新しいビルと、何十年続く老舗と——両者のあいだに、どれほどの違いがあるだろうか。

思い出横丁に足繁く通っているひとりとして、そこには決定的な違いがあるはずだと思っている。でも、そんなふうに断言しきれない自分もいる。「レトロ調のほうが、雰囲気を味わいながらも快適に過ごせるじゃないか」と言われたら、返す言葉を失ってしまう。

もしも僕よりずっと上の世代であれば、「両者は別物」だと言い切ることができたのだろう。ある世代までは、戦後の気配を漂わせる横丁にも、戦前から続く盛り場の浅草にも、あるリアリティを持ち得ていたのだと思う。

僕が生まれたのは昭和57（1982）年だ。

いちばん古い社会的な記憶は、「平成」という元号が発表された日のテレビ画面である。だから、昭和の記憶はかなり薄いものに限られている。ただ、昭和の余韻を引きずった90年代の気配は知っている。

昭和、平成、令和。時代とともに、「観光」もまた移り変わってきたのだろう。その手触りを確かめたくて、全国各地の観光地をぶらりとめぐってみることにした。観光地で商売をしてきた人たちに出会い、話を聞くことで、観光客は一体どんなひかりを見てきたのか、歴史を辿ってみることにした。ここに綴るのは、そんな旅の記録である。

道後温泉

いつか旅は終わる

幼い日の記憶を、思い返してみる。
あの頃の僕にとって、路面電車のある街に出かけることは、ひとつの旅だった。
生まれ育った小さな町にも、電車は走っていた。その路線というのは山陽本線だった。つまり、僕の生まれ育った町にある線路は、ずっと遠くの街——大阪や東京にもつながっていたのだけれど、そんな遠くの街にまで思いをめぐらせることは幼い日の僕にはできなかった。当時の僕にとって身近な「遠くの街」は、路面電車が走る広島の街だった。

広島市内を結ぶ路面電車には、いくつかの路線が存在する。そごうや福屋といった百貨店がある繁華街に向かうには、宇品行きではなく、宮島行きか江波《えば》行きの路線に乗る必要があった。田舎に暮らしていた僕からすると、そんなふうに路線を選ぶこと自体が物珍しく、路面電車に乗ることは小さな旅に感じられたのだった。

久しぶりに路面電車に揺られていると、幼い日の記憶が甦ってきた。ただし、今揺られているのは、当時は乗ることのなかった宇品方面に向かう路線だ。初めて目にする風景に見惚れているうちに乗客が減ってゆき、終点の宇品・広島港まで乗っていたのは3名だけだった。この港から、瀬戸内海に浮かぶ似島《にのしま》や江田島《えたじま》行きの航路と、呉経由松山行きの船が運航している。

港は旅情をそそる。

その港が、路面電車の終点にあるというのもまた、旅情をそそる。

11時20分発のフェリーのきっぷを買って、乗船開始時刻まで売店をひやかす。4軒並んだ売店は、扱う品が少しずつ異なる。どこももみじ饅頭が並んでいるが、こちらは「藤い屋」、あちらは「にしき堂」とメーカーが別だ。ぼんやり棚を眺めていると、しつけ糸と編み針が片隅に置かれていた。船の中で編み物をする誰かの姿を想像しながら、スポーツ新聞とお茶を買っておく。

フェリーは定刻通り広島港を出港した。雨が降っているせいか、瀬戸内の島々は霧に包まれ、茫洋とした風景が広がっている。波もなければ揺れもなく、淡い風景が流れてゆく。まるで夢のなかにいるみたいだ。のどかな島々の風景に、工場や造船所が突如として姿をあらわすのもまた、夢のようである。

出港から2時間半ほどで松山観光港が見えてきた。「観光港」とはいうものの、こぢんまりした旅館が2軒並んでいるきりで、漁村を思わせる佇まいだ。港の近くに正岡子規の句碑があり、「雪の間に小富士の風の薫りけり」と刻まれている。明治25（1892）年の夏に、正岡子規が高浜虚子の家を訪ねたのち、河東碧梧桐と3人で「延齢館」の雪の間で過ごしたときに詠んだ句だという。句碑の隣に、ありし日の延齢館の写真と説明書きもある。湾になった海岸線を見下ろすように建てられた楼閣は、海水浴客向けの納涼席としてつくられたもので、松山中学校に赴任した夏目漱石も子規と一緒に訪れたことがあるそうだ。だが、その楼閣は120年近く前に姿を消し、今ではもう、海水浴ができそうな砂浜も見当たらなかった。

ボストンバッグを手に10分ほど歩いて、高浜駅に出る。明治38（1905）年に完成した木造駅舎に風情を感じて、カメラを構える。この「風情を感じる」というのは一体どういう感情なんだろうかと思いつつ、何度かシャッターを切る。この高浜駅を起点とする伊予鉄道高浜線に20分ほど揺られ、松山市駅で路面電車に乗換をする。レトロな電車は唸りながらお濠端を走り、官公庁舎と繁華街をのんびり抜け、20分かけて道後温泉駅にたどり着く。

道後温泉の歴史は古く、日本最古の歌集・万葉集にも登場する。

熟田津《にぎたつ》に船乗りせむと月待てば潮もかなひぬ今は漕ぎ出でな

飛鳥時代の歌人・額田王《ぬかたのおおきみ》は、斉明天皇が瀬戸内の海に漕ぎ出そうとする情景を、こうして歌に詠んだ。斉明天皇の時代には、朝鮮半島をめぐる情勢が混迷を極めており、百済と関係の深かった倭国は救援を求められ、斉明天皇は軍を率いて出兵する。難波宮《なにわのみや》を発った一行は、「熟田津」に立ち寄り、2か月あまり滞在したのち九州へと船を出した。そののちに白村江の戦いが起こるのだが、この「熟田津」という港は、現在の道後温泉の近くだとされている。つまり、当時は道後温泉の近くまで海だったということだ。その時代の街並みは、船上からどんなふうに見えたのだろう。

土産物屋が建ち並ぶアーケード街は、祝日とあって観光客で賑わっている。途中で商店街は右に折れ、正面に巨大な絵画が見えてくる。道後温泉本館は4年前から保存修理工事に入っており、巨大な囲いで覆われてある。この道後温泉本館を通り過ぎたところに、常磐荘という旅館があった。

「いらっしゃいませ、お待ちしておりました」。格子戸を引くと、女将さんが出迎えてくれる。ここは大正9（1920）年に建てられた木造2階建ての旅館で、10年前にリノベーション工事を施したものの、昔ながらの面影を残している。せっかく道後温泉に泊まるのなら趣きのある旅館にしたいと、常磐荘を予約しておいたのだ。

「最初は何に使われていたのか、今となってはわからないんですよ」。女将さんがお茶を淹れながら教えてくれる。「私はお嫁にきたので、あんまり昔のことはわからないんですけど、主人の母がここを買って常磐荘という旅館になったのは、昭和39（1964）年だと聞いてます。私がここを手伝うようになったのは、昭和53（1978）年頃ですかね。その頃でも、このあたりは今と全然雰囲気が違いましたよ。うちみたいな旅館が両隣にもあったんですけど、古い建物はずいぶん少なくなりました。うちもね、耐震工事をしたから、古いのと新しいのが混ざってますけど。大きな地震が来そうだと言われているから、どうしてもそのままというわけにはいかなかったんです」

道後温泉は、大きな地震で何度か湯が止まったことがあり、そのたびに祈禱が行われてきたそうだ。万が一の場合に備えて、部屋にはヘルメットがある。建物の雰囲気に合うようにと、受話器と送話器が分かれた古い電話機が置かれている。部屋の片隅には木製ラジオ。気になる調度品はいくつもあるけれど、印象的なのはテレビが置かれていないことだった。

「この旅館を常磐荘として引き継いだときには、全部の部屋にテレビがあったと思うんです。でも、せっかく古い建物なんだから、タイムスリップをしてもらおうということで、テレビがない部屋を試験的につくってみたんです。ほしたら『テレビがないほうが落ち着けてよかったです』と言われる方が多かったので、それだったらもう、全部の部屋からのけてしまおう、と。テレビが観たかったというお客さんでも、一晩過ごしてみると、『ああ、テレビがないのもいいもんだね』と言って帰ってくださいます」

女将さんが淹れてくれたお茶を飲んだところで、さっそく散歩に出てみることにする。土産物屋が建ち並ぶアーケード街には、「道後ハイカラ通り」と名前がついているらしかった。坊っちゃん団子に一六タルト、ぬれおかきに金賞コロッケ、じゃこ天にみかんおにぎり、道後ぷりんにアイスもなか。夕食前に買い食いを楽しむ観光客をたくさん見かけた。アーケード街の終わりまで歩いてみると、ちょうどカラクリ時計が動いているところだ。

「この道後温泉は、日本最古の温泉として全国に知られ、年間を通じて、入浴客の絶え間がございません」。カラクリ時計の中央に配置されたマドンナが、そう語り出す。道後温泉界隈の観光スポットを案内して、「どうぞごゆっくり、松山の旅をお楽しみください」と告げ、カラクリ時計は元の形に戻った。

道後温泉をぶらついていると、〝坊っちゃん〟と〝マドンナ〟をよく見かける。観光会館の前に置かれた顔はめパネルも、坊っちゃんとマドンナが並んで描かれている。うどん屋には丼を手にした坊っちゃんの姿があり、陶器の販売所には花瓶を抱えるマドンナの姿がある。土産物屋の軒先には団子を手にした坊っちゃん像もあれば、店名にマドンナが含まれるお店も2軒見かけた。たしかに『坊っちゃん』の舞台は松山だ。ただ、小説のなかで夏目漱石は、「二十五万石の城下だって高の知れたものだ」「こんな所に住んでご城下だなどと威張ってる人間は可哀想なものだ」と、こきおろすように綴っている。その小説をこれだけ観光に援用するというのは、意趣返しのようでなんだかおかしかった。

土産物屋に入り、道後ビールを買った。この道後ビールにも、坊っちゃんとマドンナの名前が使われていた。ビールのほかに日本酒も買い求めて宿に引き返し、内湯につかる。常磐荘には客室が6部屋あるが、コロナ禍とあって4部屋しか稼働させていないらしかった。内湯の入り口には鍵があり、ひと組ずつ貸し切りで利用できる。湯は道後温泉から引かれていて、それを貸し切れるというのは贅沢だ。風呂から上がったところで、若女将が料理を運んできてくれた。

○刺身（鯵・鯛）
○鰆の酢の物
○サザエのつぼ焼き
○カサゴの姿揚げ
○野菜の炊き合わせ
○茶碗蒸し

○鯛のかぶと煮
○鯛の吸い物
○鯛めし

ひと皿ずつ運ばれてくる料理に舌鼓を打ち、日本酒をすいすい飲む。サザエのつぼ焼きには梅が和えてあって爽やかだ。最後の鯛めしは、お櫃にあったぶんまで全部平らげた。すっかり満腹になり、布団に横になる。古い建物だからか、外の喧騒が部屋の中に伝わってくる。通りを行き交う人たちの声に耳を傾けているうちに、いつのまにか眠ってしまった。

窓を開けると、道後温泉本館が見える。玄関にはあかりが灯っているものの、ひっそりと静まり返っている。時刻を確認すると午前4時だ。新聞配達のバイクが通り過ぎると、ふたたび静寂に包まれた。

5時を過ぎると、人の気配が漂い始める。外に目をやると、湯かごを手にしたカップルがいそいそと道後温泉本館へ歩いてゆくのが見えた。6時になると、道後温泉本館から太鼓の音が聞こえてくる。どわん、どわんと響くのは、朝を告げる刻太鼓《ときだいこ》だ。やがて日がのぼり、観光客も地元の人たちも動き出す。常磐荘の前の通りは、昼間は一方通行になる細い道だが、生活道路になっているようで、しきりに車が通り過ぎる。リュックを背負った中学生が、道後温泉本館とは反対の方向に駆けていく。

「ここは車通りがあると音が響きますけど、昨晩はよく眠れましたか？」布団を上げにきた若女将が、心配して声をかけてくれる。8時過ぎには朝食が運ばれてきた。

○ご飯
○豆腐と椎茸の味噌汁
○かまぼこ
○しらす
○たまご豆腐
○煮豆
○玉子焼き
○鰆の塩焼き

旅館の朝食はどうしてこんなに魅力的なのだろう。書き出しているだけでもうっとりする。昨晩もお櫃のぶんまで完食してしまったのに、またぜんぶ平らげてしまう。焼き海苔は酒のつまみに取っておく。

朝食を食べているあいだ、視線を斜め上に向けてしまっていることに気づく。そこに何があるわけでもなく、ただ部屋の壁があるだけなのに、なぜか斜め上を見上げてしまっている。これは一体どうしたことだろうかと考えていて、はたと気づく。たぶんこれは、テレビを見ながらごはんを食べる癖が出ている。

自宅で食事をするときは、決まってテレビをつけている。ビジネスホテルに泊まる場合でも、朝食会場には大抵テレビが置かれている。それが癖になっているせいで、ありもしないテレビを見上げてしまっている。

「すみません、連泊いただくのにお布団あげてしまいましたけど、せっかくだからごろごろしたかったとか、なかったですか」。食器を下げにきてくれた若女将が、申し訳なさそうに言う。常磐荘に宿泊するお客さんには、2泊、3泊と連泊していく人が少なくないそうだ。

「うちに泊まってくださるお客様は、ゆっくり過ごしたいということで、特に予定を決めずにいらっしゃるお客様も比較的多くて。もちろん事前に予定を決めて、しっかり観光される方もいらっしゃるんですけど、お部屋でのんびり過ごされて、お昼前ぐらいになって『ちょっと出かけようか』とぶらぶらされる方が多いですね」

無為徒食に過ごすのも、骨が折れる。常磐荘で朝を迎えて感じたのは、そんなことだった。普段の生活であれば、朝起きるとまずはテレビをつける。たまにつけっぱなしのまま眠っていることもあるから、目を開ければその日のニュースが流れ込んでくる。スマートフォンを手に取り、SNSをしばらく眺めて、ああゴミを出さなければと身体を起こす。そしてコーヒーを淹れ、朝食をとり、洗い物をして洗濯機をまわし――ずっと何かに追われている。でも、ここに滞在していれば家事に煩わされることもないし、この旅館にはテレビもないのだ。

「日本人は間が持たないからねえ」。ある人がしきりに語っていた言葉がふいに頭をよぎる。

スマートフォンはおろか、テレビもラジオもない時代には、どうやって手持ちぶさたな時間をやりすごしていたのだろう。

松山にゆかりのある文豪といってまず思い浮かぶのは漱石と子規だ。ふたりは慶応3（1867）年、徳川慶喜が大政を奉還し、王政復古の大号令が発布された年に生まれている。明治22（1889）年1月に大学予備門で出会ったとき、ふたりはまだ「夏目漱石」と「正岡子規」ではなかった。夏目漱石の本名は「夏目金之助」、子規の本名は「正岡常規」。ふたりはすぐに親しくなり、交流が生まれる。「漱石」と「子規」という筆名を最初に用いたのは、この年の5月頃のことだ。

正岡子規は、明治22（1898）年5月9日、突然血を吐いた。最初は喉からの出血だと考えていた子規だったが、友人たちに勧められて病院に行き、肺に起因する喀血だと診断を受ける。子規の病状を心配した漱石は、医師のもとを訪れ、病状を尋ねている。「存外の軽症」だから入院の必要はないと聞かされた漱石だったが、大学の附属病院に行ってみてはどうかと子規に手紙を書く。それだけでなく、病院まで付き添っている。

ある日、病院を訪れたふたりは、診察まで2時間も待たされる。診察を待つ子規に向かって、「君はこんなふうになすこともなく過ごす時間を惜しいとは思わないか」と漱石が尋ねた。「二人で話しているあいだは愉快だけれども、一人でいて読む書物もないときは脳病を起こすほどで、どこへ行くにも一冊の書を携えていなければ不安になる」と子規は答えた。漱石は「同感だ」と頷き、「今年の夏に旅行に出かけたときも、読書のことを思い出し、時間を浪費していることが惜しいと告げたら、連れの者は皆笑っていた」と語ったという。

この出来事を、子規は「当惜分陰」と題した随筆に綴っている。子規は幼い頃に、「大禹聖人乃惜寸陰、衆人当惜分陰」（聖人でさえ寸陰を惜しんだのだから、普通の人間は分陰を惜しまなければならない）という言葉を教えられた。その頃は法螺《ほら》だと聞き流していたけれど、この年になってようやくその言葉が意味するところを実感したのだと、子規は漱石に語ったそうだ。ひとりでどこかに出かけると、「書物を読んで勉強しなければ」と気が急くが、そのくせ書物を開いても1、2枚も読み進めることができないのだ、と。寸暇を惜しんで勉学に励まなければという訓戒は常に心に刻まれているのに、上京して「少し勉強したことは詩作ばかり、尤《もっと》も勉強せぬは学課なり」と子規は書く。

ふたりが大学予備門へ入学したのは明治17（1884）年のこと。その2年後に文部大臣・森有礼による学制改革がおこなわれ、東京大学は帝国大学に改称された。単に名称が変わっただけでなく、帝国大学は国家の枢要な官吏を養成することを目的とした教育機関となったのだ。明治の立身出世主義と、文学の道と——相反する道に揺れながら、ふたりは学生時代を送っていた。

それから100年以上が経過した今、「立身出世」という言葉のリアリティはすっかり薄くなった。ただ、「寸暇を惜しむ」という感覚だけは、むしろ加速しているように思える。わたしたちは空白に耐えられず、間を埋めるようにスマートフォンを触ってしまう。僕が小さい頃だと、スマートフォンどころか携帯電話すら存在しなかったのに、今ではそれなしでは生きられなくなっている。昔の人たちは、どうやって時間を過ごしていたのだろう。

温泉はかつて湯治場であった。

地下から自然に湧き出し、さまざまな効能がある温泉は、信仰の対象ともなってきた。中世の頃になると、7日間を「一廻り」として最小単位とし、少なくとも三廻りは湯治をおこなうべきだという考えが広まっていたそうだ。

三廻りということは、21日。

現代ではもう、21日間も温泉地に留まることは難しくなってしまった。21日とはいかなくとも、せめて3日間だけでも滞在し、ぼんやり温泉旅館で過ごす――これが今回の旅の目的だ。いつもの旅なら文庫本を数冊携えてくるところだが、今回は一冊も持ってこなかったし、「せっかくだから、近場の観光地をめぐる」という考えも捨て去ることに決めた。スマートフォンも、歯を食いしばって見ないようにする。

窓の外には青空が広がっている。畳の上に寝転がっていると、旅館の前を車が通り過ぎるたび、フロントガラスが太陽を反射して、天井にひかりが射し込んでくる。天井の木目を、穴が開くほど見つめる。

どこかの部屋から、掃除機の音が聴こえてくる。気づけばチェックアウトの時間をまわっていて、清掃の時間になっている。ずっと部屋に居座っているのも迷惑かもしれないので、散歩に出ることにする。道後ハイカラ通りをぶらついていると、昨日お酒を買った土産物屋から、ラジオの声が聴こえてくる。そのイントネーションと、「キャンプ・コートニー」という言葉から、ひょっとして、と尋ねてみる。

「そうそう、これ、沖縄のラジオなんですよ」と、お店の方が教えてくれた。「昼間のラジオが面白くて、平日の昼間だけは沖縄のラジオを聴いてるんです」

僕が道後温泉に3泊するつもりだと伝えると、「どこ行きます？　そんなに行くとこないですよ」と、地図を繰りながら観光スポットを説明してくれた。

「コロナになって、いっときは全然人がいなかったですけど、今は結構多いですよ。ただ、昔は団体のお客さんが多かったでしょう。僕らも高校生の頃なんか、旅館で皿洗いのアルバイトしよりましたからね。あの頃はやっぱり、観光地いうても、光と影がありますから。ガイドブックに載っているようなとこだけじゃなしに、風俗みたいな影の部分もあるでしょう。道後はもともと遊ぶとこやし、遊郭もあった町ですからね」

道後にはかつて松ヶ枝町遊郭があった。江戸時代から、道後温泉には「十軒茶屋」という株仲間がいて、「湯女」や「飯盛女」などと呼ばれる私娼を抱え、売春をさせていた。天保11（1840）年に松山藩は十軒茶屋を公認し、公娼制度が敷かれた。明治になると、「道後は不夜城の有様」と後に語られるほど賑わいを見せたが、それにともなって性病が急速に蔓延する。明治7（1874）年に県内最初の徴兵検査が実施されると徴兵適齢者のうち6割が不合格となった。性病を防ぎ、富国強兵を推進するために設置されたのが松ヶ枝町遊郭だった。近代化の陰に、人身売買により売春を余儀なくされた女性たちがいたのだ。

昭和4（1929）年に発行された松川二郎『全国花街めぐり』（誠文堂）には、松ヶ枝芸妓は松山芸妓や道後の町芸妓に比べると「下品」だが、松ヶ枝町遊郭は「底抜け騒ぎを演じ、そして泊り込むところ」であり、「輶宵《よっぴて》、太鼓をたゝいて大びらで騒げる」全国的に見ても稀有な場所として紹介されている。

「僕らが生まれたときにはもう売春禁止法ができてましたけど、道後温泉の向こう側に遊郭の名残りがあって、こっちにはトルコ街があったんです。僕らより上の年代の人たちは、今でもあのあたりのことをトルコ街と言いますけど、昔は電柱にも『トルコ街こちら』と書かれてましたからね。夜になるとポン引きのおばちゃんもおったし、ストリップのチンドン屋さんも出てましたよ」

松ヶ枝町遊郭があったのは、道後温泉の東――常磐荘のさらに向こう側だという。

常磐荘を過ぎると、街の雰囲気ががらりと変わる。道の両側が駐車場や空き地になっているのだ。さらに進めば、コンクリート造の旅館やホテルが数軒あって、窓から放り出されるようにして布団が干されてある。あんなふうに陽を浴びたら心地いいだろう。その先に「道後七郡総鎮守」と看板を掲げる伊佐爾波《いさにわ》神社があって、長い石段が続いている。頂上まで石段を登ると、道後温泉駅からまっすぐ参道が延びているのが見渡せた。

「私らのときはね、親が考えたんじゃなくて、神主さんがお祓いで決めたんが名前になりよったんです」。そう話してくれたのは、伊佐爾波神社の近くにある酒屋「山澤商店」の康子さんだ。この酒屋の近くに丁字路があり、緩やかな坂が続いている。そこがかつて遊郭だった場所だという。

「遊郭ができたときに、『これから商売になるかもしれんから』と言われて、明治19（1886）年にこっちへ上がってきて酒屋を始めたそうです。うちの建物は、今も当時のまま。それで、昔は角のところにつぼやさんがあって、そこが『坊っちゃん』に出てくる団子屋さんだったんです」

「山澤商店」の向かい側に坂がある。この坂にかつて遊郭があった。康子さんは戦前生まれだが、「幼稚園に上がってからは、表に出て遊ぶことはなかったから、坂の向こうのことは全然わからんのです」と聞かせてくれた。その代わりにと、康子さんはふたつの地図を見せてくれた。ひとつは戦前の松ヶ枝町を描いた地図で、そこには朝日楼、明月楼、月見楼、千歳楼、大岩楼と、「楼」とつく店がずらりと並んでいる。遊郭の入り口には石柱があり、検番も置かれてある。もうひとつの地図は、売春防止法により赤線が廃止されて15年が経過した昭和47（1972）年の地図だ。こちらの地図だと、大岩楼が「旅館大岩」として名前を留めているものの、「楼」はすっかり消え去っている。ただ、スタンドやトリスバー、スナックにヌードスタジオが入り混じっていて、どこか時代の名残りは感じさせる。遊郭があった通りは、この時代には「ネオン坂」と呼ばれていたそうだ。

このネオン坂と交差する道路——常磐荘から山澤商店に至る道路も、戦前の地図で確認すると、現在とはずいぶん趣きが違っている。そこにはずらりと旅館が並び、天ぷら屋に仕出し屋、履物屋に小間物屋、雑貨にあんまに髪結処、たまご屋にうどん屋に米屋に薪炭屋と、生活を支える商店街が広がっている。

「あの頃は、ここから下って道後温泉本館の前に出るまで、ずっと旅館が続いとったんです。昔はね、遍路宿。戦前はお遍路さんのための貸し布団屋までありましたよ。お遍路さんにも時期があって、農閑期になると遍路宿がいっぱいになる。あとは石鎚山の山開きの前日も、このあたりに皆さん泊まられるんですよ。でも、終戦後に車がたくさん行き交うようになると、この道路は細いからいうんで、一方通行にしたんです。ほしたらパタリとお客さんがこなくなった。下のほうにきれいな旅館がたくさんできて――こっちにあった旅館は皆古いでしょう。車できたお客さんは、立派な旅館を見たあとでこっちの宿を見ることになるから、お客さんが入らなくなって遍路宿はなくなったの」

康子さんが語る風景は、ほとんど姿を消してしまった。ネオン坂の入り口には、ここが遊郭だった時代を忍ばせる建物が1軒だけ残っている。坂をのぼってみると、宝厳寺《ほうごんじ》というお寺があった。ここは踊り念仏で知られる一遍上人生誕の地とされており、斉明天皇の勅願により創建されたお寺だ。2013年に火災で全焼したものの、全国から寄付が寄せられ、現在では再建されている。姿を消していくものもあれば、復元されるものもある。境内には子規の句碑があった。

色里や十歩はなれて秋の風

これは明治28（1895）年に詠まれた句だそうだ。この年の春、従軍記者として遼東半島に渡った子規だったが、到着の2日後に下関条約が締結され、帰国の途に着く。その船中でも喀血し、神戸で療養したのち、松山に帰郷している。秋晴れの日曜日、ちょうど松山中学校に赴任していた漱石を誘い、道後を吟行した際に詠んだこの句には、「宝厳寺の山門に腰うちかけて」と前書きがある。

宝厳寺は2013年に焼失したが、山門は延焼を免れた。つまり、山門は子規が腰かけた当時と変わっていないはずだ。でも、ここにはもう漱石の姿もなければ子規の姿もなく、山門から見下ろす風景もまるで変わっている。そこで「底抜け騒ぎを演じ」ていた人たちもいなくなった。

宿に戻り、湯につかる。16時を過ぎたあたりから、ごろごろとスーツケースを引く音が響き始める。日が暮れて、夕食の時刻になると、若女将が料理を運んできてくれる。

○刺身（ぶり・甘エビ）
○たこときゅうりの酢の物
○甘鯛の開き
○ひらめの唐揚げ
○トマトの和風サラダ
○いかの煮付け
○吸い物

○宇和島風鯛めし

この日は無理を言って、通常提供されているのとは別の酒を仕入れてもらった。普段宿で提供されている日本酒も、土産物屋で並んでいる日本酒も、どれも冷やして飲むのにふさわしい上等な酒だ。今夜はそういったお酒ではなく、地元の人たちが普段使いに飲んでいた、あるいは昔の団体客が宴会で飲んでいたようなお酒が飲んでみたいとお願いしたところ、雪雀という酒蔵の普通酒を仕入れてくれていた。しっかりと燗をつけてもらって、きゅっと飲み干す。辛口だけど日本酒らしい甘みが残る。

瀬戸内の味わいは、どこか甘みが残るものが多いように感じる。宇和島風鯛めしのタレも甘みがある。若女将によると、愛媛の醤油は甘く、旅行客から「九州寄りですね」と言われることもあるという。

今日もお櫃のなかまで完食して、お腹がはちきれそうだ。布団を敷いてもらっているあいだ、ちょっと腹ごなしのつもりで、浴衣姿のまま散歩に出る。昼に土産物屋で聞いた話を思い出し、道後ハイカラ通りから外れるように直進する。アーケード街を出てすぐのところに、道後温泉椿の湯と、道後温泉別館飛鳥乃湯泉がある。さらにまっすぐ進んでいくと、水色のあざやかな看板が見えてくる。「ニュー道後ミュージック」である。

かつて日本の温泉地には、必ずと言ってよいほどストリップ小屋があり、最盛期には300軒にも及んだそうだ。だが、時代の流れとともにその数は減り、現在では全国に18軒だけになった。中国・四国地方では、ここが唯一のストリップ劇場なのだという。

これがニュー道後ミュージックか——劇場の前に佇んでいると、「ストリップ、どうですか」と声をかけられた。1ステージ3500円で、1日4公演行われているのだという。

扉越しに音楽が漏れてくる。「ちょうど始まったところなんで、今からでもお入りいただけますよ」と、帳場のお兄さんが背中を押す言葉をかけてくる。友人に連れられて浅草ロック座に足を運んだことはあるけれど、ひとりでストリップを観に行ったことは一度もなく、心の準備が追いつかなかった。ちょっと動揺しながらも、上演時間は何分あるのか、開演の何分前から入場できるのかとアレコレ尋ねて、「次の回を観にきます」と告げて宿に引き返す。内湯につかり、心を落ち着かせてふたたび劇場まで足を運んだ。

開演まで20分、入場料を払ってホールに入る。真ん中に花道があって、それを囲むように座席が配置されている。青色の床と座席が蛍光灯で妖しく照らされている。思ったよりこぢんまりとして、ゆったり座れば20人ほどで一杯になりそうだ。僕は後列の端っこに座り、踊り子の登場を待つ。どうにも緊張する。座っているだけだと間が持たず、いちど立ち上がり、自動販売機でビールを買い求める。

劇場内に音楽が鳴り響く。流れてきたのは浅草ジンタの「君がこの街にやってきて」だ。男性客がひとり、またひとりと入ってくる。のどかな曲調から一転して、同じバンドの「ドンガラガン」が流れると、やがてムーディーな音楽に切り替わり、館内は暗くなる。

「本日は四国・道後温泉、ニュー道後ミュージックにご来館いただき、誠にありがとうございます」。テープに録音されているのであろう、アナウンスが流れる。「道後の旅はいかがでしたか？　道後温泉で、日頃の疲れを癒やされたお客様もいらっしゃるかと思いますが、今晩は歴史ある文化の街で、また違った癒しと明日への活力として、ストリップという芸術をお楽しみくださいませ。さて、本日ご来場のお客様を見渡しても、スケベそうな顔がお揃いのようで大変恐縮でございます」

いたって真面目なトーンで語られるアナウンスに吹き出しそうになる。その文面にも、ここが観光客を相手に商売をしてきた場所だということが滲んでいる。続けて、注意事項のアナウンスがある。踊り子の衣装や肌には手を触れぬこと。携帯電話は使わぬこと。飲食物は持ち込まないこと。興奮しても、しっかりと心のブレーキは忘れぬこと。注意事項の伝達が終わると、今度は投光室にいるスタッフがマイクを持ち、アナウンスをする。するすると流れるような独特の発声だが、「ステージ登場の際は拍手でお迎えください」というフレーズはしっかり聞き取れた。

暗闇のなか、踊り子が板につく。音楽が流れ、照明がついたところで拍手が起こる。最初は衣装をまとったところから、2曲目になると少しずつ脱いでゆく。3曲目で全裸になって、花道を先端まで進んでくると、そこで回転台が小さく唸り、回り始める。驚いたのは、踊り子なのだから当たり前なのかもしれないけれど、裸で佇んでいる姿がとても似合っているということだった。どんな衣装より、裸がいちばんふさわしい衣装に見える。「人間は裸で生まれてきたのだから、裸が自然な姿だ」なんて言いたいわけではない。人間の裸はどこか滑稽なものだ。

裸で立っているだけで様になるというのは、稀有なことだ。その佇まいに圧倒されているうちに舞台は終わった。

舞台がいちど暗転して、ふたたび踊り子が登場する。「この時間はですね、チェキを1枚1000円で販売してます。ツーショットも撮れますので、1枚いかがでしょうか?」と客席に声をかける。最初に手を挙げたのは女性の3人組で、「よかったらステージで一緒に」と、舞台上に招かれている。

「初ストリップ、どうでした?」

「いや、堪能しました」

「楽しかったです」

「肌が、すごい——」

「ね、すごいきれい」

撮影係としてカメラを渡された男性客が、「なんか、カフェみたいな会話やね」と笑う。身体を見せる仕事である以上、ステージに立つ前には必ずシャワーを浴びるのだと踊り子が言う。しかも、他の踊り子が滑って転んでしまわないように、ボディクリームなどは塗れないのだそうだ。

ポラロイド撮影ショーが終わると、オープンショーがあって、ふたりめの踊り子のステージとなる。こちらの踊り子のほうがキャリアは上のようだ。ひとりめとはまた違ったタイプではあるけれど、やはり裸で佇む姿が様になっている。そして、スローモーションの動きに目を見張る。人がスローモーションで動く姿というのも、日常生活で見かけたら滑稽で無様なものにしかならないだろう。スローモーションの魅せる動きに、ここでも圧倒される。ステージが終わるとポラロイド撮影ショーになった。

「お兄さん、ストリップは初めて？」

「いや、何十年か前に、高校生のときに行きよった」。ひとりで来場していた男性客が答える。

「そうなんだ。今は場内でタバコも吸えないし、高校生かなと思ったらチェックされるけど、お年寄りだと『中学生のときに初めてストリップを観た』ってお客さんもいますね」

「あの頃は学生服着て入りよった。途中でおしっこ行きたくなったんやけど、『この人、ステージを見て催したんか』と思われるのが嫌やけん、トイレに行かずに我慢しとった」

そう語っていた男性客は、ポラロイド撮影ショーが終わると御手洗いに駆け込んだ。そのあいだに最後のオープンショーが始まる。「早く出てこないと、終わっちゃうよ」と笑いながら、踊り子はポーズを取り続ける。オープンショーは短く、男性客が出てくるまえに終わってしまった。

終演後、踊り子に送り出されて劇場の外に出る。もう道後温泉も営業を終了している時間とあって、街を行き交う人は誰もいなかった。初めて観たショーのことを反芻しつつ、宿へと引き返した。

朝5時、道後温泉本館にはすでに行列ができ始めている。先頭に並んでいるのは地元の女性で、一番風呂に入りたくて、毎日早朝から並んでいるのだという。毎日並んでまで入りたくなるだなんて、一番風呂の良さはどこにあるのだろう。

「良さはなんかって、一番風呂がよかろうがね」とお母さんは笑う。「私はもうおばあさんになったけ、お風呂が楽しみなんよ。おうちはすぐ近所やけ、毎朝4時頃からこうやって並んでます。お兄さんも、せっかくお出《い》でたんやけ、入ったらええよ」

今回の滞在では、道後温泉に出かけるつもりはなかった。わざわざ料金を払って混み合うところへ行かなくたって、泊まっている旅館には道後温泉と同じ湯が引かれている。でも、お母さんの言葉で考えが変わった。何事も扉を開けてみなければわからない。昨晩そう思ったばかりだ。

ただし、今日はもう、道後温泉本館で一番風呂に浸かることは難しそうだ。それならばと、道後温泉別館の飛鳥乃湯泉へ出かけることにする。

飛鳥乃湯泉というのは、道後温泉本館が長期間の工事に入るのに先駆け、２０１７年に開業した温泉だ。斉明天皇の行幸や聖徳太子来浴の伝説が残る飛鳥時代をイメージし、当時の建築様式を取り入れた建物になっているのだと、パンフレットに書かれてある。『伊予国風土記』には、この地を訪れた聖徳太子は「寿国のようだ」と感銘を受け、石碑を建てさせたことが記されてあったという。『伊予国風土記』の原典は失われており、聖徳太子の石碑も散逸しているけれど、敷地内には飛鳥乃湯泉の開業に合わせて再現された石碑が飾られてある。また、聖徳太子の石碑には、当時は椿が覆い重なるように茂っていた様が記されていたことから、敷地内には160本もの椿が植えられている。さながらテーマパークのようだ。今の時代に観光客が求めているものはきっと、日常からは切り離されたテーマパークなのだろう。

道後温泉は、「テーマパーク」という言葉が普及するより遥か昔に、近代の観光地に求められるホスピタリティを的確に予見して発展してきた場所だ。

明治23（1890）年、道後湯之町の初代町長となった伊佐庭如矢《いさにわゆきや》は、難題に直面していた。当時、道後温泉の建物は老朽化が進んでおり、改築が必要な状態だった。そこで伊佐庭は、3階建ての近代和風建築への改築を計画する。これには莫大な費用が必要になる上に、湯釜を取り壊すと湯が出なくなるのではないか、神罰が当たるのではないかといった不安の声も上がり、反対運動が巻き起こる。伊佐庭は「100年後《のち》までも他所《よそ》が真似できないものを作ってこそ、初めて物をいう」のだと住民を説得し、道後温泉本館を完成させた。そこに「神の湯」や「霊の湯」といった名前をつけて売り出したことも、時代を先取りしている。それにとどまらず、松山市街地や県外から入浴客を呼び込むためには鉄道敷設が必要不可欠だと見抜き、道後と松山市街地、それに港に近い三津口《みつぐち》との間に道後鉄道を運行させている。

飛鳥乃湯泉も、コンセプトが明確に打ち出された温泉だ。「愛媛・松山にしかない唯一無二の歴史や伝統をトータルに演出」するとして、伊予絣や砥部焼、伊予水引や西条だんじり彫刻といった伝統工芸が館内各所にあしらわれているのも、令和の観光地だという感じがする。

5時50分に飛鳥乃湯泉に向かうと、先客はふた組だけだった。6時ちょうどに温泉はオープンする。先に並んでいた人を抜かさないように、のんびりと浴衣を脱ぎ、ゆっくりとかけ湯をする。そうして様子を窺っていると、先客はふたりとも露天風呂に進んでいったので、屋内にある大浴場は一番風呂に入ることができた。なるほど、これは気分がいいものだ。そして、新しくてきれいな温泉につかるのは幸せなことだ。

漱石は『坊っちゃん』のなかで、松山は「何を見ても東京の足元にも及ばない」とまで綴っているが、「温泉だけは立派なもの」であり、「せっかく来た者だから毎日はいってやろうという気で、晩飯前に運動かたがた出掛ける」とも書く。高浜虚子『伊予の湯』によれば、漱石自身もまた、毎日のように温泉に通っていたという。

彼は閑《ひま》を見出せば此《この》道後温泉に来た。別に石鹸を塗り立てたり、手拭でごし〳〵と洗つたりするでも無く、唯《ただ》心の赴くまゝに湯の中に浸つたり又出たりしてぼんやりと時間を過ごした。石段に腰を掛けて脚の下部を湯に浸したまゝで、手を膝の辺《あたり》に置いたり、時に手拭で背中に湯をかけたりして体の冷えるのも忘れてゐた。漸《ようや》く体の冷えるのに気がつくと又湯の中に浸つた。

漱石が松山中学校に赴任したのは、明治28（1895）年のこと。道後温泉本館が落成したのはその前年である。その当時、漱石は数えで29歳。学生時代は寸暇を惜しんでいた漱石が、無心でお湯につかるようになったのは、どんな心変わりがあったのだろう。湯につかっていると、思考はほどけてゆくばかりで、考えはまとまらなかった。

風呂から上がり、旅館に戻って朝食をいただく。お昼が近づいたところで、今度は椿の湯に出かけた。ここも道後温泉のひとつで、昭和28（1953）年に開設されている。ここを利用するのはほとんどが地元の方らしく、入り口にシニアカーが停まっていた。

「おはようございます」

「ああ、今から？」

「今から、今から」

顔見知りなのだろう、お客さん同士が言葉を交わしている。取り組み前の力士のように、股関節の可動域を確かめるように身体をひねる人。湯につかりながらうつ伏せになり、肩甲骨を伸ばす人。湯釜に近づき、滝行のように湯を浴びる人。それぞれの健康法を実践する姿をぼんやり眺めながら、温泉につかる。小さい頃から、銭湯や温泉のなかだけは誰もが裸で過ごしているのが不思議だった。大人になった今でも不思議に感じる。裸でいると不恰好な気がして、そそくさと脱衣場に戻り、パンツを穿く。

風呂上がり、近くにあるニュー道後ミュージックまで歩いてみると、「うどん」と書かれた暖簾が出ている。どうやら昼はうどん屋として営業しているらしかった。せっかくだから、かけうどんと生ビールを注文する。添えられたしょうがの香りが爽やかだ。

「ここは昔、木賃宿だったそうなんです」。店番のお姉さんがそう教えてくれた。「その時代には種田山頭火が泊まったこともあるらしくて。そのあとブルーシアターが始まって、ストリップ劇場になったそうです」

種田山頭火は明治15（1882）年生まれの俳人で、行乞流転を重ねながら句作を続けた。山頭火が二度目の四国遍路の旅に出たのは、昭和14（1939）年の秋のことだった。

11月21日、松山に到着した山頭火は、友人である藤岡政一の家に飛び込んで「ほっと安心する」。寝床の心配もなくなり、「人のなさけ」に触れたことで気が緩んだのか、山頭火の日記はしばらくダイジェストになり、「十一月廿二日 - 廿六日」は「ぼう〳〵として飲んだり食べたり寝たり起きたり」とだけ記されている。しかし、いつまでも友人の世話になっているわけにもいかず、11月27日には道後の「ちくぜんや」という遍路宿に身を寄せた。

松山滞在中の日記を読むと、沈鬱な記述が続く。「終日終夜黙々不動」、「省みて恥ぢ入る外なし」、「頭痛、何もかも重苦しいやうに感じる」、「今夜も不眠、いたづらに後悔しつゞける」、「無能無力、無銭無悩。……」、「おなじやうな日がまた一日過ぎていつた」——終始この調子である。そんな日々に明るい兆しが舞い込んだのは、12月15日のことだった。

たうとうその日——今日が来た、私はまさに転一歩するのである、そして新一歩しなければならないのである。

一洵君に連れられて新居へ移つて来た、御幸山麓御幸寺境内の隠宅である、高台で閑静で、家屋も土地も清らかである、山の景観も市街や山野の遠望も佳い。

京間の六畳一室四畳半一室、厨房も便所もほどよくしてある、水は前の方十間ばかりのところに汲揚ポンプがある、水質は悪くない、焚物は裏山から勝手に採るがよろしい、東々北向だから、まともに太陽が昇る（此頃は右に偏つてゐるが）、月見には申分なからう。

東隣は新築の護国神社、西隣は古刹龍泰寺、松山銀座へ七丁位、道後温泉へは数町。

知人としては真摯と温和とで心からいたはつて下さる一洵君、物事を苦にしないで何かと庇護して下さる藤君、等々、そして君らの夫人。

すべての点に於て、私の分には過ぎたる栖家である、私は感泣して、すなほにつゝましく私の寝床をこゝにこしらへた。


57歳を迎えた山頭火は、松山市内の御幸寺《みゆきじ》に「一草庵《いっそうあん》」を結んだ。それを「感泣した」とまで記す理由を知るには、その日に至るまでの山頭火の半生に触れる必要がある。

種田山頭火、本名・種田正一は、山口県佐波《さば》郡（現・防府市）に生まれた。生家は大地主だったが、父・竹治郎は放蕩を重ね、それに絶望した母・フサは山頭火が10歳のときに自宅の井戸で投身自殺をした。家業は傾き、種田家の土地は売却を余儀なくされる。生活を立て直すべく、早稲田大学を中退した山頭火は父とともに酒造業を始めるのだが、これもうまくいかず、種田家は破産。再起を図り、妻子とともに熊本に移って古書店を始めたところに、今度は弟・二郎が自殺したとの報せが届く。山頭火は単身上京し、セメント試験場でアルバイトをしたり、図書館に勤めたり、出家して堂守となったり——どうにか穏やかに生きていこうとするのだが、一処に落ち着くことができず、大正15（１９２６）年、「解くすべもない惑ひ」を背負って行乞流転の旅に出たのだ。

行乞とは、お経を唱えながら家の前に立ち、托鉢を受けてまわる修行を指す。その旅は厳しく、山頭火は何度か庵を結んでいるのだが、自身で「宿痾《しゅくあ》」と綴った「烟霞癖《えんかへき》」が疼くのか、また旅に出てしまう。そんなふうに漂泊を重ねてきた山頭火だからこそ、松山に「一草庵」を結んだ感慨もひとしおだったのだろう。

行乞流転の旅に出た当初、山頭火は荻原井泉水《おぎわらせいせんすい》に宛てた手紙に、「私はたゞ歩いてをります」と綴っていた。「兎にも角にも私は歩きます、歩けるだけ歩きます、歩いているうちに、落付きましたらば、どこぞ縁のある所で休ませて頂きませう、それまでは野たれ死にをしても、私は一所不住の漂泊をつづけませう」と。

旅はいずれ終わる。

永遠に旅を続けていたいと思っていても、それは叶わぬ願いだ。山頭火は、いつか訪れる終わりを見据えて旅を続けていたのだろう。一草庵に入庵したとき、山頭火は「おちついて死ねさうな草枯るる」という句を詠んだ。その翌年、山頭火は57年の生涯を終えている。

この旅はいつまで続くのだろう。宿に戻り、内湯につかりながら、ふとそんなことを考えた。

夕食を平らげると、今日も浴衣姿でニュー道後ミュージックへと足を運んだ。開演までまだ少し時間があるので、入り口近くで缶ビールを飲んだ。今日は支配人の姿もあったので、少し話を聞かせてもらうことにした。支配人がここの経営を引き継いだのは、今から17年前らしかった。

「自分がここをやり出したときにはもう、下火やったですね」と支配人。「それ以前にも、ここに遊びにくることはあったんですよ。当時は色街やったんで、まあすごかったですよ。まだ会社の慰安旅行があった時代で、こういうとこでも会社がお金を出すから、『まあ入っとけ！』という感じで、団体客が入るんですよね。10人、20人の団体さんもよく入ってましたよ」

昔の団体客は、人数だけ数えて、誰かがまとめて支払うことが多かったそうだ。今でも数名のグループ客が訪れることはあるけれど、会計はひとりずつ別に払うのがほとんどだという。

「自分らの頃だと、たとえばストリップを観にいくにしても、先輩が連れて行ってくれてたんです。そうすると、『お金も出さなくていいし、勉強もできる』って感じがあったんですけど、今の子は先輩に連れていかれるのは嫌がるんでしょう。それはもう、時代の流れですよね」

時代とともに変わったところは、他にもある。景気が悪くなったということ以上に、お金の使い方が根本的に変わったんじゃないかと支配人は語る。

「自分らの若いときだと、風俗でも写真指名なんてもってのほかだったんです。でも、今は何歳ぐらいの子がいるのか、どんな子が出てくるのか、細かく聞かないとお金を使わない。うちは顔出しとかしないで、信用だけで商売やってますけど、食べ物屋にしても最近はどこも写真を出すでしょう。あんなの昔はなかったですよね。皆さんが保守的になっちゃって、どんなものが出てくるかわからないとお金を出さなくなった。それが観光地には大打撃じゃないかと思うんですよ。昔はね、頑張って仕事をして、こういうとこでバーッと発散する。やっぱり、お金を使うと気持ちいいじゃないですか。それに、旅なんて経験じゃないですか。それなのに、今はインターネットで、どういう料理が出てくるのか、どういう部屋なのか、全部調べて旅行にくる。全部わかった上で旅行にきてるから、皆楽しそうな顔をしてないですよね。ここを歩く人も、昔はもっと笑ってましたよ。この20年で変わったのはそこかなと思います」

支配人がニュー道後ミュージックを引き継いだ頃だと、今よりもっと浴衣姿の人が夜の街をそぞろ歩いていたという。それは土産物屋の店主も話していたことだ。昔は旅館に泊まっている観光客で遅くまで賑わっていたけれど、今は人が出歩かなくなった——と。

「うちに限らず、街中が浴衣姿の人でしたよ」と支配人は言う。「それと昔はね、野次が飛びよったですね。団体で入っているもんだから、『はよ脱げ!』と言ったり、それに応じて踊り子さんも踊ったりね。そういうことも含めて、温泉地らしい感じがして面白かったですけど、今は団体客は入りませんからね。団体だったら強気に野次が飛ばせても、人間ってひとりになると小心者じゃないですか、だから皆さん、大人しく観られてますね」

話を聞かせてもらっているうちに、開演時刻が近づいていた。お礼を言って劇場に入り、自動販売機でチューハイを2本買って席につく。今日も後列の端っこを選んだ。遅い時間帯とあって、客席にいるのは僕も含めて3人だけだった。1日4公演のうち、回によって踊り子は演目を変えるそうだけれども、昨日と同じ最終回を選んだせいかひとりめは昨日と同じ演目だ。そのおかげで、昨日のことを反芻するように、じっくり見つめることができた。

ストリップはうたとともにある。

ひとりめの踊り子は、うたの世界に入り込んでいくようにして舞台に佇んでいる。うたに描かれる情景や感情に潜っていくように、身を委ねるようにして踊っている。ふたりめの踊り子はブーツの踵を鳴らし、自分でリズムを刻みながら踊る。うたに身を委ねるのではなく、自分の足で立っているという感じがする。裸になって盆が回転するところで使われたのは、昨日も今日もインストゥルメンタルの楽曲だ。その言葉のなさは、裸で踊っていても不可侵な領域があるのだと物語っているようだ。舞台上の佇まいに、生き様が凝縮されているように感じられる。

お客さんは皆、身を乗り出して食い入るように見つめるというより、背中を椅子にもたせかけながら眺めている。僕自身もそのひとりだ。どんなふうに客席に座っていればいいのか、裸の踊り子を前にするとたじろいでしまう。特に困惑するのがオープンショーで、どんな顔をして座っていればいいのか、戸惑ってしまう。

「続いては、オープンショーでございます」。流れるようなアナウンスに身構える。アップテンポな曲とともに舞台に登場した踊り子が、ポーズを決めてゆく。僕の斜め前には、同世代ぐらいの男性がひとり、少し背中を丸めるようにして座っていた。自分に向けて踊り子がポーズを決めると、男性は「恐縮です」といった感じで会釈をして、小さく手を合わせた。神様に手を合わせるように、人間に手を合わせる。ストリップの踊りは、神々しさを感じるというより、どこまでも人間くささがある。人間が人間を見つめる場所がストリップ劇場なのだろう。

劇場を出て、静まり返った街を歩く。今夜が滞在最終日だから、旅はもうすぐ終わり、日常に戻ることになる。あたらしい朝が来たら、ここで目にした人間の姿を抱えて帰路につく。

竹富島

人間らしさを訪ねる旅

12月だというのに、石垣島は真夏のような暖かさだった。今日は一日雨の予報だったのに、青空が広がっている。

石垣島の離島ターミナルからは、竹富島、西表島《いりおもてじま》、黒島、小浜島、鳩間島など八重山諸島への船が運航している。竹富島へは八重山観光フェリーと安栄観光が船を出しており、どちらも往復1340円だ。昔ながらの立て看板に惹かれて、八重山観光フェリーできっぷを買い求める。鋭い眼光が光る具志堅用高の銅像を写真に収めていると、ツアーの旗を掲げた添乗員を先頭にして団体客がフェリーに乗り込んでいく。定員217名の「あやぱに」はみっしり乗客で埋まっていた。「あやぱに」とは、八重山方言でカンムリワシの羽を指すそうだ。

出発時刻の9時半を迎えると、八重山観光フェリーのスタッフが指笛を吹き、指で合図をする。それを受けて、同じ時刻に出港する安栄観光の船が先に動き出し、港を出ていく。それを追って、あやぱにも出港する。

竹富島を目指す旅行客は、豊かな自然や昔ながらの景観を求めているのだろう。ただ、石垣港を出港してしばらくは無骨な風景が続く。埠頭にはコンテナが無数に積み上がり、スクラップとなった自動車を曳航《えいこう》する船が通り過ぎていく。岸壁には海上保安庁の船が停泊している。席に座って海を眺めている旅行客は、何を思っているだろう。

しばらくすると、前方に真っ平らな島が見えてくる。竹富島だ。水牛車観光にグラスボート、レンタサイクルにリゾートホテルと、桟橋にはボードを掲げる観光業者の姿があった。団体客は用意されていたマイクロバスに分乗し、次々とどこかに運ばれていく。あっという間に誰もいなくなったので、僕はのんびり集落まで歩くことにする。アスファルトで舗装された道の両脇には原野のような風景が広がっている。どこかで牛の鳴き声がする。ゆるやかな坂道をぼんやりした心地で歩いていると、大きな牛の糞が落ちていた。

10分ほど歩くと、大きなガジュマルの樹が見えてくる。樹は石垣で囲われていて、正面には「石敢當《いしがんとう》」の文字が刻まれている。沖縄ではよく見かける魔除けで、まっすぐ進んできた魔物を打ち砕くとされている。このガジュマルの樹を迂回するように、道は左右に分かれている。ここが集落の入り口だ。竹富島の集落の入り口には「スンマシャー」がある。集落に凶事や病魔が入ってこないようにと、それぞれの集落の入り口には樹木が植えられ、石垣が築かれている。そこから先には、楽園のような光景が広がっている。

屋敷はそれぞれ石垣で囲われている。石垣と言っても珊瑚の石灰岩を積んだだけのものだから、ぶつかると崩れてしまう。屋根には赤瓦が張られ、その上にシーサーが鎮座している。道路はアスファルトではなく、白い砂の道だ。観光客を乗せた水牛車が行き交い、御者は三線《さんしん》を弾きながら民謡を歌っている。

今から65年前、昭和32（1957）年に竹富島を訪れた倉敷民藝館の初代館長・外村吉之介《とのむらきちのすけ》は、雑誌『民藝』に連載した「南島通信」に、竹富島の印象をこう記している。

竹富島の部落は、世にも美しく純粋な姿をしています。琉球の元の姿はもはや沖縄本島にはなく、八重山にしか見られないと聞きましたけれども、八重山でも、町場は怪しげな洋館が出来て、目をおおわせるものが混じり出しましたが、竹富島は全く純粋です。ことに此処は家並や石垣が整い、掃除の行届いたことで模範になつているのだそうです。村全体がさながら公園です。

外村が昔ながらの町並みと文化が息づく島の存在を広く伝えたことで、研究者たちが足繁く竹富島を訪れるようになった。当時は島に旅館が1軒あるだけだったから、来島者は誰かの家に宿泊させてもらうこともあったという。観光客が増えるにつれて民宿が生まれ、現在では8軒の民宿がある。そのうちの1軒が「泉屋」だ。

宿の入り口にはアーチがあり、ブーゲンビリアの花が咲いている。ブーゲンビリアは秋の台風シーズンに花を落としたあと、冬にまた見頃を迎える。民宿を創業したときに植えられたものので、すっかり老木になっているけれど、今も綺麗に花を咲かせている。

アーチをくぐると、軒先で上勢頭《うえせど》巧《たくみ》さんが出迎えてくれた。「今日は昼から天気が崩れちゃうんで、雨が降る前に散歩しましょうか」と誘われて、巧さんと一緒に散歩に出る。砂の道は、多くの観光客が自転車で島を巡っているせいかタイヤの跡だらけになっている。12月でもこんなに観光客がいるとは思わなかったと伝えると、「これでも12月に入って落ち着いたほうで、先週はもっとお客さんで溢れてました」と巧さんが教えてくれる。集落を歩いていると、「いんのた会館」という真新しい建物が見えてきた。

「ここは前年度に建て替えたんですけど、踊りの練習場なんです」と巧さん。「竹富島には種子取祭《タナドゥイ》というお祭りがあって、そこで男性は狂言《キョンギン》という劇をやって、女性は踊りを奉納するんですけど、こどもたちも踊りをおどるんです。僕も10歳の頃からここで踊りを習って——それが学校とも家庭とも違う、〝地域〟のなかで過ごす時間になっていたので、良い学びの場だったなと思います」

竹富島には年間で20もの祭りがある。なかでも最大の祭りが種子取祭で、祓《はら》い清めた土地に種子を蒔き、豊作を祈願する。このお祭りに向け、1か月以上にわたって連日稽古を重ね、芸能が奉納される。コロナ禍前だと、島を離れた人や旅行客も種子取祭に向けて来島し、普段は人口三百数十名ほどの島が、3000名もの人で賑わったという。

「種子取祭は舞台を囲むように三方に客席があって、正面の前のほうは神様が座るところで、そのうしろに島の長老たちがいて、舞台の右手が若い世代が座る席になっているから、同級生たちもそこで見てるわけです。小学生だから、やっぱりちょっと調子に乗っちゃうんですよね。でも、踊りの師匠に言われたのは、『まずは心の間違いがないように』と。『あなたたち小学生が踊れば、大人は皆褒めてくれるよ。でも、この踊りは神様に奉納するものだから、いつもありがとうございますって気持ちで奉納するんだよ』って言われたんです。竹富島は公民館でお祝い事をすることも多くて、そこで何かやるときは人を喜ばせるためなんですけど、種子取祭は自分と神様が繋がる瞬間なんだってことで、ちょっと特別な時間でした」

竹富島の祭事は、「世迎い《ユーンカイ》」に始まり、「結願祭《キツガン》」に終わる。

かつてニライカナイから来訪した神々は、コンドイ浜のニーラン神石に綱を結んで上陸した。船には五穀の種子が積まれており、竹富島の神はこれを八重山の島々に配ったとされている。それ以来旧暦8月8日には、ニーラン神石の前で神々を迎える「世迎い」の儀式がおこなわれる。清めた土地にこの種子を蒔き、無事に作物が実ることを祈願して芸能を奉納するのが「種子取祭」だ。そして、作物が無事に実ったことを神に感謝する行事が「結願祭」である。このように、竹富島の祭事は農耕と深く結びついている。

竹富島の土地は浅く、珊瑚礁の岩盤の上にわずかに堆積する貴重な土壌を耕し、農業がおこなわれてきた。山のない竹富島は水資源に乏しく、たびたび旱魃《かんばつ》に見舞われてきた。平らな島だと、強い風が吹けば遮るものはなく、作物にも影響を及ぼす。そうした厳しい環境におかれているからこそ、ひとびとは五穀豊穣を切に願い、神に対する祈りを受け継いできたのだろう。現在でこそ観光の島となっているけれど、数十年前までここは農業の島だったのだ。当時はこどもも貴重な労働力とされ、遊ぶ暇もなく農業に駆り出されていた。その例外が、巧さんの大伯父・上勢頭亨さんだ。

明治43（1910）年生まれの亨さんは、幼い頃からぜんそくを患っており、農業を手伝わされることがなかった。同世代のこどもたちは働きに出ていたから、遊び相手はいなかった。そこで亨さんは、有り余った時間で古老たちを訪ねて歩き、民話や古謡を聞いてまわった。小学校の教師に言われた「古いものは宝だ」という言葉を胸に刻み、古物や民具を収集し、古老たちに聞いた話を記録として書き残した。その存在を伝え聞いた研究者たちが竹富島を訪れたことが、竹富島の観光の曙である。

亨さんは25歳のとき、浄土真宗本願寺派の僧侶のもとで修行を始めた。西表島に炭鉱ができると、八重山本願寺の元住職が西表に移り住み、その僧からも仏教の教えを学んだ。昭和23（1948）年に浄土真宗の布教所開設を許され、自宅の一番座に阿弥陀像を安置して「喜宝院」をひらく。蒐集した竹富の民具をここに保管し、研究者が来島した際に招き入れた。おそらく外村吉之介からの助言もあったのだろう、外村が来島した翌年からは拝観者名簿が残されている。資料が増えたことで、昭和44（1969）年には「喜宝院蒐集館」という私設の民俗資料館も開設している。

「聞いた話だと、大学の先生や研究者の方が喜宝院まで見学にきたときに、泊まるとこがなかったから、亨さんがうちの祖父に『昇、泊めれ！』と言って、うちに泊まってもらってたみたいなんです。その頃はまだ観光のお客さんはほとんどいなくて、半農半漁の島だったそうなんです。この島は石がゴロゴロしてるし、水がないからお米も作れなくて。サトウキビを作っても、石垣の製糖所まで運ぶのも手間がかかるし、あんまりお金にならなかったみたいなんです。それまで竹富島は、自分たちで食べるぶんだけ畑で育てたり、海で魚を獲ったり――貧しかったんですよね。どうにか現金収入を得るために、観光客が増えてきた時代に民宿を始めたおうちが多いんです」

最初にやってきたのは「カニ族」だったと、巧さんは教えてくれた。

「カニ族」とは、格安の周遊券を利用し、全国各地を旅する若者たちを指す言葉だ。キスリング型の横長リュックサックを背負い、列車の通路を横向きになって行き交う姿から「カニ族」という名前が生まれた。昭和36（1961）年には海外を放浪した小田実《おだまこと》の『何でも見てやろう』がベストセラーとなり、昭和45（1970）年には国鉄が「ディスカバー・ジャパン」と銘打ったキャンペーンを展開する。そんな時代にあって、若者たちは著名な景勝地ではなく、〝さいはて〟を目指して旅に出た。カニ族が多く詰めかけたのは北海道だったが、周遊券が利用できない沖縄・竹富島にまでカニ族は押し寄せたのだ。

「その時代は大学生なんかが多くて、大きなリュックサックを背負って、コンドイ浜や西桟橋でキャンプを始めたそうなんです。海に行って投網をやっている人もいたから、『竹富島はキャンプ禁止だよ』と注意して、治安を守るためにも民宿を始めることになったみたいですね」

集落を歩いていると井戸があった。仲筋井戸《ナージカー》と呼ばれる、竹富島で最大の井戸だ。昭和51（1976）年に石垣島から竹富島に海底送水が引かれるまでは、この井戸の水が生活用水として使われていた。

「じいちゃんが民宿を始めた頃は、ここから水を汲んできてごはんを炊いて、お風呂を沸かしてたんです。でも、内地からきた旅行客の人たちは水道がある生活に慣れてるから、汲んできた水とは思わずに、自分が入ったあとにお風呂の栓を抜いちゃうんですって。それでばあちゃんがよく怒ってたみたいです」

水の問題というのも、観光と関係があるんです。巧さんが話を続ける。

「海底送水される水も、1日何トンと量が決まってるんです。送られてきた水は水道タンクに流れて、そこから高低差を利用して各家庭に送られてるんですね。これは貯水タンクじゃなくて、あくまで水道タンクだから、1日に必要な使用量の4分の1くらいしか容量がないんです。断水しちゃうと生活できなくなるから、大きいタンクを新しく作ってるところなんですけど、どっちにしても1日の使用量は決まってるんですよね。だから、リゾートホテルがたくさん建っちゃうと、生活ができなくなってしまう」

沖縄が復帰を果たした1970年代は、沖縄のリゾート化が始まった時期でもある。昭和50（1975）年、沖縄県本部町《もとぶちょう》で沖縄国際海洋博覧会が開催された。これを契機に沖縄の開発が進められ、竹富島にもリゾート開発の波が押し寄せた。

「復帰の前の年に、旱魃があったそうなんです。雨が降らない時期が続いたかと思うと、大きい台風が立て続けにやってきて、農作物が全然穫れなかったらしいんです。それで、竹富島で生活していくことを諦めて、土地を手放す方がいたそうなんですね。その頃はちょうど高度経済成長の時期だったし、沖縄が日本に復帰するということで、それまでドルが通貨だったところから、円に切り替わるという時期でもあって。それまで360円だったドルが切り下げられることになって、『円に切り替わる前に売ったほうが得だ』という話にもなって。こっちの人は現金なんかあんまりもらったことがなかったから、『土地が現金になるんだ』と、『これで内地までの片道きっぷは買えるぞ』ということになって、土地を売って出ていく方がいらしたんです。その時代に、うちのじいちゃんは危機感を抱いて、『土地は末代、金は一代』を合言葉に、会を立ち上げたんです」

巧さんの祖父・昇さんは、大正15（1926）年生まれ。内地の大手資本が竹富島の観光開発に乗り出した時代に、兄の亨さんとともに「竹富島を生かす会」を立ち上げ、住民に「土地を売らないように」と説得してまわった。それが昭和47（1972）年のことだ。竹富島を生かす会は、作家・岡部伊都子による檄文「竹富島のこころ」を島内各所に掲げ、島を守るように呼びかけた。

輝かしい自然と礼儀正しい人々が暮らしている竹富島です。草も木も鳥も獣も海も砂も魚たちもみんな生き生き、お互いにこの島の清らかな環境を大切に大切に愛しみましょう。人間らしさを訪ねる旅。島の文化財や壺やかめなどを尊び島を傷つけ汚さないよう珊瑚や魚貝をまもりましょう。あなたの思い出に竹富島の心が熱く長く生きるでしょう。

やや唐突に差し挟まれる「人間らしさを訪ねる旅」という言葉に、胸が一杯になる。「竹富島を生かす会」が結成されたことで、観光開発は頓挫したかに思われた。だが、昭和57（1982）年、ふたたび開発計画が持ち上がる。「竹富島を生かす会」は「竹富島を守る会」に発展し、昭和61（1986）年には「売らない、汚さない、乱さない、壊さない、生かす」

を掲げる竹富島憲章を制定した。そして、竹富町議会で竹富町歴史的景観形成地区保存条例が成立したことを受けて、国は竹富島の集落を重要伝統的建造物群保存地区に選定する。これによって建物の増改築に関するマニュアルが定められ、赤瓦の町並みが保存されることになった。一連の運動で先導的な役割を果たしたのが、当時公民館長を務めていた上勢頭昇さんだった。「聞いた話だと、じいちゃんは地域の人たちと相当喧嘩したみたいです」。巧さんが語る。「昔は茅葺《かやぶ》き屋根のおうちしかなくて、台風がくると飛ばされるんですよ。茅葺きから赤瓦に変わっても、どんどん劣化して雨漏りがする。お金を稼いで、コンクリート二階建てのおうちを建てるのは夢なのに、なんでお前はこのボロい家を残せと言うか、と」

沖縄は台風の通り道だ。

だから、島の人たちが「台風でもびくともしないコンクリートのおうちを建てたい」と思うのは当然の願いだろう。昔は沖縄各地にあった瓦葺きや赤瓦の屋敷が姿を消し、そのほとんどがコンクリート造に建て替えられたことを考えると、それは自然な流れのように思える。その流れにさからうように、昇さんが赤瓦の町並みを保存しようと働きかけたのはなぜだろう。

ひとつには、島を訪れた人たちから景観美を指摘されたことも影響しているのだろう。外村吉之介はその景観を称賛し、内地の知識人に呼びかけて「古竹富島保存会」を立ち上げている。外から訪れた人たちによって、集落の美しさが「発見」されたことで、そのかけがえのなさを強く意識するようになった部分もあるだろう。ただ、それだけが理由ではないはずだ。

竹富島に赤瓦屋根が普及し始めたのは、今から120年ほど前のことだ。

琉球王国の時代には建築制限令が敷かれており、身分によって屋敷の広さや用材に至るまで制限が設けられていた。純粋な農村である竹富島では、茅葺き屋根の家しか建てることが許されなかったのだ。

この建築制限令は、明治22（1889）年になってようやく撤廃されることになった。だが、竹富島で最初に赤瓦屋根の屋敷が建てられたのは明治38（1905）年のことで、16年の歳月を要している。赤瓦屋根の屋敷を建てるには、大量の木材が必要になる。竹富島には山がなく、建築資材を手に入れるには隣の西表島に船を出し、木材を伐り出してくる必要があった。山奥にまで分け入り、重い木材をいくつも運んで、ようやく赤瓦の屋敷を建てることができた。つまり、赤瓦の町並みには、先人たちの苦労が詰まっている。だから昇さんは赤瓦屋根を残したいと思ったのではないだろうか。昔ながらの赤瓦屋根は、やがて観光資源となり、多くの観光客を呼び寄せるようになった。

「じいちゃんの時代は、観光の始まりの時代だったんです」と巧さん。「旱魃で農業が続けられなくなって、土地を売って外に出ていこうとする人たちが増えた時代に、『この赤瓦を守って観光客に来てもらえば、子や孫が島に帰ってこられるから』ということで、赤瓦を守ったんだと思うんです。そうやって観光の幕開けの時代があって、うちの父の代には大型化の時代になる。父は観光バスの会社に勤めていたんですけど、最初は小さなバスだったのが、お客さんが増えるにつれて大型化して、道路もアスファルトで舗装されたんです。父の代は、ある意味では量を求める時代だったと思うんですね。そのおかげで僕は大学まで行かせてもらったんですけど、車が増えたことで砂の道がどんどん傷んでますし、車でお客さんを案内しても雰囲気出ないんですよ。やっぱりこうやって歩きながらゆっくり話したほうが、この島のことをわかってもらえる気がするんです」

雑誌『観光』（1984年10月号）に、「沖縄・竹富島の町並み保存」という記事が掲載されている。これによると、「昭和51年頃からいわゆるパックツアーの全盛となり、入域客は飛躍的に伸びた」のだという。かつては島ごとに船が運航されていたが、これを統合する形で昭和46（1971）年に八重山観光フェリーが創業され、竹富航路には高速船が導入された。また、昭和53（1978）年には南西航空が石垣空港にB737－200ジェット機を就航させたことで、輸送の大型化も進んだ。こうして竹富島を訪れる観光客数は増えていくのだが、その一方で「島での宿泊客数が伸び悩んだ」のだと、記事は続く。アクセスが改善されたことで、竹富島は日帰りで済ませ、石垣島に宿泊する人が増えたのだろう。

この「沖縄・竹富島の町並み保存」という記事には、「邑芳徳《むらよしのり》」と署名がある。島の皆から「ムラさん」の名前で親しまれていた人物だ。

「ムラさんは、僕の踊りの師匠だった同子《ともこ》さんの旦那さんです」。巧さんはそう教えてくれた。同子さんは、上勢頭亨さんの長女で、巧さんからすると従伯母にあたる。〝ムラさん〟こと上勢頭芳徳さんは、同子さんと結婚し、上勢頭家に婿入りした。

「ムラさんは長崎出身なんですけど、蒐集館に学びにきているうちに、島に残りたいと言って婿入りして、島外出身の人として初めて公民館長もされてました。ムラさんは『探検隊』とかいって、島のこどもたちを集めて海に連れて行ってくれたり、島の歴史や文化を教えてくれたりしてましたね。これは父から聞いた話なんですけど、ムラさんは『竹富の文化を刷り込めば、どこに放っても戻ってくる』と言っていたらしいんです。ムラさんが言った通り、僕は中学校3年生のときに『この島で子育てがしたい』って書いて、実際に島に戻ってくることになったんですよね。そういう意味では、もちろん昔ながらの建物が残っていることも大事だけど、それだけだとテーマパークになっちゃうと思うんです。ハードだけじゃなくて、ソフト――住んでいる人たちに魅力があったんだと思います。ここで過ごした時間が楽しかったから、子育てするならこの島がいいと思っていたんです」

竹富島にあるのは小中学校だけだ。つまり、この島に生まれ育ったこどもたちは、中学を卒業すると島を離れることになる。

巧さんもまた、中学卒業後に竹富島を離れることになった。どうせ出るなら早いうちに遠くに出ようと、石垣島ではなく沖縄本島にある高校に進学し、卒業後は母の実家がある岡山の大学で学んだ。就職活動は順調に進み、瀬底島《せそこじま》にオープン予定だったホテルに内定をもらっていたが、リーマン・ショックの煽りを受けて卒業間際にホテルは倒産してしまう。

「内定が取り消しになって、しばらくひきこもりみたいになってたんです。せっかく国立大学まで行ったのに、卒業しても就職できないし、民宿を手伝うにも経験値が足りなくて。じゃあ何するかって、思いつくのはコンビニのバイトか居酒屋のバイトぐらいしかなかったんです。それはちょっと違うなと思って、ひきこもって過ごしてたんですけど、『岡山のおばあちゃんが心配してるから戻ってきなさい』と親から電話があって、島に戻ってきたんです。久しぶりに帰ってきてみたら、いちばん若い世代の島の先輩が10個上ぐらいの人しかいなかったんですよね。移住してきた方はいたんですけど、皆1年か2年で帰っちゃうんで、このままだと島の祭りとか作業が続けられないんじゃないかって、危機感を抱いたんです。15歳のときには見えなかった部分も見えてきたし、民宿を継ぐってこともリアルに考えられるようになったのもあったと思います」

ただ、当時の巧さんにはうしろめたさもあった。せっかく大学まで出たのに、すぐ民宿を継ぐのかと思われているのではないか——。島の人たちは「よく帰ってきてくれた」と温かい声をかけてくれたが、島に移住してきた若者に「もっと外の世界を見たほうがいいよ」と声をかけられることもあった。しばらく「泉屋」を手伝っていた巧さんだったが、26歳のときに一念発起し、恩納村《おんなそん》にある老舗のリゾートホテルに就職する。ちょうどインバウンドが右肩上がりに伸び、沖縄県を訪れる観光客が飛躍的に増加していた時期で、仕事は多忙を極めた。

「そのホテルは部屋数も多くて、ずっと行ったり来たりだったんです。チェックインしたお客さんを部屋に案内して、『非常口はあちらで、Ｗｉ－Ｆｉのパスワードはこちらです』と同じことを繰り返し説明して——この仕事、ロボットでいいんじゃないかと思うこともあったんです。民宿をやっていると、お客さんと交流があるじゃないですか。そういうおもてなしの部分を学びたかったのに、お客さんとちょっと話してたら、インカムで『上勢頭、早く戻ってこい！』と連絡が入るんです。しかも低賃金・長時間労働で、高卒の子だと手取りが10万切るんです。これは家族を養えないぞと思っていたところに、『そろそろ戻ってきてくれないか?』と連絡があって、28歳で泉屋を手伝い始めたんです」

巧さんの話を聞いていると、「人間らしさを訪ねる旅」という言葉が思い出された。観光客が急増し、オーバーツーリズムの軋みが生じるにつれて、「人間らしさ」から遠ざかってゆく。それは沖縄本島でも、竹富島でも同じだった。

八重山の離島をめぐるツアーは人気を博し、観光客が大挙して竹富島を訪れるようになった。しかし、団体客は島を通り過ぎていくだけだった。ツアーによっては、竹富島には2時間滞在するだけで、団体客を先導するガイドが「竹富島はあんまり見るところがないですから」なんて説明する声も聞こえてきた。そこには「人間らしさを訪ねる旅」のかけらもなかった。だが、コロナ禍で状況は一変した。

「コロナが流行り始めた時期は、島民以外は船に乗れませんよって期間がしばらく続いたんです。人生で初めて、観光客がゼロの状態になった。その時間がすごく良くて、これが島の生活だなと思ったんです。朝起きて、『今日は天気が良いから海に行こうか』ってこどもを連れて出かけて、お腹が空いたら家に帰って、お昼を食べて昼寝をして、夜は星空を見る——極楽みたいな生活だったんですよ。観光客がいないと収入が途絶えて大変ではあるんですけど、島の皆で勉強会を開いて、これからは量より質を高める観光が必要なんじゃないかって話し合ったんです。観光バスに乗って駆け足で巡るのもいいけど、大人数で低価格の観光だけじゃなくて、いろんな選択肢があったらいいんじゃないか、って。やっぱり、僕らからすると、フェリーの最終便が出たあとが島時間だと思うんですよね」

フェリーの最終便が出たあとは、島はすっかり静かになる。その時間帯に家族で海を眺めて過ごすのが巧さんの楽しみだという。ただ、竹富島の海にも、近年は漂着ゴミが押し寄せるようになった。こどもたちにきれいな海を残そうと、巧さんは「エシカルアイランド竹富」を立ち上げた。全国からマンスリーサポーターを募り、ビーチクリーン活動費や島のこどもたちに教育や体験を与える活動費を集めるプロジェクトだ。かつてムラさんが探検隊のリーダーとなってこどもたちに学びの場を提供したように、今度は巧さんが探検隊のリーダーとして活動しているのだ。

巧さんが3代目として切り盛りする「泉屋」は休業中だった。妻の彩花さんが第三子を出産するにあたり、２０２３年の春までは産休をとっている。身を粉にして働くのではなく、どうすれば家族の時間を大切にしながら生きていけるかと、持続可能な生活スタイルを模索している。巧さんは２０２２年の秋から竹富町議会議員としても働いている。

「朝は9時ぐらいにこどもを保育所に連れていくんですけど、ひとりだとめっちゃ大変です。お弁当を作って、朝飯食べさせて、着替えと歯磨きをさせて出発する――それだけでくたくたになりますけど、『これがやりたくて島に帰ってきたんだよな』と思うんですよね。祭りの練習も大変ではあるけど、これが楽しくて帰ってきたんだよな、って。しなきゃいけないこともあるけど、島の生活も、民宿も子育ても、議員になったのも、大変な部分もあるけど、『楽しいからしてるんだ』ってことを忘れないようにしなきゃと思ってます」

話を聞かせてもらっているうちに、お昼どきになる。巧さんと別れて、「竹の子」というお店で八重山そばを平らげて、海を目指す。集落を離れると、道路はアスファルトで舗装されている。旅行客が増えたことで海へと続く道路が舗装されたのもここ20年のことだ。

島を離れているあいだに道路が舗装されたのを見て、巧さんは「小さい頃の思い出がなくなったみたいでショックだった」と話していた。「でも、島を離れた人が『この島は変わってしまった』というのは、めちゃくちゃダサいと思うんです。僕としては、変わるのはしょうがないと思うところもあるんです。変わったことで便利になったところもあるし、農業では少ししか稼げなかったのが、観光が始まって大勢のお客さんで賑わうようになって、そのおかげで大学にまで行かせてもらえたわけだから、そこを否定したくなくて。じゃあ、これから先の時代に、自分は何を守りたくて、何を残したいのか——それを考えるためにも、島に帰ってこなきゃなと思ったんですよね」と。

舗装された道路を15分ほど歩いて、コンドイ浜に出る。真っ白な砂浜の向こうに、淡く澄んだ水色の海が広がっている。観光客の姿はちらほらあるけれど、皆しずかに海辺に佇んでいて、静寂に包まれている。ここから数百メートル南に下ると、カイジ浜がある。コンドイ浜とカイジ浜のあいだの道路には「ならぬ」と書かれた立て看板があった。「穏やかな暮らしを」と書かれた小さな看板も見かけた。この一帯には、現在もリゾート開発の計画が残っている。

この半世紀で沖縄はリゾートの島になった。

各地に人工ビーチが造成され、海岸沿いには無数のホテルが建設された。オーシャンビューの客室からは海が見渡せる。その絶景に見惚れることはできても、かつてそこにどんな風景があって、どんな営みがあったのか、わからなくなる。かつて海辺にあった営みは姿を消し、海は宿泊客に独占され、土地の記憶は忘却される。

ぴゅうっと冷たい風が吹いたかと思うと、ほどなくして雨が降り始めた。集落まで引き返すと、屋根の葺き替え工事をしている建物の前を通りかかった。そこに「美女 安里屋《あさどや》（美女クヤマ）生誕の地」と書かれた観光案内の柱が立てられてある。安里屋クヤマとは、１７２２年に竹富島で生まれた女性である。絶世の美女だったと伝えられるクヤマは、琉球王国から派遣された役人に一目惚れをされた。当時は過酷な人頭税が敷かれていて、庶民が役人に逆らうことは考えられない時代だったが、クヤマは求婚をきっぱり断った。その気丈さは「安里屋ユンタ」という古謡にも歌われている。

彼女が生まれた土地には、その子孫にあたる方が暮らす屋敷があり、敷地内に売店と小さなカフェが併設されていた。軒先にパラソル付きのテーブルがいくつか置かれてあるが、椅子は雨で濡れている。どうしようかと迷っていると、「よかったらここで飲んでいきますか」と、売店のなかに小さな椅子を出してくれた。棚にはポーク缶やシーチキン、インスタントコーヒーに金ちゃんヌードル、キャンベルスープに菓子パンといった食料品から、石鹸や洗剤といった日用品まで並んでいる。

「今日は天気が悪くて、なんか嫌ですね」。注文したホットコーヒーを運んできてくれた店主がつぶやく。「今年は特に雨が多い感じがします。今は母屋の屋根直しをしてるとこなんですけど、雨漏りがひどかったから、雨は嫌なんです」

茅葺きや赤瓦の屋根は、定期的に張り替え工事が必要になる。かつては住民同士で助け合って張り替えていたけれど、今では大工さんに張り替えを依頼するようになったのだそうだ。重要伝統的建造物群保存地区に選定されたことで、工事には補助金が支給されるようになったけれど、何割かは住民の負担となる。張り替え工事にかかる金額を教えてもらうと、想像よりも「0」がひとつ多くてびっくりする。島にあるすべての屋敷を順番に改修できるようにと、赤瓦は30年に一度葺き替えることになっている。ただ、30年経つまでには雨漏りするようになってしまう。

「あさどや」を切り盛りする店主は、沖縄本島まれ。竹富島は父の郷里で、彼女の父はこの屋敷で生まれ育ったのだという。この屋敷を見る人がいなくなったことで、父はひとりで島に戻り、自分で建物を補修しながら暮らすようになった。やがて父も高齢になり、彼女もここに移り住んで、お店を始めたのだそうだ。父が元気なうちに、きれいになった屋敷を見せてあげたいと、屋根だけでなく建物全体も改修することにしたのだと店主は言った。

「港に行くと、『観光客がいっぱい入ってきてる』と思うんだけど、皆どこに行っちゃうのかね」。注文口の窓から吹き込んでくる雨を雑巾で拭いながら、店主が言う。「あんなにたくさんいるけど、ここに戻ってきてみたら誰もいないから。こんなにちっちゃい島、どこを見てるんだろう?」

雨脚は次第に強まってくる。注文口から差し込んでくる雨粒を、店主は何度となく拭っていた。雨が降りしきるなかでも、水牛車は観光客を乗せて路地を行き交っている。白い砂の道の真ん中は、水牛の通り道になっているせいか水たまりができている。カッパ姿の観光客が、「雨ヤバいんだけど！」と笑い合いながら通り過ぎていく。

15時過ぎ、東集落にある「内盛荘《うちもりそう》」にチェックインする。コロナ禍直前に改装されたばかりとあって、きれいな宿だ。夕食の時間まで、庭にあるベンチに座り、ぼんやりオリオンビールを飲んだ。母屋の屋根はブルーシートで覆われていて、雨が打ちつける音がする。ここでも屋根の張り替え工事が進められているところだ。あたりが暗くなるにつれ、揚げ物の良い香りが漂ってくる。「内盛荘」は集落の入り口近く――港に一番近い場所にあるせいか、船の最終便が出る時刻が近づくと車や自転車が頻繁に行き交うようになる。17時50分に安栄観光の最終便が出ると、巧さんが言っていた通り、集落は静まり返った。

18時15分に食堂に行ってみると、テーブルにはもう夕食が並んでいた。美味しそうな匂いを漂わせていたのはグルクンの唐揚げだった。そのほかにも近海マグロのお刺身に四角豆のツナマヨ和え、ゴーヤチャンプルー、タラと島野菜の煮物と、美味しいおかずばかりだ。ちびちびツマみながらビールを飲んでいると、「20時半には泡盛を出そうと思いますので、よかったら」と、宿を切り盛りする内盛正基《うちもりまさき》さんが声をかけてくれた。「泉屋」の巧さんからも、「内盛荘に泊まるんだったら、夜は泡盛を飲ませてもらえると思いますよ」と言われて、一緒に飲めたら嬉しいなとひそかに思っていたのだ。

「内盛荘」を創業したのは、大正14（1925）年生まれの内盛正玄《しょうげん》さんと内盛スミさんご夫婦だ。夫の正玄さんは、石垣と竹富を結ぶ航路の船長を務めたこともあり、八重山観光フェリーの設立にも寄与している。定年後は水牛車観光と農業をするかたわら、夫婦で民宿を始める。妻のスミさんは竹富島の伝統的な織物「ミンサー」を復興させた功労者でもあった。

「僕はもう、小さい頃から『民宿を継ぐもんだ』と洗脳されてたんです」。正基さんが冗談めかして言う。「うちは姉が3人いるんですけど、一番下の姉でも6個上なんですよ。跡取り息子は生まれないと思われていたところに僕が生まれたんで、じいさんに尋常じゃなく溺愛されて育ったんです。小学校に入った頃から、大人たちの集まりがあるたびに『じいさんが酔っ払ってるから迎えにこい』って電話がかかってきてたんです。迎えにこいったって、歩いて2分くらいだから、『自分で帰れるやん』とは思うんですけど、迎えに行って。じいさんと手を繋いで歩きながら、『内盛荘は正基が継ぐんだ』と、『このおうちは将来正基のものになる』と言われながら、うちまで帰ってきてました。それが半年に1回ぐらいあったとして、10年間だと20回ぐらいですよね。中学生になるとちょっと頻度が増えて、年に4回ぐらい言われてたから、中学を卒業して島を出ていくときから『いつか帰ってくるだろうな』と思ってましたね」

正基さんは昭和62（1987）年生まれ。「泉屋」を営む巧さんと同い年だ（ただし、巧さんは早生まれだから、学年はひとつ違いになる）。ふたりとも、中学卒業後は島を離れているが、20代前半には竹富島に帰ってきた。

「僕や巧は、こっちのほうが性に合ってたってことだと思います」と、正基さん。「高校は石垣に行って、多少は羽を伸ばして楽しんでましたけど、『竹富は不便だから石垣で生活しよう』とはならなかったですね。そもそも島の暮らし自体が苦痛ではなかったのはあると思います。これが普通だと思ってたから。高校生のときは特段思わなかったですけど、内地で働いていたときはやっぱり、夜うるさいなと思いましたね。こっちだと絶対にありえない音が、救急車とパトカー。何が住みやすいかって考えたときに、『夜は静かなほうがいいよね』と」

ただ、竹富島に生まれ育ったこどもたちが全員そう感じるわけではなく、島に戻ってくるのは少数派だと正基さんは教えてくれた。それに比べると、石垣島出身の子は石垣に戻ってくる比率が高いそうで、石垣島の繁華街に出かけると、高校時代の同級生と何度も出くわすのだという。その差が生まれるのは、働き口の多寡による。

「僕は民宿があるから帰ってこれたんですけど、仕事がなければ帰ろうとは思わないと思うんです。石垣に行けば生活を確立させる仕事があるけど、竹富だと少ないですよね。僕は小さい頃から『民宿を継げ』と言われてたのと、ここでの生活が特段苦痛ではなかったので、帰ってこれたのはあると思います」

隣でオリオンビールを飲んでいた妻の佳菜さんが、「行事ごとが好きかどうかっていうのも、はっきり分かれるよね」と言葉を継ぐ。

「ああ、それはあるだろうね」と正基さん。

「めちゃくちゃ好きな人もいれば、そんなに好きじゃない人もいるもんね」

「俺みたいに『嫌いじゃない』って人もいるよ」

「いや、帰ってきてるのは好きってことだよ」

「種子取とか結願は好きだけど、それ以外のこまごました行事は『嫌いじゃない』ってくらいだよ」

種子取祭で狂言が奉納されるときには、正基さんの父・佳美《よしみ》さんも舞台に立っていた。本番まで1か月間稽古が重ねられるあいだ、正基さんは毎日ついていき、ミスに気づけば指摘するほど熱心に観ていたのだという。「今思うとクソガキでしたね」と、正基さんは当時を振り返って笑う。ただ、島に帰ってきた最大の理由は、民宿を継ぐことでもなければ祭りに参加することでもなかった。

「最後に住んでたのは千葉だったんですけど、ここでずっと生活してても、自分が輝くことはないだろうなと思ったんです。その場所では自分のやりたいことがなかった。起きて、仕事行って、帰ってきたらシャワーを浴びて寝る。毎日その繰り返しで、休みの日があっても『明日もどうせ仕事なんだから、遊んで疲れるのもしんどい』って、家から出ることもなかったんですよね。ここでこのまま結婚して、こどもが生まれたとして、何をこどもに誇ったらいいのか――そう考えたときに、島に帰ろうと思ったんです。自分がまだ小さかった頃に、島に帰ってきた大人たちが決まり文句のようにそういう話をしてて、当時は『何言っててんねん』と、『東京タワー最高じゃないか』と思ってましたけど、都会の空気を吸った結果、都会では輝けないタイプだとわかった。ここにいてもくすんだままだから、島で民宿をやりながら何かしら誇れるものが見つかって、こどもに見せれる背中があればいいなという期待混じりで、ここに帰ってきたんです」

　正基さんには、都会の喧騒より、島に流れる時間のほうがしっくりきたのだろう。そう話を向けると、「たしかに、そうかもしれないです」と正基さんは答えた。

「しっくりはくるんだ？」と佳菜さん。

「ゆっくりはできないけど、しっくりくる。それこそ東京で暮らしてたときは、電車に乗るだけで緊張してたもん。電車のひと駅が5分って感覚もないから、『乗り過ごしたらどうなるんだろう？』と不安になって、電車に乗るたび緊張してた。ただ、『この時間に電車が出るから、何時に家を出なきゃ』というのは、この島にいても一緒なんですよね。ガイドブックには『ゆっくり流れる島時間』みたいに書かれがちで、たしかに観光でくる人にはそう見えるだろうなと思いますけど、われわれはそうではないっていう。そこで生活してたら忙しいというのは、どこに行っても一緒ですよね」

「私も散々ゆっくり過ごしましたよ」。そう語る佳菜さんも、最初は観光客としてこの島を訪れた。この島が好きになり、何度も足を運ぶうちに正基さんと出会って結婚し、この島で暮らすようになった。こどもを育てながら民宿を切り盛りする日々は、「ゆっくり」とは程遠い毎日だ。

「まあ、白鳥みたいなものです」と正基さんは笑う。「ゆっくりしているように見せて、水面下では必死で足をかいている。そんなこと、普段はわざわざ言いませんよ？　こうして話を聞きにきてくださっているから言っているだけで、1泊、2泊で帰っていく方に『島の生活も案外忙しいですよ』とは言わないです。『島の時間はゆっくりしてますねえ』と言われたら、そうですねえと答えますけど、たまに『この人、俺らのことを暇だと思ってるのかな？』と思うこともありますね」

昔の面影が残る竹富島は、楽園というイメージを重ねられがちだ。夜になれば三線の音が響き、その音に誘われて集落を歩くと、庭で三線を弾きながら飲んでいる地元の人がいて、「一緒に飲むか」と誘われて泡盛を飲み交わす——そんな幻想を抱く観光客も少なからずいるのだろう。僕のなかにも、きっと幻想はある。

「そういうイメージを持っている方がいても、それを壊さないように、『他の島に行けばそういうこともあるかもしれないですけど、竹富島はあんまりないですね』とやんわり答えるようにしてるんです」と正基さん。「でも、もし自分の庭でバーベキューしていたとして、そこに全然知らない人が通りかかったとしても、普通に考えたら『一緒に飲んでけ！』とはならないですよね。それに、竹富島は夜静かなのがいいところだと思うんです。『夜はもっと賑やかなのかと思ってましたけど、意外と静かなんですね』と言われたら、『そこが島のいいところなんです』と答えるようにはしてますね」

話を聞かせてもらっていると、観光地は自分を映す鏡のようだと思えてくる。自分が抱く幻想が、そこに投影されている。観光地で暮らす方たちは、幻影を壊さないようにと気を遣いながら、観光客をもてなしてくれているのだ。「人間らしさを訪ねる旅」という言葉が、また頭をよぎる。

石垣の泡盛「請福」の水割りをいただいているうちに、夜は更けてゆく。集落は静まり返っていて、クバの葉が風で揺れる音だけが響いている。朝になって目を覚ますと、そこにカラスの鳴き声だけが加わっていた。日が昇り始めた頃に集落を散策すると、しょり、しょりと砂の道を歩く音が響く。他に物音はなく、自分の足音がやけに大きく感じられる。

宿に戻ると、食堂の台所でこどもたちが朝食をとっているのが見えた。定期船の第1便が到着する7時45分が近づくにつれ、車が慌ただしく行き交い始める。「うわー、寒い！」と声を上げ、こどもたちは学校に登校してゆく。昨日の最高気温は28度近かったというのに、今日は朝から20度を下回っている。沖縄は今季いちばんの冷え込みとなり、季節が冬に切り替わりつつある。

こどもたちを送り出すと、正基さんは宿泊客の朝食を作り始める。巧さんもきっと、こどもたちの世話に追われている頃だろう。旅行客だけが何もしない人として存在し、土地の暮らしを眺めている。今朝の朝食はポーク玉子だ。正基さんは最近「16時間ダイエット」をしていて、朝食抜きで過ごしているのだと昨晩話していた。味噌汁を作ったり目玉焼きを焼いたりするぶんには平気だけど、ポーク・ランチョン・ミートやベーコンを焼いているときは我慢するのが大変だと笑っていた。慌ただしく働いている今は、粛々とフライパンを振っている。

正基さんの運転する車で、港まで送ってもらう。集落と港に広がる原野も、昔はすべて畑だったのだと教えてくれた。9時45分になると、港に船がやってくる。昨日乗ってきた船だ。今日も竹富島には大勢の観光客がやってきて、マイクロバスに吸い込まれていく。フェリーの後方にあるデッキに立ち、小さくなっていく島を眺める。船上からは緑に覆われた風景が見えるばかりだ。ここからは見えない島の暮らしと、聞かせてもらった言葉を反芻しながら、これからどんなふうに生きていこうかと考えている。

「ならぬ」と書かれた看板

泉屋の上勢頭巧さん

葺き替え中の屋根

内盛荘の内盛正基さん

摩耶山

ひとつひとつの電灯のなかにある生活

神戸は異国情緒あふれる港町だ。

慶応3（1868）年に開港し、国際貿易港として発展した神戸には、明治時代に西洋人が暮らした異人館が建ち並び、南京町には中華街が広がっており、エキゾチックでモダンな街だ。そこにどんな時間が流れていたのかわからなくとも、「異国情緒あふれる近代」というイメージが、頭のなかに漠然と横たわっている。

11月の終わりに、神戸を訪れた。初日に宿泊したのは元町駅の近く、メリケンロード沿いのホテルだ。

窓の向こうに六甲山地が広がっている。足元に視線を移せば、中華街の看板が見える。朝7時とあって人通りはなく、シャッターが下ろされた店の前を鳩が歩いている。この部屋からは見えないけれど、すぐ近くに海が広がっているはずだ。

寝ぼけた状態のままホテルをチェックアウトし、鯉川筋に出ると、人波に飲み込まれる。駅からメリケンパークの方向にむかって、サラリーマンがずんずん進んでいく。流れに逆らうようにして駅へと歩く。今日は月曜日だから、どこか殺伐とした空気が流れているように感じる。通勤時間帯に出歩くと、心が重くなる。

元町駅前には広場があった。その片隅にモニュメントがあり、「海外移住者の通った道」と書かれた石碑がひっそり設置されていた。

神戸は1858年の開港以来、世界から「人」、「もの」、「文化」のわが国への受け入れ窓口として役割を果たすとともに、数多くの海外移住者を送り出した移住基地でもあった。現在、全世界に約250万人の日系人が生活しているが、そのルーツは、明治以降世界に向けて旅立った104万人の日本からの移住者であり、うち約40万人が神戸から出発した。

1928（昭和3）年には、海外移住者の出発前の準備施設として諏訪山のふもとに「国立神戸移民収容所」が設置され、日本中から移住者は神戸に集まり、日本での最後の日々を過ごした。かつて移住者は、収容所から移民船が待つ港まで歩いて坂道を下っていった。この記念碑は収容所から港までのちょうど中ほどに位置し、移住者が実際に通った歴史的な坂道をしるすものであり、この道は神戸から世界へ通じる道でもある。

2001年12月　神戸市

最初の移民船となる笠戸丸が神戸港から旅立ったのは、明治41（1908）年のこと。船の行き先はブラジルだった。移住者たちが鯉川筋を歩いたころには、どんな街並みが広がっていたのだろう。現在の通りには、イペの花が植えられている。最初の移民船が出港して100周年を迎えたことを記念して、2008年にブラジルの国花であるイペが植樹されたのだそうだ。

元町駅から電車に乗って、JR神戸線に揺られる。元町のひとつ隣は三ノ宮で、ここでほとんどの乗客が降りていった。次の灘《なだ》駅で電車を降り、北口に出てみると、三ノ宮から一駅とは思えないほど落ち着いた時間が流れている。こどもを乗せるカゴを前後につけた自転車が行き交い、美容院の前には「保育士さんいます」と立て看板が出ていた。イメージの神戸とは対照的に、生活感のある町並みだ。

灘を訪れたのは、「ゲストハウス萬家《まや》」が主催するツアーに参加するためだった。出発時刻の正午まで3時間近くあることだし、街をぶらつくことにする。

阪急・王子公園駅近くのガードをくぐり、水道筋に出る。この道の下には水道が通っている。第一次世界大戦後の好景気により、港町である神戸には多くの産業と人口が集まるようになり、水の需要が増えてゆく。これに対応するべく、第二回水道拡張工事によって水道管が敷かれ、その上に現代の道路を通したのだという。

水道筋は途中からアーケード街になる。東西に延びる水道筋商店街は、途中で南北に延びる「灘センター商店街」と交差する。この灘センター商店街に入り、少し北に進むと、今度は灘中央市場と交差する。この市場を抜けた先に灘中央筋商店街があり、その向こうにはかつて畑《はた》原《はら》市場が広がっていた。

神戸市が誕生したのは、明治22（1889）年のこと。神戸市に小売市場が整備され始めたのも、第一次世界大戦の頃にまで遡る。大正7（1918）年に米騒動が起こり、食品の価格が暴騰したことを受け、公設市場の開設を求める声が神戸市に寄せられた。これを受け、神戸市は同年11月に東市場と中央市場をオープンしたのを皮切りに、市内各所に公設市場を開設していく。この公設市場に先駆けて、大正7（1918）年9月に38店舗が集まって誕生したのが畑原市場だ。かつては「小売市場と風呂屋ができれば、その土地は発展する」と言われており、神戸市内には公設市場だけでなく、無数の私設市場が開かれ、その周囲に住宅街が広がっていった。水道筋のあたりには今でも市場が密集しているけれど、30年前には灘区だけでも10か所以上は市場があったのだという。

２０２０年、僕が初めて灘区を訪れたときにはまだ、ここに畑原市場が存在していた。その直後に市場はおよそ１００年の歴史に幕を下ろし、マンションの建設工事が始まった。そこに市場があったところを、一度しか見たことがないから、ほんとうにここが市場の入り口だったのかどうか、心許なくなる。

市場があったはずの路地を抜けると、その先にある畑原東市場は今も営業を続けている。その真ん中あたりに、「寿し豊《とよ》」というお寿司屋さんがある。灘に来るたび、ここでお寿司を食べている。

「昔はね、寿司屋じゃなかったんですよ」と、女将さん。「ここは昔、果物屋と漬物屋だったんです。うちのお母さんは昭和21（１９４６）年頃にここに来てるんやけど、終戦間なしやから、バラックみたいな市場だったみたいです。うちのお母さんは、なんや物作るんが好きやったみたいやね。それで父親とふたりで商売してたんです。ある時期からは漬物屋さんは甥御《おいご》さんに任せて、うちのお母さんが『寿司屋したい』言うて、こっちの果物屋だったところで寿司屋を始めてね。最初は素人やからね、職人さんを雇って、教えてもらいながらやってたみたい。それが始まりやね」

「昔は牛乳も売ってたんと違う？」と大将。

「そうそう、牛乳も売ってたわ。あの頃はなんでも売ってたよ。お父さんとお母さんがしてるときは、まだこんなじゃなかったから、お寿司屋さんになってからもおうどん系を出したりもしてたんです」

今日はこのあと、「ゲストハウス萬家」が主催するツアーに参加するのだと伝えると、「遠いとこまで、わざわざ来てくださって」と女将さんが言う。「遠いとこ」という言葉は少し意外だった。ゲストハウスはここから徒歩15分ほどだから、旅行で訪れている側からすると「近所」だ。

「寿し豊」のあるあたりは、戦前は畑原市場の一部だった。戦時中に空襲の被害を受けた区画が、戦後に「畑原東市場」として立ち上がったのだという。灘区にはかつて13もの市場があった。市場を中心に生活圏が形成されたのだとすれば、「ゲストハウス萬家」のあたりはもう、「遠いとこ」に感じられるのだろう。旅行客からすると、ここから三宮でさえ近くに感じるけど、「三宮に行くんやったら、着ていくもんも変わるぐらいでしたよ」と女将さんは笑う。

大将は三十数年前まで、その三宮にある寿司屋で働いていた。

「東京は江戸前握りやけど、関西は箱寿司を出すとこが多いんです。ただ、そこは〝立ちの店〟ゆうて、職人がお客さんの前に立って寿司を握るお店ですねえ。そこの寿司屋は、今は三宮でいちばん高いんと違うかな。高級店やと、また独特の雰囲気があって、立っているだけでもビリビリしますよね。あの頃はバブルの時代やったから、『交際費で落とせる』ゆうて、接待交際してへんのに社員だけで食べに来てるお客さんもいましたねえ」

三宮で働いていた大将は、やがて女将さんと出会い、結婚した。最初のうちは三宮の寿司屋に勤め続けていたけれど、ここで「寿し豊」を切り盛りする義理のお母さんから手伝いを頼まれることがちょくちょくあった。二足の草鞋を履いているようで、三宮の寿司屋の大将にも悪い気がして、「寿し豊」を継ぐことに決めたのだという。大将の名前は「豊《ゆたか》」。ただ、大将が女将さんと知り合うずっと前から、お店の名前は「寿し豊」だった。

「うちのお母さんが雇っていた職人さんが、『寿し豊』という名前で始めたんですよ」と女将さん。「別にその人の名前に『豊』という字が入ってたわけでもないいんやけど、なんでか知らんけどその名前にしはったんやね。それ、すごいでしょう？　私がこの人のこと全然知らん頃から、その名前やったわけやからね。びっくりしたわ。不思議なことがあるもんやね、なんや運命的なものがあるんやろかって、笑うてたんですけどね」

ふたりの話を聞きながら寿司をツマんでいると、軒先にお客さんの姿が見えた。「寿し豊」ではお寿司のテイクアウトもやっていて、店頭には箱寿司や巻き寿司がいくつか並べてある。

「これ、アナゴに替えてもわられへん？」

「どれと替えます？」

「巻き寿司と替えて。巻きは４つも要らんわ」

「はいはい。何個にする？」

「巻きは2個にして、あとは違うの入れて。お稲荷さんでもなんでもええわ。とにかく、巻きはもう昨日の夜に食べてんねん」

こんなやりとりに、市場らしさを感じる。ここではパッケージされたものを買うだけでなく、好きなように買い物をすることができるのだ。

ふと時計に目をやると、ツアーの集合時刻が迫っていることに気づき、ゲストハウスへと急ぐ。この日申し込んだのは、「旧摩耶観光ホテル見学付き宿泊プラン」だ。「ゲストハウス萬家」が主催する1泊2日の宿泊プランで、さまざまな〝遺跡〟が残る摩耶山を半日かけてめぐるツアーがついてくる。

このプランが生まれたきっかけは、２０１７年春に第1回「マヤ遺跡ガイドウォーク」が開催されたことだった。〝遺跡〟を巡るツアーは評判を呼び、受付が始まるとすぐに予約が埋まるようになった。旧摩耶観光ホテルが国の登録有形文化財に登録されたことを記念して、２０２１年12月からツアー付きの宿泊プランを売り出したのだ。

参加者が揃ったところで、「ゲストハウス萬家」のオーナー・朴徹雄《パクチョルン》さんと、マネージャーの今津《いまづ》歩《あゆむ》さん、それにこの日ガイドを務める杉浦貴之《すぎうらたかゆき》さんが挨拶をする。

「今日のツアーは、摩耶観光ホテルが目玉ではあるんですけど、摩耶山にはそれ以外にも遺跡がたくさんあるんです」と杉浦さん。「お寺の跡だったり、昔から山のなかにあるものが残っているので、それをひとつずつ巡っていこうと思ってます。ケーブルカーとロープウェーに乗って山頂まで行って、そこからゆっくり下ってくるので、山登りはあんまりないです。どっちかというと山下りですね」

まずは近くのバス停まで歩く。阪急・王子公園駅の近くに、カモメのマークのバス停がある。灘にはみなと観光バスが運行するコミュニティバス「坂バス」が走っている。大阪－神戸間はJR・阪急・阪神各社が鉄道を走らせていて、東西を結ぶ交通網は整備されているけれど、南北を結ぶ交通手段は限られている。その数少ない交通手段が坂バスだ。JR灘駅を起点に、商店街を抜けて坂をのぼり、摩耶ケーブル駅を経由してまた坂を下ってくる路線である。いざ乗車してみると、買い物帰りのお年寄りがたくさん乗車している。「坂バスは、お買い物バスでもあるんです」と杉浦さんが教えてくれた。

10分ほどバスに揺られて、摩耶ケーブル下にたどり着く。ここから先はケーブルカーが運行している。最大勾配は54・7％と、ケーブルカーはかなりの急勾配を進んでいく。トンネルを抜け、紅葉が美しい山のなかを走ると、神戸の海が見えてくる。ケーブルカーは6分ほどで「虹の駅」に到着した。

「このケーブルカー、実は大正14（1925）年に引かれたもので、めちゃくちゃ古いものなんです」と杉浦さん。「なんでケーブルカーが引かれたのかというと、摩耶山の中腹には天上寺さんってお寺があって、そこに行く人が年間50万人ぐらいいたそうなんです。その参詣客を運ぶためにケーブルカーが引かれて、この駅舎も基本的には大正時代のものがそのまま使われてます。なんでそんな古いものを大事に使っているのかというと、ここにはケーブルカー以外には登山道しかないので、新しいものを建てるための資材を運んだり、壊したものを搬出したりするのがかなり大変なので、どっちかっていうと『使わなしゃあない』ということで残ってしまったものが摩耶山のなかにたくさんあるんですね。それを『マヤ遺跡』と呼ぶことにして、遺跡を巡るツアーを始めることになったんです」

虹の駅は、標高およそ450メートルの場所にある。駅の近くにも展望台のようにひらけた場所があり、神戸の街並みと海が一望できた。

「実はここも、遺跡のひとつなんです。このあたりはコンクリートで固められて、一段高くなっていると思うんですけど、ここには昔、展望台兼喫茶店みたいな二階建てのコンクリート造りのものがあって、上島珈琲が展望喫茶をやっていたそうです。ただ、昭和30（1955）年になると、ここから摩耶山頂までロープウェーが通ったので、ここは通過する場所になっちゃったんですね。それであんまり流行らなくなって、昭和40年代ぐらいに閉業したらしいんですけど、その時代の名残で基礎だけ残っているんです」

この場所には「千万弗展望台跡」と書かれた案内板が設置されている。ここにケーブルカーが開通した大正14（1925）年、摩耶山遊園地が開園したのだと書かれてある。遊園地にしてはずいぶん狭い敷地に感じられるけど、レジャーが今のように普及する前の時代には「遊園地」という言葉が意味するところが違っていたのだろう。その遊園地の跡地に、昭和33（1958）年に木造の展望台が完成し、昭和45（1970）年にコンクリート造に生まれ変わったのだそうだ。今は更地となったこの場所に、観光客の思い出が詰まっているのだと思うと、なんだか不思議な心地がする。

階段を登り、ロープウェーに乗り換える。ロープウェーの車体には「ひこぼし」と書かれてある。このロープウェーは途中でくだりの便とすれ違うようで、そちらには「おりひめ」と書かれてあるのだと朴さんが教えてくれた。

「このロープウェー、風強いと止まっちゃうんですよね」

「そう、風速15メートルで止まります」

「あと、雷雲が接近するときも止まります」

「うちに泊まるゲストさんも、山頂で足止めされる方がちょくちょくいるんです」

プルルルルと音が鳴り、ロープウェーが走り出す。谷を挟んだ向こう側にも、山がある。あれは六甲山だと杉浦さんが教えてくれた。

「今見えてるのは、企業の保養所や別荘がたくさん建っていたところですね」と杉浦さん。「六甲山のほうは、江戸時代から明治時代にかけて建材として木が伐られてしまって、はげ山になってしまっていたんです。今生えているのは、そのあとに植林された木が多いんですね。摩耶山はお寺があったので、『お寺周りの木を伐るとバチが当たる』みたいに思ってたんでしょうね、古い木が残ってますし、あんまり開発されてないんです。六甲山のほうは遊びに行く山という感じで、ゴルフ場があったりするんです」

六甲地域は昭和31（1956）年、国立公園に指定されている。「国立公園」という概念はアメリカで生まれたものだ。豊かな自然が残る地域を保護しようと、1872年にイエローストーン国立公園が登録されたのがそのはじまりだ。これを手本として、日本でも昭和6（1931）年に国立公園法（のちの自然公園法）が施行され、昭和9（1934）年に瀬戸内海国立公園、雲仙《うんぜん》国立公園、霧島国立公園の3か所が最初の指定を受けた。六甲地域はこの瀬戸内海国立公園に含まれる形で追加登録されている。

ロープウェーは5分半ほどで山頂に到着する。駅に設置された温度計を確認すると、この日の気温は7度だ。山頂には掬星台《きくせいだい》という展望台がある。

「めっちゃ景色いいですよね、ここ」と杉浦さん。「ゲストハウスからここまで、1時間とからずに来れて――すごくいい裏山やなと思います」

ケーブルカーとロープウェーは、合わせて「まやビューライン」と呼ばれている。灘にはまやビューラインサポーターの会があり、年会費として5000円支払って正会員になればフリーパスが手に入る（通常料金だと往復1560円）。ガイドの杉浦さんや、「ゲストハウス萬家」の朴さんと今津さんは正会員だから、お金をかけなくともふらりと登ってくることができる。ちょっと裏山に出かける感覚でここまで遊びに来られるのだろう。ロープウェーの駅にはカフェも併設されていて、景色を眺めながらゆったり過ごすこともできる。

しばらく掬星台からの絶景を眺めたところで、いよいよ山下りだ。ここから先は、山道を下りながら、摩耶山の遺跡を見学してゆく。

少し進んだところに、水が滴り落ちている斜面があった。かつて天上寺がこの一帯にあった頃には、まだ摩耶山まで水道が通っておらず、お坊さんがここまで水を汲みに来ていたのだぞうだ。斜面のそばには、湧水をためていた貯水槽の遺構も残っていた。

「摩耶山はもともと、646年にインドの法道仙人という方が観音霊場を開いたところなんです。そこに806年、弘法大師が中国から摩耶夫人像を持ち帰って、天上寺を創建したと言われているんです。摩耶夫人というのは、お釈迦さんのお母さんですね。昔はここにお坊さんが3000人ぐらいいて、関西の中では高野山や比叡山に並ぶ勢力を誇っていたそうです。ここはお釈迦さんのお母さんを祀っているということで、女人高野とも呼ばれて、参詣客で賑わっていたんです。でも、昭和51（1976）年に火事があって、一夜にして燃えてしまって。麓からもごうごうと燃えているのが見えたそうなんですけど、ここには水道がないので、燃え尽きるのを待つしかなかったそうです」

　火災で焼け落ちた天上寺は、同じ場所で再建を目指したが、重機や資材を運び込むのが難しく、少し離れた場所で再建されることになった。つまり、現代でも建設工事が難しい場所に、1000年以上前にお寺が建立されたわけだ。

　お寺だけではなく、そこに至る山道も、しっかりした造りの石段がある。こんな立派な石段を、どうやってここまで運んだのだろう。そんなことを考えながら階段を下り、火事で唯一焼け残った仁王門を過ぎると、「ヤメア」と書かれたコンクリートの遺構があった。

「これ、右から読むと『アメヤ』で、飴湯や水飴を売っていた茶店がここにありました。冷蔵庫がなかったんで、ここに水を張って、ちゃぽんとつけて冷やし飴にして売っていたそうです。この仁王門から上はお寺の敷地だったんですけど、ここから下っていくゾーンには参詣客向けの施設がちょこちょこ出てきます」
仁王門前の茶店は「上のアメヤ」と呼ばれていた。ここから少し下ると、同じようなコンクリート造の遺構がある。そこにも昔は茶店があり、「下のアメヤ」と呼ばれていたそうだ。ここではおはぎやぜんざい、きな粉餅といった甘味が売られていた。何より名物と知られていたのは、芋飴のなかに炒った大豆を入れた「ネコのフン」というお菓子だ。こうした茶店があったのは、江戸や明治といった遠い昔の話ではなく、昭和30（1955）年にロープウェーが開通するまではこの道も賑わっていたらしかった。

かつて庶民に許されていた「観光」は、神社仏閣をめぐる巡礼の旅に限られていた。その時代から「観光」はどのように移り変わってきたのか、その足跡が摩耶山には刻まれている。そのひとつが、下のアメヤの近くにある摩耶花壇跡だ。

「花壇といっても、植え込みの花壇ではないんです」と杉浦さん。ここでの花壇とは「旅館」を意味するもので、たとえば香川県琴平町の金刀比羅宮門前町には、江戸時代から400年続く「琴平花壇」という温泉旅館があるそうだ。金比羅山の斜面に建つ旅館には多くの参拝客が宿泊し、森鷗外や北原白秋が訪れたこともある。それに倣って、摩耶山の中腹に「摩耶花壇」が建てられたのだ。

「摩耶山にケーブルカーが開通したのが大正14（1925）年なんですけど、摩耶花壇はその翌年にオープンしてます。摩耶山の観光的な宿泊施設のはしりとなったのが、この摩耶花壇でした。昭和初期に撮影された写真を見ると、着物姿の人たちが歩いてるんですけど、ここは摩耶山の銀座通り的なとこやったみたいです」

摩耶花壇は、洋風の大食堂と宿泊施設を備えたモルタル造の建物だった。2階へと続く階段にはステンドグラスが飾られており、大正モダニズム建築の流れを汲む瀟洒な洋館だった。当時の写真を見ると、斜面の高低差を利用して作られた地下室があり、展望風呂があったようだ。

信仰の場であった摩耶山に、ケーブルカーが開通したことで多くの行楽客が足を運ぶようになった。すると、山から見渡す眺望と、ハイカラな食堂で料理を堪能することが旅の目的に加わった。さらに時代が下り、ロープウェーが開通すると、摩耶山上には奥摩耶遊園地が建設され、レジャー花盛りの時代を迎える。

摩耶花壇はやがて廃業し、1960年頃に解体されている。その廃材を用いて数軒のバンガローや参詣客向けの茶店が建てられ、そこにも「摩耶花壇」と看板が掲げられていたそうだ。だが、この第二期「摩耶花壇」も姿を消し、今はコンクリート造の地下部分、かつて展望風呂があった場所だけが遺跡として遺されている。

摩耶花壇は虹の駅のすぐそばにある。駅舎を越えると、旧・摩耶観光ホテルが見えてくる。優美な佇まいから「廃墟の女王」とも呼ばれる建物だ。

「ここはもともと、ケーブルカーを運営する摩耶鋼索鉄道の福利厚生施設として昭和4（1929）年に建てられました」と杉浦さん。「その当時は『摩耶倶楽部』という名前で、お風呂に入ったり、ホールで映画を観たりするレジャー施設だったそうです。戦時中にはケーブルカーの運行が中断されて、ここも休止状態になっていたそうなんですけど、終戦後には戦争で傷を負った人や家がなくなった人が住んでいた歴史もあるんです。ホテルを運営する会社がそこを買い取って、昭和36（1961）年に摩耶観光ホテルという名前で再オープンしました。ただ、昭和42（1967）年に台風で被害を受けて、ホテルとしては営業継続を断念したので、摩耶観光ホテルとしては6年間だけの営業だったそうです。そのあと、1970年代に入ってからは大学生なんかが使う合宿所みたいな施設として、『摩耶学生センター』という名前で平成5（1993）年頃まで営業してたらしいんですけど、そのあと放置されて30年近くという感じですね」

「30年も放置されると、こんなふうになるんですね」と朴さん。

「なるんですね。ここは結構風が強いのと、あとは不法侵入する人が多かったんです。今はセコムで警備されてるんですけど、昔はそういうのがなかったんで、不法侵入した人が窓を割ったりして、そこから風が吹き込んで、どんどん劣化している状態ですね。今日は許可をもらっているので、これから皆で建物の敷地内に入ろうと思います」

ツアーの参加者にヘルメットが配られる。入り口となるのは建物の最上階にあたる4階部分で、まずはホールが見えてくる。ここでダンスパーティーが開催されたり、映画が上映されたりしたのだという。直線と曲線が配置されたデザインは、今見ても瀟洒に感じられる。ホールの真ん中にぽつんと椅子が置かれていて、誰かがそこに佇んでいた気配を感じる。

「この建物を設計したのは今北乙吉《いまきたおつきち》さんという神戸出身の建築家の方です。ここは2021年、国の登録有形文化財に選ばれているんですけど、廃墟が選ばれるのは珍しいんです。そこには何個か理由があって、ひとつは建物自体の美しさがあります。今北さんのスタイルはアールデコ調だと言われているんですけど、この建物全体は船をモチーフにつくられていて、アールデコとも言いきれないいろんな要素が詰まっているんです。1階や2階は和風のつくりになっているんですけど、いろんなものをごちゃ混ぜにしながらも、それを小綺麗にまとめている。当時はドイツ表現主義の時代で、建築家の個性を出していくのが流行りだったみたいなんですけど、当時としては最先端のデザインやったそうです」

今北乙吉が設計した時点では、この建物は「摩耶倶楽部」という名前の保養所だった。歴史を紐解くと、ここが「摩耶観光ホテル」という名前でリニューアル・オープンしたのは半ば必然だったように思えてくる。

観光とは、中国の四書五経のひとつ『易経』に登場する言葉だ。そこで観光は、「国の威光を観察する」という意味で用いられていた。

日本における観光事業の始まりは、訪日外国人客の接遇斡旋を目的として明治26（1893）年に「喜賓会」が設立されたことにある、とされている。国際観光事業の必要性を訴えた渋沢栄一らによって設立された喜賓会は、旅行案内書を発行し、宿泊施設に設備改善勧告などをおこなっていた。この時代には、スエズ運河とアメリカ大陸横断鉄道の開通により、世界一周旅行が容易なものとなり、イギリス人を中心とする貴族階級が日本を訪れるようになっていた。こうした背景を受け、「国際観光」にひかりが当てられるようになる。明治45（1912）

年、喜賓会の活動を受け継ぐ形でジャパン・ツーリスト・ビューローが設立されている。

大正5（1916）年にはシベリア鉄道が全線開通し、ヨーロッパとアジアがひとつの路線で結ばれたことで、世界の「観光」熱は増してゆく。1920年代に欧米を視察した鉄道省運輸局国際課長・高久《たかく》甚之助《じんのすけ》と新井《あらい》堯爾《たかじ》は、欧米における観光熱の高まりを目の当たりにし、国際観光の政策化が必要だと感じ、議会における政策立案を働きかける。そうして昭和4（1929）年、田中義一内閣の時代に建議案が提出される。貴族院に提出された建議案は「我国の事物を広く海外に紹介して相互の諒解親善に寄与する」ことを目的とした機関の設立を説くもので、満場一致で可決された。一方の衆議院に提出された建議案は、「我国は天然の富源乏しきに反し、観光国として無上の天恵を有す、依つてこれを利用開発して外客を誘致し、以つて国交の親善を利し、併せて産業国としての短所を補ふは尤も肝要のことたり」と説き、こちらも賛成多数で可決されている。昭和初期と聞けば、軍靴の音が近づく暗い時代を想像するけれど、この時点では（それが建前だったとしても）国際親善が掲げられていたのだ。それを知ると、そこから戦争に突入していく時代のうねりのおそろしさがリアルに感じられる。

こうして昭和5（1930）年、鉄道省に「国際観光局」が設置され、国は国際観光政策を推し進めていく。そのためには海外からの旅行客を満足させうるホテルの整備が大きな課題とされ、大蔵省預金部の資金を地方公共団体に融通する形で「国際観光ホテル」が建設されることになった。協議が重ねられた結果、建設地に選ばれたのは横浜、蒲郡、上高地、琵琶湖、雲仙、唐津、富士山麓、伊東、名古屋、志賀高原、妙高高原、阿蘇、松島、日光、大阪の15か所。

横浜と名古屋に都市型の国際観光ホテルも建設されているものの、戦前の日本が「国際観光」の名の下に売り出そうとしたのは、そのほとんどが自然豊かなリゾート地だ。その建築様式は、スイスのコテージ風ホテルやスパニッシュ風と様々ではあるものの、和風の意匠を取り入れたものが目につく。外客誘致のためにダンスホールの設置を目指し、洋風の設備を取り入れながらも、周囲の日本的景観と調和を図り、宿泊客が日本趣味を堪能できるようにと、和洋折衷のホテルが建設されてゆく。

摩耶倶楽部が完成したのは、国際観光局が設置された前年、昭和4（1929）年のことだった。国際観光に対する気運が高まりつつあった時代に建設された保養所が、和洋折衷の建物だったことに、時代の流れを感じる。

「開業当初はね、かなりハイカラな場所やったみたいなんです」。旧・摩耶観光ホテルのダンスホールを前に、杉浦さんが説明してくれる。「昭和36（1961）年に摩耶観光ホテルとして開業するときに、運営する会社が結構力を入れて内装をリニューアルしたそうなんですね。その頃に、フランスの豪華客船『イル・ド・フランス』が引退後に大阪まで曳航されてきてたらしいんですけど、その中にあるシャンデリアや調度品をこのホテルに配置したそうなんです。ただ、お部屋自体はそんなに広くもなくて、お風呂とトイレも共同なんで、いうほど高級ホテルという感じでもなかったんやと思うんです。ただ、ダンスホールでは生バンドがハワイアンの音楽を演奏してチークダンスを踊ったり、夏になると屋上でビアガーデンをやったり、賑やかな場所ではあったみたいですね」

戦前に建築された国際観光ホテルは、大蔵省預金部の資金を地方公共団体に融通する形で建設されたものだから、摩耶観光ホテルとはまったく別物だ。しかし、旧・摩耶観光ホテルの4階に佇んでいると、どこか近しい気配があるのではないかと感じる。たとえば、多くの国際観光ホテルは終戦後に米軍に接収されたが、摩耶倶楽部もまた、米軍の将校クラブとして利用できるように改修工事が施されている。それに、山に囲まれていて、それでいて海も見渡せる立地というところにも、どこか近しいものを感じる。

国際観光ホテルの建設地をつぶさに見ていくと、海岸沿いと高原が目につく。国際観光ホテルとして最初に開発が検討され、いち早く建設されたのは上高地ホテルだ。

観光地として上高地を「発見」したのは、イギリス人宣教師のウォルター・ウェストンである。登山を趣味とするウェストンは、日本各地の山を登り、明治25（1892）年に上高地にも足を運んでいる。彼の著書によって上高地の魅力は世界に発信された上に、ダム建設計画により上高地に至る道路が整備されたことで多くの観光客が訪れるようになり、上高地に国際観光ホテルが建設されることになったのだ。

国際観光に向けた気運が高まった1930年代には、国内でも「観光」が注目を集めつつあった。

昭和2（1927）年には、大阪毎日新聞社と東京日日新聞社が主催し、「日本新八景」が選定されている。日本全国の景勝地を山岳、渓谷、瀑布、河川、湖沼、平原、海岸、温泉の八景にジャンル分けし、一般投票で日本新八景を選定しようというプロジェクトだ。旅行客を呼び込もうと、各地で熱烈な運動が展開され、1か月ほどの投票期間に9300万票もの投票が寄せられている。最終的には名士たちによる審査を経て、山岳は長崎・温仙岳《うんぜんだけ》、瀑布は栃木・華厳滝、河川は木曾川、湖沼は十和田湖、平原は北海道・狩勝峠《かりかち》、海岸は高知・室戸岬、温泉は別府温泉が選ばれている。ここで渓谷部門に選ばれたのが上高地だった。

上高地を「発見」したウォルター・ウェストンは、日本の近代登山の父と呼ばれている。日本において、山は信仰の対象であり、修行の場であり、狩猟・採集の場だった。そこにレジャーとしての登山という概念を持ち込んだのがウェストンであり、日本山岳会の設立にも寄与した。

レジャーとしての登山は、国内旅行の普及にも大きな役割を果たした。外客誘致を目的に設立されたジャパン・ツーリスト・ビューローに対し、国内旅行客向けに組織されたのが「日本旅行文化協会」であり、この協会が機関誌として発行していたのが、のちに日本交通公社から発行されることになる雑誌『旅』である。

日本旅行文化協会は、大正時代に入って急速に日本人旅行者が増加し、各地で旅行倶楽部が発足したことを受け、全国的な提携を求める声が上がったことで立ち上げられたものだ。各地で結成された旅行倶楽部には、登山やハイキングを目的とする会が多数存在した。大正10（1921）年には、日本アルカウ会と日本婦人アルカウ会が主催する「山に関する講演会」が大阪・中之島の中央公会堂で開催されている。正午から10時間にも及んだ講演会は大盛況で、特に夜の部におこなわれた幻灯機を用いて山上の美観を紹介するプログラムは評判を呼んだ。

幻灯機を使った山岳講演会は各地で開催され、登山ブームを巻き起こし、各地で旅行倶楽部が結成されてゆく。大正時代に摩耶山にケーブルカーが開通したのも、山が観光地として注目されていた時代背景が影響しているのだろう。

六甲山地の開発に先鞭をつけたのは、イギリス人実業家のアーサー・ヘスケス・グルームという人物だ。グラバー商会の出張員として来日し、明治元（1868）年に開場したばかりの神戸外国人居留地を訪れている。グルームは六甲山上にある1万坪あまりの土地を納涼遊園場敷地として借り受けると、自分の別荘を建てたのち、残りの土地を別荘地として外国人に分譲していく。また、私財を投じて登山道を整備し、はげ山となっていた六甲山に植林をおこなっている。こうして六甲山上は開発され、登山客やスキー客で賑わうようになる。

ちなみに、中之島の中央公会堂で「山に関する講演会」を開催した日本アルカウ会とは、大正3（1914）年に御影町《みかげちょう》で薬局を営む草薙彊《くさなぎきょう》が設立した団体である。この団体は、草薙が御影から六甲山を越えて温泉地の有馬まで往復したことをきっかけに設立されている。この団体の設立趣旨には、「自然の美妙に親み崇高の山霊に接して身体を錬磨し精神を鼓舞し、以て平日の誠実質素より各自の業務に精励するの資たるべき所謂アルカウの趣味を以て集まれるを以て特色とするなり」と綴られている。ここでもやはり、山を訪れる目的は「自然の美妙」にある。100年後を生きるわたしたちは、「自然の美妙」に触れるためではなく、遺跡を辿って山を歩いている。

「こういうツアーをやる前は、不法侵入する人があとを絶たなかったんです」。杉浦さんがガイドを続ける。「ここで勝手にサバゲーをしたり、コスプレの撮影をしたりする人がいたんですけど、不法侵入するのは地元以外の人が多くて、道に迷って警察や消防のお世話になる人も多かったんですね。それで『こんな建物、壊したほうがいいんじゃないか』とオーナーの方は言われたそうなんですけど、見積もりをとってみたら解体するのに何億もかかるという話になって。どうしようかと悩んでいたときに、地元の団体や廃墟を活用するＮＰＯと出会って、『公開すれば不法侵入は減るんじゃないか』ということで、２０１７年にツアーが始まったんです」

マヤ遺跡を巡るツアーが人気を博しているのは、「廃墟の女王」と呼ばれる旧・摩耶観光ホテルを見学できるからだ。ただ、こうして何時間もかけて摩耶山をめぐっていると、「廃墟」を訪ねているのだという感じはしなかった。摩耶山の「遺跡」は、かつてここに存在していた営みを現在に伝えてくれる。そんな「遺跡」を辿るということは、誰かがここで過ごした時間に思いを巡らせるということだ。

摩耶山の縁起は、郷土史にもしっかり記載されている。しかし、歴史に記述されることのない、いくつもの記憶がここに眠っている。ひとつひとつの記憶を掘り起こし、拾い集めようとする誰かがいるおかげで、ふらりと訪れる観光客でもこの土地に流れてきた時間に触れることができる。

僕が初めて灘を訪れたきっかけは、トークイベントに登壇者として招かれたことだった。そのイベントを主催していたのは、灘区出身のデザイナー・慈憲一《うつみけんいち》さんだ。慈さんは神戸を離れて東京に暮らしていたが、阪神・淡路大震災をきっかけに郷里に戻り、灘に暮らしている。灘愛をテーマにフリーペーパーやメールマガジンを発行し、マニアックな灘情報を発信しつつ、数々のイベントを開催してきた人物である。マヤ遺跡ガイドウォークを主催する摩耶山再生の会で事務局長を務めるのも慈さんで、坂バスを走らせようと尽力したひとりも慈さんである。

２０１０年、乗客の減少を理由にまやビューラインの廃止が検討されているという話が明るみに出た。慈さんはすぐに地元の組織に声をかけ、摩耶山再生会議を立ち上げる。まやビューライン存続を求める署名を集めるだけでなく、山上活性化に向けたプランを練り、提案書を神戸市に提出する。これを受けて、神戸市長はまやビューラインの存続を決定した。摩耶山再生会議は、より具体的なアクションを起こすために「摩耶山再生の会」に生まれ変わる。この摩耶山再生の会と、みなと観光バス、それに自治体とによる「まやビューラインアクセス向上委員会」が発足し、２０１３年から坂バスが運行するようになったのだ。

たっぷり旧・摩耶観光ホテルを見学したあと、まやビューラインで麓まで降りて、ゲストハウスにチェックインする。ひと休みしたところで、昼と同じルートを辿り、ひとりで掬星台を目指す。夏であれば21時まで運行しているまやビューラインも、冬季の平日は17時台に最終便が出てしまう。ただ、冬は日が暮れるのも早いので、最終便の時間でも夜景が見られるというので、もういちど登ってみることにしたのだ。

16時40分発のケーブルカーに乗り、虹の駅に出る。千万弗展望台跡からは夕暮れ時の神戸の街並みが見渡せた。そこからロープウェーに乗り継ぎ、星の駅に到着する頃にはすっかり日が沈んでいた。夜景を見ようと集まった行楽客と、三脚を立てて夜景を写真に収める人たちで掬星台は賑わっている。

「昔は『100万ドルの夜景』って言いよったんですけど、今は半額ぐらいになってるかもしれんねえ」。お昼に訪れた「寿し豊」で、女将さんが言っていた言葉を思い出す。「100万ドルの夜景」というのは、六甲山から見渡す夜景のなかにある電灯の1か月分の電気代を言い表す言葉として、昭和20年代頃から使われるようになったものだ。無数の電灯がきらめく光景はまるで星が掬《すく》えるようだと、山頂の展望台は「掬星台」という名前がつけられた。

半世紀以上の歳月が流れ、電灯が増えたことで、今では「1000万ドルの夜景」と呼ばれるようになった。ただ、電灯の数は少なかったとしても、昭和20年代の夜景のほうがきっと、眩しく感じられたのではないかと思う。現代を生きるわたしは、夜景を見慣れている。掬星台から1000万ドルの夜景を眺めているあいだ、夜景に見惚れるというより、もっと別の感慨に耽っていた。

「昔はね、ここも人通りが多かったんですよ」。「寿し豊」の女将さんが言っていた言葉を思い出す。「私らなんか、小さい頃からよお手伝わされてました。あの頃はスーパーがなかったから、12月31日なんかゆうたら、夜中の1時ごろでもお客さんが来てましたよ。もう、大変やったわ」

12月は日が暮れるのも早く、あたりはすっかり暗くなっている。「寿し豊」は18時まで営業しているはずだから、まだあかりが灯っているはずだ。

ここから見える電灯の数だけ、誰かの暮らしがある。ひとつひとつの電灯のなかにある生活に思いをめぐらせると、その途方もなさにくらくらする。ひかりはゆらゆら揺れていて、涙でにじんでいるかのように見える。ロープウェーの最終便が出るぎりぎりまで、展望台に佇み、ひとつひとつのひかりを見つめていた。

畑原東市場の入り口

灘のアーケード街

寿し豊のご夫婦

旧・摩耶観光ホテル

猪苗代

結局のところ最後は人なんですよ

郡山駅を出発した磐越西線は、のどかな田園風景のなかをゆっくり走ってゆく。磐梯熱海駅を過ぎ、いくつかトンネルを越えると、雪景色に切り替わった。雪国らしい勾配のついた屋根があり、洗濯物がサンルームに干されている。川桁《かわげた》駅を出発して、電車が大きくカーブすると、磐梯山が見えてくる。

新年最初の金曜日、青春18きっぷで遠出をした。青春18きっぷとは、ＪＲの普通列車の普通車自由席が5回（ひとりで利用する場合には5日ぶん）乗り放題となる格安きっぷだ。今季は久しぶりで青春18きっぷを購入していたものの、まだ2回ぶん残りがあった。せっかくだから、どこかに出かけてみようか。移動に丸一日かかるような距離だと、目的地に到着するころにはへとへとになってしまうから、都内から半日くらいで移動できる場所を探して、猪苗代を目指すことにした。

磐越西線に揺られていた乗客のほとんどは、終点の会津若松駅まで乗っていくようで、猪苗代駅で降りたのはスキー板を抱えた数組だけだった。タクシーに乗車し、駅前を出発すると、一面の銀世界に包まれる。

「この雪はね、12月のなかばに降った雪が残ってるんですよ」。タクシーの運転手さんはそう教えてくれた。２０２２年の12月は記録的な大雪に見舞われたが、ここ猪苗代でもかなりの積雪があったのだという。

「このあたりは、普段だと1月と2月が雪本番なんです。磐越西線で来ると、磐梯熱海からこっち側は真っ白になりますよ。自分が小さい頃なんて、この道路脇に立っているポールが見えなくなるぐらい積もってましたね」

真っ白な田園風景のなかを10分ほど走ると、突如として建物の群れが見えてくる。その真んなかに野口英世記念館があった。入場料を支払って入館すると、記念館の外へと続く扉が「順路」と表示されていた。一体何があるのかと外に出てみると、そこには野口英世の生家があった。説明書きによれば、野口家の2代目・野口清太郎《のぐちせいたろう》が文政6（1823）年に建てたもので、野口英世記念会が設立された昭和4（1929）年に保存・公開されたものだという。

野口英世の生家は、きれいでこざっぱりとした建物に見える。ただ、記念館で販売されていた『野口博士とその母』（野口英世記念館）を読むと、野口英世の母・シカが生まれた頃には「壁は破れ屋根に穴があき、見るかげもなく荒れはてていた」と書かれていた。夏はともかく、雪の積もる季節に壁に穴があいていると、寒くて凍えるような思いをしただろう。それどころか家が倒壊しかけたこともあると、本には記されている。

村の人々は雪が小やみになると総出で、家々の雪おろしにいそがしかった。あまり積もると雪の重みにたえかねて、古い家などは倒れてしまうおそれがあるからである。

しかし男手のないおしかの家は、雪おろしなどをすることはできない。それでなくてさえ倒れかけた破れ家である。夜中などは壁のつぶれたところから吹きこんでくる風のために、目覚めがちの耳に、ミシリ、ミシリと気味のわるい音が聞えて、今にも一家は圧しつぶされるのではないかと思うことさえあった。

貧乏のため手入れもせぬ荒れはてた家である。昔のままの百姓家、棟はかなり大きいだけに、屋根一ぱいに積もった雪の重さは、ばかにできないものである。

パリッ、ミシリ、異様なものすさまじい音がする。おしかは今日も一人でしょんぼりと戸口にもたれて、灰色の空から降ってくる雪をあかずにながめていた。その時である、急に体を、ふり飛ばすようなはげしい振動がおこった。

びっくりしておもわず飛出して見ると、今は空しく物置きになっている棟つづきの馬小屋が、降り積む雪のために圧しつぶされてしまったのだ。そして母家さえ今にも倒れようとしているのであった。

物音を聞きつけて、村の人たちが駆けつけてくれて、どうにか母家の倒壊は免れた。シカは村のひとびとに感謝しながらも、いつかもっと丈夫な家を建てなければと決意する。彼女は祖母に「わたしを奉公に出して下さい」と申し出て、数え年で8歳にして子守奉公に出た。8年の年季が明けると、こんどは隣家に奉公に出て、その仕事が終わってから「よしを切りに行ったり、かやを集めたり」して、修繕に必要な材料をみずから用意した。そうして2年近い歳月をかけて修繕した家が、野口英世の生家なのだった。

野口シカが結婚したのは、数えで二十歳を迎える頃のことだった。奉公先で紹介されたのが、佐代助という男だった。彼は「恬淡で無欲な人というよりも、それが少々度を過ぎた好人物であった上に、生まれつき酒には目のない人」だった。だから、結婚によってシカの暮らしは余計に苦しくなった。夫は「朝でも昼でも時をかまわず、一合の酒を二た口ぐらいに飲」んで、「酒が無くなるとぼんやりしている」。どうにか家計を支えようと、田畑を借りて野菜を育てては街まで売りに行き、野川や湖水で小エビや小魚を獲っては10キロほど離れた山間の家まで売りに行き、夜は遅くまでわら仕事をして、どうにかこどもたちを育てていたという。

志を得ざれば
再び　此地を踏まず

そんな文字が、生家の柱に刻まれていた。明治29（1896）年、医師の資格をとるべく上京した際に、野口英世が床柱に刻んだ文字だ。

野口英世は明治9（1876）年、シカの長男として誕生した。当初の名は清作で、数えで8歳のときに小学校に入学している。その時代には、日本の小学校就学率はようやく50パーセントを超えたところだった。貧しい農家に生まれた野口英世は、近隣のひとびとの支援を受けながら小学校に通い始め、成績の優秀さを認められ、高等小学校に進学する。やがて医師を志し、上京を果たしたときに、この文字を柱に刻んだのだ。東京が今よりずっと遠かった時代に、

「上京」は一大決心を要するものだった。その重みを、柱に刻まれた文字に感じる。

野口英世記念館には、上京を果たした野口英世が身を立ててゆく足跡が記されている。横浜開港検疫所での活躍。黄熱病との最初の闘い。中南米での賞賛。そうした業績に並んで、「1度きりの帰国」と書かれたパネルがあった。

世界的な研究者となった野口英世は、明治44（1911）年に医学博士の学位を授与された。それを知ったシカは、アメリカにいる野口英世に手紙を書く。「おまイの。しせにわ。みなたまけました」（お前の出世には皆たまげました）——普段文字を書く機会のないシカは、ほぼひらがなだけで手紙を書いている。その文のなかに、シカはひとりで暮らす心細い胸の内を書き綴る。展示されている手紙には、何度となく「はやくきてくたされ」という文字が繰り返される。「はやくきてくたされ。はやくきてくたされはやくきてくたされ。はやくきてくたされ。いしよのたのみて。ありまする」。繰り返し書き綴ることで思いが増幅されたのか、文字は少しずつ大きくなっている。

多忙を極める野口英世は、この手紙を受け取ってもすぐに帰国することがかなわなかった。彼の「帰国を促したもの」として記念館に展示されているのは、野口英世の友人・石塚三郎が撮影した写真だ。

野口英世とともに医学を修めた石塚三郎は、アマチュア写真家としても知られており、猪苗代で開催された「日本写交会」と「北越写友会」の春期連合撮影会で幹事役を務めていた。新しいレジャーとして登山やハイキングが日本にもたらされたことで、大正時代になると全国各地に同好会が結成されたように、新しい娯楽である写真に関する同好会もまた、各地で結成されたのだ。この連合撮影会の際に、石塚三郎は野口英世の郷里の姿や、母・シカの姿を写真におさめ、アメリカに住む野口英世に送っている。野口シカの写真は、三脚を立て、台所の吊りランプを外して照明がわりにして、30秒かけてシャッターを切り、ようやく撮影したものだ。

この時代は、写真を1枚撮るだけでも現在とは比べ物にならない手間がかかった。現在なら海外に暮らす誰かとも、簡単にビデオ通話をすることができるけれど、遠く離れて暮らす相手の姿を目にすることは難しかった。だからこそ、写真を通じて年老いた母の姿を見た野口英世は、強い郷愁の念に駆られたのではないか。この写真が届いた数か月後に、野口英世は15年ぶりの帰郷を果たしている。

世界的な研究者となって帰国した野口英世には、講演の依頼や宴席への招待が数多く寄せられていた。野口英世は、母と連れ立って講演旅行に出て、各地の名所旧跡を見物させた。『野口博士とその母』に、当時の様子はこう綴られる。

彼女は極楽へ行ったような気持だった。
これもわが子と観音様のおかげだ。彼女はしみじみとありがたく思った。
東京に滞留すること数日、やがて京阪地方への旅に上った。(…)
この旅の間の彼女は、真に幸福の絶頂にいたといってもよかった。
めずらしい風俗、美しい景色、面白いことや、楽しいことも、見るもの聞くもの一つ一つが彼女の生まれてからこの方、初めての経験でないものはなかった。

彼女は涙さえうかべて小林先生にいった。

「六十何年の間、貧乏の中で暮らし、難儀になれてきましたわたしが、今度のような楽しみにあえるとは夢にも思っていませんでした。本当にもったいない気が致します。こんなうれしいことはありません。もう今日ただ今死んでも心残りはありません。」と。

旅先でふれる光景は、彼女の目にどれだけまぶしく映ったことだろう。そのまぶしさは、彼女が生まれてからずっと郷里を離れることなく、この土地で暮らし続けてきたことと地続きであるように思える。

では、彼女はこの土地で、どんな光景を眺めて暮らしていたのか。

野口英世記念館のすぐ南側に、猪苗代湖がある。

雪を踏みしめながら、湖の方向に向かって進んでゆくと、湖に程近い場所に「猪苗代水環境センター」と書かれた建物があった。

「ここはね、福島県の環境創造センターの附属施設です」。そう教えてくれたのは、この施設に勤める鬼多見賢《きたみけん》さんだ。「設計の段階では倉庫になる予定だったんだけど、そんなの要らないって言ったわけ。なんのために倉庫を作んの、って。琵琶湖はじめ、全国の主な湖沼群はどこに行っても、自然が豊かな場所にはビジターセンターやネイチャーセンターがあるでしょう。猪苗代湖は全国で４番目に大きい湖だから、それにふさわしいものを作ってほしいとお願いしたところ、ようやく念願がかなってこの施設がオープンしたんです」

鬼多見さんはセンターのすぐ近く——猪苗代湖の北側の湖畔に生まれ育った。かつてこのあたりには、きれいな砂浜が広がっていたのだと、鬼多見さんは教えてくれた。

「野口清作少年が小学校時代に遊んだのもこのあたりだけど、俺が小さい頃もここが遊び場だった。夏休みになると、上級生は鍋や塩やジャガイモを持ってきて、下級生は小枝を拾ってきて、石でかまどを作る。そこで鍋を火にかけて、ジャガイモを茹でる。湖で泳いで遊んでるうちに茹だってるから、それをおやつに食べて喜んでいた。今は車を10分ほど走らせればスーパーに行けるけど、あの頃は何キロも歩っていかないとだめだったから、ジャガイモに塩つけて食ってた。そうやって一日中遊んでいたもんだ」

野口英世の生家がある集落は、三城潟《さんじょうがた》と呼ばれ、かつて宿場町だった。「ここは町じゃなくて村だから、『宿場村』だな」と、鬼多見さんは笑う。

「猪苗代湖は酸性湖だから、これだけ大きな湖だけど、漁獲高は全国でも少ないわけ。ただ、農業だけでは食えないから、魚捕りをして半農半漁でやっていた人もいた。三城潟は、シジミと〝スズメ焼き〟が名物だったみたい。〝スズメ焼き〟っつうのは、鮒《フナ》を背割して炭で焼いたもんだけど、形がスズメに似てるってことで、そう呼ばれてたんだと。今はいろんな調味料があるけど、昔はなかったから、醤油で味付けして食ってた。あの、『一服』ってあんじゃないですか。10時とか3時に、仕事を休んで一杯やる。昔は大根に穴を開けて、そこにカラシを入れてお茶や酒飲んでたみたいよ。俺なんかの頃になると、大根を千切りにして、油で炒めて、それをカラシで味付けする。寒さを避けるために、カラシを入れて――韓国でキムチを食べるのと同じようにして、小さい頃はよくごはんのおかずに食べてたよ」

猪苗代湖には、かけがえのない自然があり、国の天然記念物にも指定されている。

天然記念物といえば、イリオモテヤマネコやオオサンショウウオといった希少な動物や、阿寒湖のマリモや屋久島スギ原生林といった植物を連想する。あるいは、北海道の昭和新山や山口県の秋芳洞《あきよしどう》のように、珍しい地質や鉱物もまた、天然記念物に指定されている。これらの他に、「保護すべき天然記念物に富んだ代表的一定の区域」もまた、国の天然記念物に登録されている。猪苗代湖の場合、そこに息づく自然が――具体的に記せば、昭和10（1935）年には「ミズスギゴケ群落」が、そして昭和47（1972）年には「猪苗代湖のハクチョウおよびその渡来地」が、国の天然記念物に指定されている。

「なんで保護が始まったかっていうと、白鳥がどんどん死んでいったの。それを不思議に思って、死んだ白鳥を北海道大学に送って原因を調べてもらったら、餓死だっていうわけ。胃袋の中に何にもなかった、って。これはまずいっつうことで、昭和40（1965）年に『猪苗代湖の白鳥を守る会』が立ち上がった。最初は明治41（1908）年生まれの古川美忠雄さんという人が、農家から余ったクズコメを集めて、給餌《きゅうじ》を始めたわけ」

「給餌」とは、食料の少ない冬の時期に、餌を与えることを指す。観光のために動物を呼び寄せる「餌付け」と違って、野生動物を保護するために必要となる最低限の量を与えるのが給餌なのだという。古川さんは、どんなに寒い日でも、雪の降りしきる日でも、欠かさず給餌をおこなっていたそうだ。

「この古川美忠雄さんが年取って給餌を続けらんなくなって、今度は古川一郎さんって人がやることになった。この浜から、湖にずっと歩っていって、そこで餌をあげていたわけ。古川さんだけじゃなくて、他の方も餌をあげていたんだけど、高齢のためもう歩けなくなったっつうことで、獣医の大森常三郎さんが給餌をやることになった。大森さんは、簡単にいうと学者だな。その大森さんが『こんなとこで餌やったって誰も見に来ないから駄目だ』と言って、ここより東に移転して、猪苗代町に餌場と倉庫を作ってもらって給餌を始めた。そこに『白鳥浜《はくちょうはま》』と名前をつけて、そう呼ばれるようになったんだ。そうするうちに、おらほでもやっか、おらほでもやっかと、いろんな場所で餌やりが始まったわけ」

「おらほ」とは、「わたしたちが住んでいるところ」を意味する会津の言葉だ。「猪苗代湖のハクチョウおよびその渡来地」として国の天然記念物に登録されているのは、湖の北岸、高橋川から菱沼川までのあいだの水域だった。白鳥浜はその真ん中あたりに位置する。ここで給餌をはじめた大森さんが亡くなると、白鳥浜にあったレストランに給餌をお願いすることになったが、寒い冬に朝早くから毎日給餌をするのは辛い仕事で、1年が経ったころに「もう続けられない」と申し出があった。かわりに手を挙げたのが、保護区域の外側にある長浜だった。こうして長浜に飛来する白鳥が増えると、次第に観光客が集まるようになったのだそうだ。

鬼多見さんが小さかった頃に比べると、猪苗代湖の環境は悪化している。外来魚が増えたことで、もともと猪苗代湖に生息していた生き物は数を減らしつつある。また、酸性湖だったはずの猪苗代湖も、水質が変化し中性になってきているそうだ。

「そういった色々な異変が起きてきたのは、簡単に言うと昭和を境にだね」と鬼多見さん。「高度経済成長期に入ってきたあたりから、食べるものも変わってきたでしょう。だから赤ちゃんの大便は臭くないのに、大人になると臭くなる。昔の汲み取りの時代は大便も小便も、排泄物は肥料として畑に撒いてたけど、今は臭くて撒けないよ。昔は大根漬けで飯を食ってたのが、栄養価が高いものを食べるようになると、湖に流れる有機物もどんどん増えていくわけだよね。ただ、これはもう、抑えることができないと思う。今の人間に『明治時代の食べ物で生活しろ』って言ったら栄養失調になっちゃうし、炭で暖をとれといったら風邪引いちゃうよね。それは仕方ないんだ。だから、せめて雑草や外来種を駆除しないといけないよと言ってるんだよね」

昭和22（1947）年生まれの鬼多見さんは、二十歳の頃から猪苗代湖の自然を守る活動をおこなってきた。最初は妻とふたりで「猪苗代湖の自然を守る会」を立ち上げ、地道な活動を続けてきた。猪苗代湖に飛来する白鳥の数を数えているのも鬼多見さんだ。

「もう50年もやってるから、これが忙しいとか、これが大変というのはなくなってきたな」。活動を続ける原動力はと尋ねる僕に、鬼多見さんはそう言って笑った。「もう日常生活になってるから、三度三度ごはんを食べるのとおんなじ。5年、10年ぐらいだったら、『あれは大変だった』とか、『これは忙しかった』ってこともあるんだろうけど、50年もやってると生活の一端だから、そういうのはなくなるな」

猪苗代水環境センターの窓から、猪苗代湖が見える。今日はよく晴れていて、湖面は輝いている。ただ、その手前には雪が積もり、近くまで行くのは難しそうだった。野口英世記念館のほうに引き返すと、飲食店が軒を連ねている。そのうちの一軒、「ドライブイン湖柳」に入ってみる。入り口には土産物が並んでいて、その先にテーブル席があり、奥は小上がりだ。ラジオから流れる「ラブ・ストーリーは突然に」が店内に響いている。店内の端っこの席に腰をかけると、「寒いから、ストーブのそばへどうぞ」と店主が声をかけてくれた。

壁にはずらりとメニューが貼り出されている。天麩羅定食にかつ丼、天ざるそばに山菜うどんにラーメンと幅広い。会津名物のソースカツ丼なんてのもある。寒い日にはやはり、温かい麺が啜りたいなとメニューを眺めていると、「まあ、このへんはラーメンだな」と店主が教えてくれた。このあたりでラーメンとなると喜多方ラーメンで、ちぢれ麺が特徴だ。せっかくおすすめしてもらったのだからと、チャーシューメンを注文する。しばらく経って、チャーシューメンの丼と、白菜漬けののった小鉢が運ばれてきた。僕がラーメンを啜っていると、店主は小上がりの席に腰をかけて新聞を読みはじめた。

「うちはね、昭和50（1975）年から」。もうお店をはじめられて長いんですかと尋ねる僕に、店主がそう答えてくれた。「私の実家はこの向こっかわなんですけど、ここらは昔、みんな田んぼだったんです。ただ、野口英世記念館に見学にくるお客さんが増えてきて、田んぼを埋め立てて、こんな商売がはじまった。それまでは野口英世記念館があるだけで、何もなかったんだ。道路沿いに観光バスをとめてお客さんがきてたんだけど、そのうちに田んぼが駐車場になってね。このあたりの店のなかだと、うちがいちばん遅いの。他は昭和47（1972）年ごろに始めてるけど、私は3年ぐらい遅れて始めたんです」

現在はご夫婦で切り盛りされているが、ドライブインをはじめようと思い立った段階では飲食の世界で働いた経験はなかったのだと店主は笑う。

「私は三男坊だから、居場所がなくって、小田原に20年ぐらい行ってたの。東名だの新幹線だのを作っていた時代に、ダンプの運転手をやってた。こんな商売とは正反対。でも、こっちに帰ってきて、ドライブインをやることに決めて、磐梯山のスキー場さ見習いに行ったわけ。ただ、見習いといっても、板前さんの使った鍋を洗うとか、そんなのばっかりで。鯉《コイ》の刺身ぐらいは切れるようになったけど、見習いらしい見習いもできないまま2か月で辞めて、ここをはじめたんだよ」

チャーシューメンを啜りながら話を伺っていると、「これからご予定あるんでしょ？」と店主が言う。いえ、このあとはもう宿にチェックインしてのんびりするつもりですと伝えると、「軽トラでもよかったら送ってくよ」と言ってくださる。チャーシューメンを食べるわずかな時間に話を伺っただけではあるけれど、写真を一枚撮っておきたくなって、ご夫婦の姿を写真に収めた。

この日予約していたのは「レイクサイドホテルみなとや」だ。時計を確認すると、まだ15時になったばかりで、チェックイン時刻まではあと1時間ある。ちょっと早く着きすぎてしまったなと思っていると、男性が声をかけてくれた。その男性というのは、ホテルの代表取締役社長を務める渡部英一《わたなべひでいち》さんだった。猪苗代の昔のことを知りたくて旅行にやってきたのだと伝えると、営業開始前のレストランで話を聞かせてもらえることになった。

「レイクサイドホテルみなとや」の歴史は古く、創業は明治10（1877）年に遡る。野口英世が15年ぶりの帰郷を果たしたときには、翁島村の人々が「みなとや」で歓迎会を開いたのだそうだ。

「猪苗代湖は、湖上交通が盛んな場所だったんです。メインの港は隣だったんですけど、この近くの翁島港もサブ港として利用されていて、明治32（1899）年に磐越西線が開通するまでは会津と郡山を結ぶ物流の拠点になっていたんですね。港のそばにあるから、みなとや旅館という名前で船宿をはじめたそうです。うち以外にも、この近所だけで何軒か船宿があったみたいですね。うちの両親で3代目なんですけど、その頃はまだ昔ながらの旅館という感じで、お昼の団体客で両親が忙しくしていたのはおぼえてます」

渡部英一さんは昭和26（1951）年生まれ。小さい頃は、冬季はほとんど旅行客が訪れず、旅館は休んでいたのだという。5月の連休の頃から忙しくなり、夏は湖水浴、秋は紅葉を目指して行楽客がやってきたそうだ。

「すぐ近くに、天鏡閣《てんきょうかく》という皇室の別荘があるんです。そこは明治41（1908）年に有栖川《ありすがわ》宮《みや》が建てられたもので、皇室が別荘を建てるということは、それほどの景勝地である、と。そこから福島県の観光が始まったんじゃないかと思います。最初は有栖川宮が建てられたんですけども、のちに高松宮家に引き継がれていて、私が小さい頃は高松宮様がよくいらしてましたよ。そういうときにうちに料理の注文が入ることもあって、卵料理を作ってよく運んでましたね」

　この地に別荘を建てた「有栖川宮」とは、有栖川宮威仁親王《たけひとしんのう》だ。ただ、この地を初めて訪れた「有栖川宮」は、異母兄にあたる有栖川宮熾仁《たるひと》親王である。明治維新ののち、新政府の威光を示すべく、天皇は各地を勢力的に巡幸している。そのうち、東北を訪れたのは明治9（1876）年と明治14（1881）年の巡幸だ。戊辰戦争の記憶も生々しく残る明治9年の巡幸では須賀川から福島、そして仙台へというルートが選ばれ、会津はコースから外れている。その5年後の巡幸でも、往路は同じルートが採用されている。ただ、会津士族から嘆願書が出され、明治天皇に代わって有栖川宮熾仁親王が会津へと〝代巡〟したのだ。戊辰戦争で会津征討大総督をつとめた有栖川宮熾仁親王が会津を代巡したのは不思議な巡り合わせだが、このとき小休止をとったのが、現在「天鏡閣」がある翁沢《おきなざわ》だった。

　その26年後、明治40（1907）年に東北を旅行中だった有栖川宮威仁親王がこの地を訪れ、翁沢から猪苗代湖を眺望し、その風光の美しさに感銘を受けて別荘を建てた。かつて「朝敵《ちょうてき》」とされた会津の人たちにとって、汚名が晴れるような思いがあったのではないか。

「みなとや」の前には、道路を一本挟んですぐ、湖が広がっている。渡部さんにとって、この光景は「生まれたときから当たり前」のもので、「よそに行くと、せせこましく感じていた」という。上にふたりの姉がいるものの、渡部さんは長男だったこともあり、祖父は「これで跡取りができた」と喜んだそうだ。

「小さい頃からもう、『お前は跡取りだ』と言われて育ったんですよ」と、渡部さんは笑う。「それに反発した時期もありましたし、大学も東京に進学して、見聞を広めよう、と。就職も向こうで決まっていたんですけど、旅館がだんだん老朽化して、消防法的にも改善する必要があるということになって、建て直すことになったんです。そこで親からも『早く帰ってきて手伝ってくれ』と言われて、こっちに帰ってきたんです」

当時の猪苗代には、新たな旅行客が増えつつあった。冬のスキー客だ。

猪苗代では、大正時代にはすでにスキーの県大会が開催され、早稲田大学スキー部の合宿もおこなわれていた。終戦後の昭和23（1948）年には、「猪苗代スキー場」が県営スキー場として運営を開始している。昭和46（1971）年には町営リフトも開設され、翌年には猪苗代町に「観光課」が立ち上げられた。渡部さんが猪苗代に戻ってきた1970年代は、冬のスキー客が増えはじめた時代でもあり、猪苗代町が観光によるまちおこしに踏みだした時代でもあった。その頃から「みなとや」でもスキー客の送迎が始まっている。

昭和54（1979）年12月号の『財界ふくしま』に、猪苗代町長をはじめ地元の農協や商工会関係者、青年会議所による座談会が掲載されている。「磐梯朝日国立公園の表玄関」と見出しが躍り、湖畔に飛来する無数の白鳥が写真に収められている。

座談会の冒頭で、山本秀雄町長は「猪苗代町は、農業と観光が主体の町」だと語っている。ただ、磐梯山と猪苗代湖を中心に「年間三百五十万人の観光客が訪れ」るものの、「大部分の人が県外からの観光客で、ここは通過地となっているのが現状」だ、と。また、前年は「暖冬の影響で損害が十五億円」も出たといい、これからは雪にだけ頼る観光ではなく、「地方の特色を出し、リゾートゾーンとしての猪苗代町を考えていかなければなりません」と、猪苗代町商工会副会長の酒井寿は発言している。ここで早くも「リゾートゾーン」という言葉が用いられているのに、少し驚く。

日本列島がリゾート開発の波に晒されるのは、1980年代のバブルの時代だ。ただ、そこに至るまでには長い前史がある。

戦後まもない昭和25（1950）年、国土総合開発法が制定された。この法律は、「国土の自然的条件を考慮して、経済、社会、文化等に関する施策の総合的見地から、国土を総合的に利用し、開発し、及び保全し、並びに産業立地の適正化を図り、あわせて社会福祉の向上に資すること」を目的とし、〝後進地域〟を開発することで国土保全・電源開発・食糧増産・工業立地の整備を目指すものだった。

干支がひと巡りした昭和37（1962）年、「第一次全国総合開発計画」が閣議決定される。工業の盛んな都市部と農村との地域格差を是正するために、地方の開発を目指すという計画だ。ただ、1960年代を通じて都市部にますます人口が流入したことを受け、昭和44（1969）年に「新全国総合開発計画」が閣議決定される。「豊かな環境の創造」を基本理念に、過密と過疎を解消し、「人間と自然との調和」を目指す開発計画である。この計画では、工業などの産業開発はできるだけ地方に分散させ、交通ネットワークを日本列島全体に張り巡らせることが目標に掲げられていた。この延長線上に、田中角栄の「日本列島改造論」がある。

地方都市の開発が進められた時代において、自治体同士の誘致競争は熾烈を極めた。また、工業化をベースとした開発は、地価の上昇と公害の拡散を招いた。さらに時代が下ると、工場のフリーオートメーション化が進んだことで、工場誘致は必ずしも雇用増進に寄与しなくなってしまう。行き詰まった地方経済活性化の切り札として浮上したのが「リゾート開発」だった。

内閣府が編集する刊行物『時の動き』（1981年1月号）に、「白鳥と磐梯観光の町　福島県・猪苗代町」と題した記事が掲載されている。記事の前半で、白鳥に給餌を続ける大森常三郎さんが紹介されたあと、猪苗代町役場企画財政課長の武藤義憲さんが観光の展望についてこう語っている。

「現在、町では観光立町としてさらに強化をはかるため、今まで遅れていた猪苗代湖の湖面利用を考えています。山と湖の国・スイスのリゾートゾーンに習い、ヨットハーバーを造ろうという計画もあります。それと並行して、農業面でも稲作一辺倒から、トマト、いんげんなどの野菜栽培導入を奨励し、〝観光と都市近郊型農業の町〟づくりを進めていきます」

猪苗代をリゾート地として開発していくにあたり、具体的なモデルとしてスイスが挙げられていることは興味深い。

「昔はね、農家の人たちは冬になると東京へ出稼ぎに行ったんですよ」。渡部さんが言う。「でも、スキー場ができてからは出稼ぎに行かずに、冬になると農家の人が民宿をやったり、インストラクターになってスキーを教えたりしてたんです。ただ、冬のスキーにだけ頼るのではなくて、夏の猪苗代湖でマリンスポーツを盛り上げようという話になった。その当時、私は青年会議所にいたんですけど、当時のトップが『猪苗代を国際観光文化都市にしよう』と言ったんですね。その当時のわれわれの感覚からしたら、『あの人、どうしちゃったんだろう？』と思うぐらい、意表をつく発想でした。その人が言うには、『インターナショナルなものといえば、やはりスポーツだ』と。猪苗代の自然を考えると、冬はスキー、夏はヨットがいいだろうと、世界選手権の誘致に動き出したんです」

こうした誘致が実を結び、昭和62（１９８７）年にはヨットの世界選手権が開催されている。アジアでヨットの世界選手権が開催されるのは、これがはじめてのことだった。こうして猪苗代は、スキーとヨット競技が楽しめる土地として、世界にアピールし始める。そこでモデルとなったのがスイスだったのだろう。

猪苗代湖でヨットの世界選手権が開催された昭和62（１９８７）年は、大きな節目を迎えた年でもある。この年の国会では、総合保養地域整備法、通称「リゾート法」が可決されている。この法律は、「ゆとりのある国民生活」を実現するべく、「良好な自然条件を有する土地を含む相当規模の地域」をリゾートとして開発し、地域の振興をはかることを目的に制定された。リゾート法によって構想が承認されると、環境保全に関する規制措置が大幅に緩和され、税制上の優遇措置も受けられることから、多くの自治体がリゾート計画の策定に乗り出した。従来のように工業を誘致するのではなく、リゾートを創出することが地方経済を活性化する切り札と見做されたのである。

１９８０年代に猪苗代町長を務めた佐藤光信は、「県では技術立県を唱え、工業振興策が盛ん」だが、「忘れてならないのは観光産業の振興」だと語り、日本人観光客だけでなく、外国人観光客もターゲットにした「国際観光の場」を目指して、猪苗代に観光の拠点を作るべきだと政策を掲げている。

しかし、なぜリゾートだったのか。その背景には、「余暇」をいかに過ごすかという問題が横たわっていた。

余暇、すなわち「レジャー」が流行語となったのは昭和33（1958）年のこと。戦後の混乱期を過ぎ、復興へと向かう時代にあって、余暇をいかに過ごすかということに国民の関心が向きはじめた。だが、余暇を生活に取り入れることはできなかったのだろう。高度成長期には「企業戦士」や「モーレツ社員」という言葉が流行したが、80年代を迎えてもサラリーマンが身を粉にして働く状況には変わりがなかった。幼い日の記憶には、昭和63（1988）年に発売された栄養ドリンク剤「リゲイン」のCMが――特に「24時間戦えますか」というフレーズが強く印象に残っている。

バブル景気に沸き、物質的な豊かさは享受できるようになった。すると、「これからの時代は、精神的な豊かさに目を向けるべきだ」という議論も巻き起こりはじめる。そうした背景も手伝って、各地で「リゾート」計画の策定が進められてゆく。

昭和63（1988）年7月9日、リゾート法適用第1号として承認されたのは、「宮崎・日南海岸リゾート構想」と、「三重サンベルトゾーン構想」、そして「会津フレッシュリゾート構想」だった。

日南海岸リゾート構想にはシーガイアが、三重サンベルトゾーンには志摩スペイン村が含まれている。あるいは、少し遅れて承認された「ナガサキ・エキゾティック・リゾート構想」のなかには、オランダの街並みを再現したテーマパーク・ハウステンボスが含まれている。80年代後半から90年代にかけてオープンしたレジャー施設で言えば、デンマークをイメージしてつくられた倉敷チボリ公園や、スペインのリゾート地コスタ・デル・ソルをモチーフとした広島の呉ポートピアランド。中世ヨーロッパ調の建物が並ぶ大分ハーモニーランドに、地中海の港町をモチーフにした和歌山ポルトヨーロッパ。コロンブスが乗ったサンタマリア号を復元し、フラメンコを眺めながらクルージングが楽しめる天保山ハーバービレッジ。あるいは、瀬戸内海の牛窓という小さな港町には、西日本最大級のヨットハーバーが誕生し、ヨットでチェックインできるリゾートホテル「リマーニ」が開業し、「日本のエーゲ海」として売り出された。

どういうわけだか、この時代のレジャーやリゾートには、ヨーロッパというモチーフが散見される。戦後の日本は、アメリカへのあこがれを抱えて発展してきた。高度成長期を経て、日本が経済大国に成長したことで、日米貿易摩擦は深刻化する。昭和54（1979）年にはアメリカの社会学者エズラ・ヴォーゲルの『ジャパン・アズ・ナンバーワン』が刊行され、日本はアメリカと肩を並べる存在になった（かのように思われた）。その時代にはもう、アメリカはあこがれの存在ではなくなり、ヨーロッパ的な成熟が目標に切り替わったのだろうか。先に触れたように、猪苗代でも、スイスのリゾートゾーンがお手本とされている。

猪苗代はもともと、夏の湖水浴で賑わっていた土地だ。渡部さんは中学生の頃から、旅館でアルバイトをする若者たちと一緒になって、家業の手伝いを終えたあとは水上スキーで遊んでいたという。湖水に親しんで育ったこともあり、大人になって海外旅行で出かける土地も、マリンスポーツを楽しめる場所ばかりだったと振り返る。

「それがあるとき、『同行してくれ』と頼まれて、スイスに行くことになったんです。自分は雪国育ちだから、最初は『冬に行くのは嫌だな』と（笑）。そんなことを言いながらツェルマットに行ったら、見事にハマりまして、こんな素晴らしいところはない、と。今まで3、4回行きました。スイスの素晴らしさは、もちろんマッターホルンを含めて自然も美しいんですけど、環境に対する配慮に感心したんです。それに、あの当時にもう、3000メーターの山の上まで下水道が通ってたんですよ。そこはまだまだ敵わないにしても、ポテンシャルとしては猪苗代も、スイスに優るとも劣らないものがあるんじゃないかと思ったんですよね。スイスは冬のスキーが盛んですけど、猪苗代は夏のマリンスポーツもあるから、オールシーズンに対応できる。自然も歴史も文化もポテンシャルが高いのに、まだまだ磨いていないだけで、世界中探しても猪苗代ほどいいところはないんじゃないか、と」

いち早くリゾート法によって承認された「会津フレッシュリゾート構想」は、どんな内容だったのか。

この構想は、磐梯山の「ハイランドスキーリゾート」、猪苗代湖周辺の「レイクサイドファミリーリゾート」、そして南会津の高原地帯の「ハイランドナチュラルプレイリゾート」の3つの基本ゾーンで構成されている。『とうほく財界』（1988年7・8月号）によると、計画が策定された時点では民間施設でおよそ2000億円の投資が、公共施設で160億円の投資が見込まれていた。開発地域には国立公園の区域が含まれており、民間業者だけでは容易に手がつけられなかった「聖域」が、政府あるいは地方自治体と、民間企業とが共同出資する「第三セクター」が事業者となることで開発が許可される――という計画だ。磐梯山と猪苗代湖の周辺には、昭和62（1987）年には500万人の観光客が訪れ、「東京から最も近いみちのく」として人気があるのだと、『とうほく財界』の記事に書かれている。

この時期、会津へのアクセスは飛躍的に向上しつつあった。昭和46（1971）年に着工した東北新幹線は、昭和57（1982）年に大宮－盛岡間が開通し、その3年後に上野駅まで乗り入れている。東北新幹線を利用すれば、会津まで75分となり、「東京近郊リゾート」となった。そのほかにも、昭和61（1986）年には浅草－会津高原間に野岩《やがん》鉄道会津鬼怒川線が開通し、郡山－会津坂下を結ぶ磐越自動車道も整備が進められ、福島空港の開港も控えていた。こうしたアクセスの向上を受け、福島県はフレッシュリゾート地域への入り込み数を年間1000万人と予測していた。

「インフラ整備が進むにつれて、お客さんが増えてきたという実感は、私たちにもありますね」。渡部さんはそう教えてくれた。「昔で言うと、私が小学生のころに磐梯吾妻スカイラインという有料道路が開通して、大きな弾みになったんですね。団体客のバスツアーがはじまって、うちの旅館が昼食場所になったりして、それで忙しくなったんです。1980年代になると、さらに交通網が整備されて、お客さんの発地が変わってくるんですね。今までは県内や隣接県からの観光客だったところが、だんだん首都圏からお客様がくるようになったのはおぼえてますね」

ところで、会津フレッシュリゾート構想は、リゾート法が成立する前から計画が進められていたものだった。

会津フレッシュリゾート構想が承認された昭和63（1988）年は、磐梯山が噴火して100年を迎える節目の年でもあった。『財界ふくしま』（1988年6月号）には、「磐梯山噴火百年記念」と銘打ち、福島県の企画調整部長と周辺自治体の首長による座談会が収録されており、「噴火百年」は「全国に会津、福島県をPRする絶好の年」と、企画調整部長は息巻く。この年には猪苗代町・磐梯町・北塩原村の共同主催により、噴火で命を落とした477名の供養祭が予定されていることが語られており、会津フレッシュリゾート構想でも自治体の垣根を超えた取り組みについて意見が交わされている。リゾート地としての会津の魅力は、「全国的に有数な、非常に優れた自然景観」があり、「ウインター・スポーツだけでなく、夏の高原性の気候を活用した避暑などにも適している」上に、「歴史的にも文化的にも優れた財産」があり、「文化活動の場としても適した地域」だと、企画調整部長は語る。さらに、交通のアクセスが向上したことで、「首都圏からの半日行動圏になりつつある」ことにも言及している。

そういえば、僕がこうして会津を訪れる決め手となったのも、「首都圏から半日で行ける」ことだった。

リゾート開発において鍵を握るのが、アクセスの良さだ。たとえば、北海道の南富良野町に隣接する占冠《しむかっぷ》村は、林業と農業の村だったが、政府の減反政策の煽りを受けて離農者が相次ぎ、1960年代後半から急速に過疎化が進んでいた。そこで村は、観光に村の存亡を賭け、リゾート開発誘致の道を選んだ。こうして昭和58（1983）年にスキー場やリゾートホテルからなる「アルファリゾート・トマム」が開業する。当時の謳い文句は「東京からハイヒールのままリゾートへ」だ。

観光に未来を託した自治体は、数えきれないほどあった。新潟県湯沢町もそのひとつだ。町のほとんどを山林が占める湯沢町は、農地が少なかった。川端康成の『雪国』で知られる温泉と、降り積もる雪はあるけれど、スキー場を開発する資金とノウハウがなかった。この湯沢町の観光開発に乗り出したのが西武グループの堤義明である。堤が山を買い取り、湯沢町を一大リゾート地とする構想を立ち上げると、地元もこれを歓迎し、昭和36（1961）年に苗場国際スキー場がオープンする。最初のうちはスキー愛好家が集うリゾートとして親しまれていたが、昭和57（1982）年に上越新幹線が開通し、昭和60（1985）年に関越自動車道が全線開通したことで、状況が一変する。バブルの時代にスキーブームが巻き起こったこともあり、湯沢町ではリゾートマンションの建設ラッシュが始まり、「東京都湯沢町」と呼ばれるようにもなった。平成2（1990）年には既成のリゾートマンションに協議中のものを加えると、戸数は実に1万6353戸に及んだ。人口9000人の湯沢町に、住民の数をはるかに上まわるリゾートマンションが建設されてゆく。こうした乱開発は混乱を招き、町の水道給水能力は追いつかなくなり、ゴミ収集車はパンク状態となった。

リゾート開発の弊害が生じたのは、湯沢町に限った話ではなかった。

会津フレッシュリゾート構想にともない、会津では県によるマリーナやレクリエーション公園の建設がはじまり、ゴルフ場やスキー場、リゾートホテルの建設計画がいくつも立ち上がった。リゾートバブルにより、ペンションや別荘の建設計画が相次いだ裏磐梯の北塩原村では、深刻な水不足により、平成2（1990）年の夏には「給水凍結宣言」が出されている。自治体の言い分としては、「あくまでも給水対象は定住者であり、リゾート客は想定外」というものだったが、基本計画なしに開発を受け入れた結果として、水不足に陥ったのだ。全国各地でリゾート開発が計画されると、自然破壊や環境汚染が懸念されるようになった。

昭和60（1985）年に猪苗代町長に初当選を果たした西村寅輔は、「観光開発の充実」を政策に掲げながらも、「あまり自然を破壊しないことを町民に訴えてきました」と選挙戦を振り返っている。そしてもうひとつ、「クリーンな町政、清潔な町づくり、町政の信頼回復」も目標として挙げている。1980年代の猪苗代では、スキー場のリフト増設をめぐる汚職事件が発生したり、リゾート開発に向けた土地売買に絡んで公文書偽造事件が発生したりと、開発に絡んだトラブルも多発していた。また、表磐梯山麓に12階建のリゾートマンションが建設されると、磐梯山の景観が遮られてしまった。これに地元からは批判の声が高まり、その経験から「猪苗代町まちづくり指導要綱」が制定され、景観を壊さないようにと高さ制限が設けられるようになった。

「バブルの時代のリゾート開発で、猪苗代町にスキー場が3つできたんですよ」。レイクサイドホテルみなとやの渡部さんは語る。「それも全部、第三セクターの会社が運営してたんです。このあたりは国立公園に指定されてますから、第三セクターの会社でなければ開発許可がおりないということで、行政を入れた第三セクターの会社を立てたんですね。磐梯山にスキー場ができたというのは、磐梯山に傷をつけられたというイメージがありますから、バブルの影響があったといえばあったんですけど、今考えるとあのぐらいで済んでよかったなと思いますね。結局のところ、グランドデザインがなかったんですよ。裏磐梯のほうだと、ペンションができては潰れ、あるいは経営者が交代してを繰り返したんですけど、猪苗代湖畔のエリアに関して言うと、ヨットハーバーは整備されましたけど、そんなに開発が進まなかった。というのも、ほとんどが官地で、民地がなかったことが功を奏したのか、うちのあたりはあまり開発が進まなかったですね」

磐梯山のスキー場やホテルに関しては、高さ制限を超えるものが建設されたり、国立公園の線引きを変更したりと、強引に開発が進められた例もあるそうだが、猪苗代湖畔ではそこまで荒っぽい開発はおこなわれなかった。その理由は、この一帯が国立公園に指定されていたからだった。

「うちの建物も、国立公園のなかにあるもんですから、建物が古くなってきても改築が難しいんです。木が生い茂ってきても切れないし、なにも手をつけられなかった。逆に言うと、そんな縛りがあったから、乱開発されなかったところもあるんですよね。ただ、規制が厳しすぎるせいで廃墟になる建物が出てきたことで、最近になってようやく方針が変わってきたところがあるんです。廃墟になるよりは綺麗に継承してもらえるように、『環境に配慮した建物だったら改築も許可しますよ』と」

船宿として出発した「みなとや旅館」は、明治10（1877）年に創業している。その敷地が国立公園に指定されたのは、ずっと時代が下ったあと、昭和25（1950）年のことだった。現在の本館は昭和49（1974）年に建て替えられたものだが、その時代にも規制が厳しく、苦労したそうだ。モータリゼーションが進みつつある時代にあって、建物は洋風のホテルに、客室は畳部屋とベッドを組み合わせた和洋室にリニューアルした。さらに時代がくだった平成6（1994）年、「湖畔の宿みなとや」から「レイクサイドホテルみなとや」に名前も変更している。

気づけばチェックイン時刻の16時を迎えていた。渡部さんにお礼を言って、部屋に向かってみると、窓から猪苗代湖が一望できた。夕暮れを前にして、気温はすでに氷点下まで下がっているけれど、思わず窓をあける。外からはきゅるきゅるきゅるきゅると不思議な音が無数に聴こえてくる。それは湖畔に集まる水鳥の鳴き声だった。

今日は平日とあって、浜辺に観光客の姿は見当たらなかった。数えきれないほどのカモと、そして白鳥が10羽ほど水辺に佇んでいる。12月に大雪が降ったせいか今年は飛来数が少ないのだと、鬼多見さんが教えてくれたことを思い出す。日が暮れる時間まで、じっと猪苗代湖を眺めていた。ここにはただ猪苗代湖があるばかりだ。コンビニはおろか商店もなく、最寄りの飲食店は3キロ離れた「ドライブイン湖柳」のあたりまで行かなければならない。グーグルマップには徒歩38分と表示されているが、雪道を歩けばもっと時間がかかるだろう。1泊2食付のプランにしておいてよかったと胸を撫で下ろす。

夕食はホテルの1階にある「中国料理 西湖」に用意されていた。ホテルが今の建物になった当初は洋風レストランだったが、猪苗代にも洋食店が増えはじめたことで、90年代半ばに中華に切り替えることにしたのだという。前菜、大正海老の辛子ソース煮込み、牛肉とニンニクの芽の細切り炒め、イカの黒胡椒炒め、春巻き、海老フライ、中華風野菜サラダ、薬膳しゃぶしゃぶ、白身魚の薬味ソース、フカヒレスープ、西湖特製炒飯、手作り杏仁豆腐。たっぷり12品の豪華なコースだ。ビールを1杯飲んだあとは、料理に合わせて紹興酒を注文した。レストランはガラス張りになっていて、ここからも猪苗代湖が見える。夕食を食べているあいだも、部屋に戻ったあとも、日が暮れて真っ暗になった猪苗代湖を眺めていた。水鳥たちの姿は暗くて見えないけれど、まだ湖の上を泳いでいるのだろうか。

「猪苗代で越冬する白鳥が増えてくると、うちの庭先を飛びまわる声で目が覚めるようになってきたんだ」と、鬼多見さんは語っていた。朝日が昇るころと、夕陽が沈むころに鳴き声が聴こえてくるのだ、と。

「レイクサイドホテルみなとや」がある長浜でも、日の出の時刻が近づいてくるとまた鳴き声が響きはじめる。空は少しずつ白くなり、稜線のきわが橙色に輝きだす。

昨日からずっと、湖を眺めてばかりいる。雄大な自然を前にして、ただ無心に過ごす場所が「リゾート」なのだろう。

日本観光協会が発行する雑誌『観光』（1989年1月号）は、「成熟化社会の中の観光とは何か」と題した特集を組んだ。その巻頭に掲載された中山裕登「社会の成熟化と観光・レジャー活動」によれば、この時代には「成熟化」という言葉が盛んに使われていたのだという。物質的な豊かさがある程度の水準に達したことで、質の高い生活を楽しむためにはお金で買えない部分がますます増えてきているのだとした上で、著者はこう続ける。

要するに成熟化社会の観光・レジャー活動は、他の生活活動と完全に切り離された非日常的な活動として存在するものではない。それは文化活動とも、住生活とも、さらには「仕事」とも、密接なつながりをもって展開されようとしている。この意味でアーバンライフとカントリーライフは、それぞれの側に住む人にとって別個のライフスタイルとして存在しているのではなく、どちらの側の人にとっても密接につながったものになりつつある。成熟社会の観光地とは、これら様々なライフスタイルを持つ人々の交流の拠点と考えられる。

観光地のサイドからいえば、1日だけやってくる「見物客」や、1泊かせいぜい2～3泊の「宿泊客」だけを相手にしていればよい時代ではない。年に数回やってくる「リピート客」、1週間あるいは1ヵ月という「長期滞在客」、週末にやってきたりあるいはこちらが本拠で大都市に週2、3回通う「マルチハビテーター」、さらにはこちらに住居を移した「定住者」、このような多様な層を視座においた新たな空間づくりが課題となる。

バブルの時代に人々が思い描いたリゾートの姿は、どれだけ現実のものになったのだろう。1980年代頃から週休二日制が普及し、2000年前後にはハッピーマンデー制度が導入されたことで祝日が移動し、三連休も生まれた。ただ、ヨーロッパのように1か月近くバカンスをとるのは難しく、長い休みといえばゴールデンウィークとお盆、年末年始の休暇くらいで、ラッシュに巻き込まれながらせわしない移動を余儀なくされる。リゾート法の制定から35年が経った今も、のんびりリゾートで過ごす生活習慣というのは、あまり浸透したとは思えない。

山の稜線のきわが、どんどん明るくなってゆく。せっかくだからと、目いっぱい暖かい格好をして外に出てみる。波打ち際にカモがひしめき合っている。これぐらい大きな湖になると波が立つのか。

空が明るく輝きはじめているせいか、湖上のカモたちは逆光になり、シルエットだけが見える。湖面は朝日の橙色と、まだ夜の気配を残した群青色が混じり合い、とても美しかった。その風景に見惚れていると、湖畔を埋め尽くしていたカモたちが一斉に飛び上がった。ひとつのかたまりのようになって、上空を大きく3周すると、また一斉に湖に着水し、何事もなかったかのように泳ぎ出す。

こうした自然の美しさは、ただ天然の恵みとして存続しているわけではなく、誰かの営みによって維持されている。その営みを、観光客のひとりとして、ぼんやり眺めている。

「結局のところ、最後は人なんですよ」。昨日の夕方に話を聞かせてもらった渡部さんの言葉を思い出す。「観光庁が掲げるキャッチフレーズで、私も好きなのは、『住んでよし、訪れてよしの観光地域づくり』というものなんですね。観光に出かける場所には、施設もあれば自然もありますけど、最後はその土地の人と触れ合って、『あそこに出かけたときに、あんなに親切にしてもらったな』ということが思い出に残ると思うんです。観光はね、やっぱり最後は人なんです。だから、観光でやってくる方たちに楽しんで帰ってもらうためにも、住んでいる人たちが『こんな良いとこないよ』って自慢したくなる——そういう誇りを持つことが大事だと思うんです」

やがて日が昇り、朝を迎える。今日は土曜日とあって、9時頃になると湖畔の駐車場には次々と自動車がやってくる。そのほとんどが県内ナンバーだ。小さなこどもを連れた家族連れの姿もある。なかには食パンを手にした人もいて、水鳥に餌付けをしている。明け方には姿を見かけなかった白鳥も、今日は休日で行楽客が多いことを把握しているのか、いつの間にか湖畔にやってきている。

行楽客で賑わう浜辺の向こうには桟橋がある。そこには亀の姿をした船と、白鳥の姿をした船が停泊している。猪苗代観光船が運営する「かめ丸」と「はくちょう丸」だ。

この遊覧船は、磐梯観光船が運航していたものだ。会津バスの子会社として昭和34（1959）年に設立された磐梯観光船は、最盛期には年間10万人の旅客を乗せて航行していた。ただ、2011年に東日本大震災が起きると、猪苗代を訪れる旅行客が減少する。そこにコロナ禍が追い打ちをかけ、2020年6月に倒産してしまう。

「うちのホテルも、震災があったあとは『旅館業は厳しいだろうな』と思っていたんです」と渡部さん。「震災前は修学旅行を中心に営業してましたので、しばらくは戻ってこないだろうな、と。われわれの商売は待ちの商売なんですけど、待ってて来ないなら、逆転の発想で『こっちから行こう』と、料理のデリバリーをはじめたんですよ。そうしたらば、葬祭場さんから引き合いがあって、お通夜の料理を提供したりしながら、なんとか10年やってきたんです。それがコロナ禍になって、葬儀のときに集まって食事をすることもなくなって――これには参りましたね」

コロナ禍は観光業に大きな打撃を与えた。猪苗代にも大きく影を落とし、「かめ丸」と「はくちょう丸」は桟橋に停泊したまま動かなくなった。この出来事は全国でも報じられ、運航停止を惜しむ声が寄せられた。

「全国放送のニュースで取り上げられたことで、全国から『船をなくさないで』という声が寄せられたんです。ただ、うちのホテルもコロナ禍で経営が大変なことになってましたし、私ももう70過ぎてますから、『誰か引き継いでくれる人はいないか』と奔走したんですよ。なかには『うちで引き取りたい』と言ってくれる県外の業者さんもいたんですけど、それは解体して引き取るという話だったんですね。かめ丸とはくちょう丸は60年以上にわたって猪苗代湖で泳ぎ続けてきた船ですから、どうにかして地元に残したいと思ったんです。でも、1年経っても手を挙げる人がいなかったから、じゃあ私がやりますということになったんです」

こうして渡部さんは、2021年7月にクラウドファンディングを立ち上げた。1500万円を目標額に掲げ、船のリニューアルにかかる費用や広告宣伝費、それに運航会社を立ち上げるための資金を募った。およそ2か月のあいだに、1000人近い方から支援があり、1638万円もの金額が集まった。こうして同年10月29日、はくちょう丸がひと足先に運航を再開した。もう一隻のかめ丸は、内装リニューアル工事を施し、レストラン仕様に改装され、猪苗代湖に戻ってきた。

「支援をしてくださった方たちというのは、北海道から沖縄まで——まさに全国各地にお住まいの方だったんです。それにびっくりしましてね。ああ、こんなにもいろんな方に愛されている船だったんだなと、あらためて実感しましたね。その意味ではもう、これは全国の皆様の船だから、期待に応えられるように頑張らなきゃいけないなと、少しプレッシャーもありました。だから、運航が再開できた日というのはもう、感無量でしたね」

せっかく猪苗代までやってきたのだから、はくちょう丸に乗船していくことにする。冬季は土日祝日のみの運航で、お昼時のランチクルーズと、翁島という小さな島のまわりをめぐる「翁島めぐり」が1日3便動いている。僕はこの翁島めぐりの最初の便に乗船することにした。運賃は1500円（小学生は半額、未就学児童は無料）、およそ35分間の船旅だ。桟橋には雪が積もっていて、係員が除雪した道を進んで、はくちょう丸に乗り込んだ。

「それでは出航します」と船内アナウンスが流れ、はくちょう丸は動き出す。係員が手を振って船を見送る桟橋が少しずつ遠のいてゆく。

「豊かな自然と美しい眺めの猪苗代湖。磐梯朝日国立公園を代表する観光基地として、また、海から遠い会津の人々にとっては湖水浴やヨット、サーフィンなどのレジャー基地として、大変賑わっています」。録音された音声が、猪苗代湖の説明をする。猪苗代湖の水は、これまで様々な目的に利用されてきたのだそうだ。

湖の西側には、江戸時代の初めごろに開削された「戸ノ口堰」があり、ここから会津に流れる水はコメを実らせ、阿賀野川となって日本海に注ぐ。湖の東側には安積疏水《あさかそすい》がある。これは明治時代、日本で初めての国直轄による農業水利事業として開削がはじまったもので、延べ85万人もの人手を投じた突貫工事を経て明治15（1882）年に完成し、収穫高を5倍にまで増やしたという。

また、明治32（1899）年には安積疏水を利用した「沼上水力発電所」の運転が開始され、郡山が工業都市として発展してゆく原動力となった。猪苗代湖周辺には次々と発電所が建設され、大正3（1914）年には田端変電所まで225キロにも及ぶ送電線が開通し、東京まで電力を供給するようになった。猪苗代湖の流域には「15か所もの発電所が建設され、猪苗代水系発電所群と呼び、文字通り文明のひかりを灯して、日本経済の一翼を担ってきました」と、アナウンスは続く。

遊覧船に乗船しているのは、地元の人が多いのだろう。船内アナウンスに聞き入っているのは僕くらいで、他の人たちは湖上から見える景色を指さしながら、あのあたりが××だ、こっちは××のあたりだと、しきりに語り合っている。ぐるりと猪苗代湖を周遊すると、はくちょう丸はもとの桟橋に引き返してゆく。

今からずっと昔、まだ磐越西線が開通していなかった時代には、貨物を積んだ船が行き交っていた。渡部さんによれば、貨物を運んだ帰り道、空になった船に旅客を乗せることもあったそうで、それが猪苗代湖における遊覧船のはしりではないかと教えてくれた。やがて磐越西線が開通し、湖上交通の需要が減った時代に、「みなとや旅館」の2代目は遊覧船事業に乗り出している。貨物船の船長だった人たちを雇い入れ、遊覧船を走らせていたのだそうだ。

貨物を積んだ船は、此岸と彼岸を結ぶ。一方の遊覧船は、乗客をどこか別の岸に運ぶこともなく、円を描いて同じ場所にたどり着く。ただ、桟橋に到着した乗客は、乗船前の状態に引き戻されるわけではなく、目には船上で見た光景が宿っている。

湖上から白鳥の姿が見えた。白鳥を目にすると、鬼多見さんのことが思い出される。桟橋が近づいてくると、その向こうに「みなとや」が見えてきて、渡部さんのことが思い出される。そろそろお昼どきだけど、何を食べようかと考えていると、昨日立ち寄った「ドライブイン湖柳」のご夫婦の姿が思い出される。東京に戻り、日常生活を過ごしているなかで「猪苗代」という地名を聞けば、ああ、あの人たちが暮らしている場所だと思い出すのだろう。

旅を重ねると、そんな場所が増えてゆく。

旅先で目にした光景も、時間が経てば記憶が薄らぎ、少しずつ忘れてゆくのだろう。ここで目にした光景を忘れまいと、カメラを構えて、何度となくシャッターを切った。

渡部英一さん

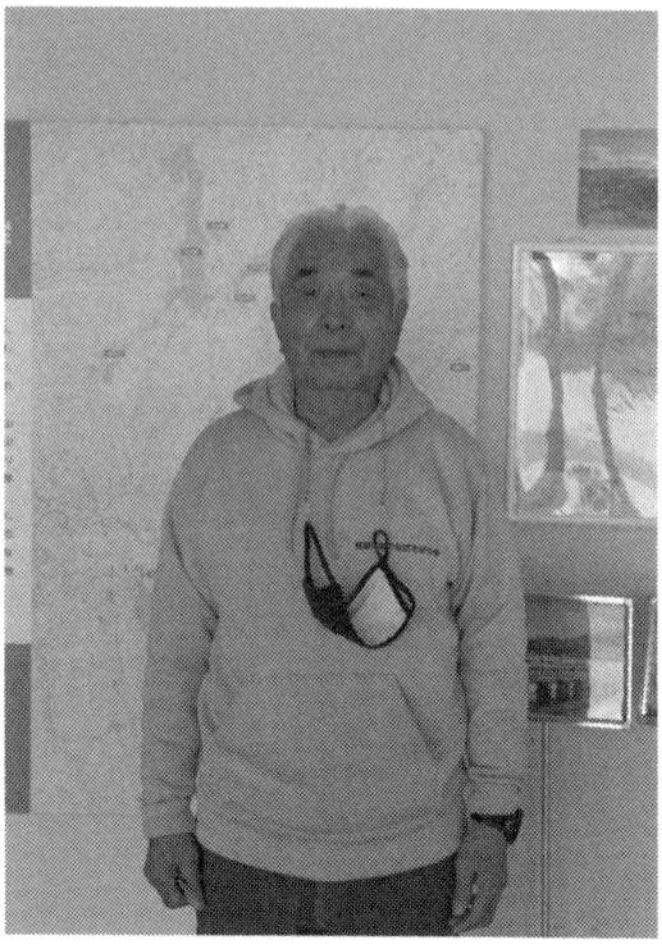

鬼多見賢さん

はくちょう丸

ドライブイン湖柳のご夫婦

羅臼

人が守ってきた歴史

中標津《なかしべつ》バスターミナルを出発した路線バスは、国道335号線に入り、原生林のような林のなかを進んでゆく。ぼんやり景色を眺めていると、林のなかに鹿の群れが見えた。思わず身を乗り出したのは観光客である僕だけで、バスに乗っていた高校生たちはスマートフォンに視線を落としている。林とは反対側には海が広がっていて、ちぎれた雲のようなものが見えた。しばらく経って、それが流氷なのだと気づく。

3月上旬。東京ではすっかり春の陽気が漂っていたが、北海道はまだ冬のなかにいた。植別《うえべつ》川《がわ》を越えて羅臼町《らうすちょう》に入ると、建物がいくつか見えてくる。「水産」や「加工販売」といった看板に混じり、「知床《しれとこ》　世界自然遺産」の文字がある。終点近くでバスを降りると、頭の上で海鳥が鳴き声をあげた。

羅臼を訪れたのは、いちど流氷を見てみたいと思ったからだ。

「栄屋」というホテルに宿泊し、朝5時に目を覚ましてみると、羅臼港はまだ暗闇に包まれていた。港に停泊する船が、白と青のひかりを点滅させている。その船というのが、僕が乗船する流氷観光船なのだった。普段は朝5時に出航するクルーズと8時ごろに出航するクルーズ、それにお昼に出航するクルーズの3本立てだが、シーズンの終わりも近づいているとあって、今日は8時の便が最初の船だ。

知床ネイチャークルーズが運航する「エバーグリーン38」は、大勢の観光客で賑わっていた。8時15分に羅臼港を出港し、しばらく沖へと進んでいくと、海上に流氷が見えてくる。船はスピードを落とし、流氷のあいだを抜けてゆく。氷の上にはオオワシの群れが佇んでいた。

「何気なく観てっけど、流氷の上のオオワシの群れってのは、世界中探してもここでしか見れねえんだ」。船長の長谷川正人さんが教えてくれた。「これ、わかるか。海が凍ってんだぞ。シャーベット状に凍ったとこを観に行くんだ。どっかフィヨルドの穏やかな環境下に見えるべ。流氷があると、海を押さえるんだ。だから冬は船酔いの心配はないわけよ。ここで流氷の上のワシの群れを写したくて、カメラ持った連中で一杯になるんだ。国内に限らず、世界中からワシを写したくて旅行客が集まってくる。世界地図にピンを打ったら、はっきり言って来てない国はないいんじゃないか？」

船の上では、さまざまな言語が飛び交い、片手では支えきれない巨大望遠レンズがオオワシに向けられている。流氷の上をめがけて、船員さんが魚を投げ込むにつれて、ワシの群れは数を増やしていく。こうして観光の時代が幕をあける前から、羅臼にはたくさんワシの群れが飛んでいたそうだ。網にかかった魚のおこぼれにあずかろうと、ワシが集まってきたのだ。

「だから、昔は漁師が放り投げた魚をワシが食ってたんだ。今は500か600しかいないけどよ、昔は2000羽いたっていうんだから。なんでかわかるか？　食べる魚が少なくなったから、あちこち分散したのよ」

正人さんは漁師の家系に生まれ育った。最初に北海道にやってきたのは、正人さんの曽祖父・長谷川美登理さんだ。

「北海道にはもともとアイヌしかいなかったんだから、俺たちは皆、東北や北陸から渡ってきてんのよ。うちの場合は新潟だな。東蒲原郡《ひがしかんばら》っていう、もとは会津藩だったところから出てきて、駅逓所《えきていしょ》の取扱人をやっていたそうだ。そのころはまだ馬の時代だから、駅逓所に馬を置いておくんだ。そこで人馬の継立《つぎたて》をやったり、遠くからやってきた人を泊まらせたり——今でいう観光業だな。駅逓所というのは半官半民の請負で、やりたいと言っても勝手にはできなかったそうだ。冬になると雪で閉ざされてたんだろうな、夏のあいだだけ駅逓所をやって、冬には引き揚げてきてたらしい。美登理さんは駅逓取扱人をやるために東蒲原郡から羅臼にやってきたのか——当時の話も聞いてみてえけど、今はもう誰もいないからな」

流氷のなかに停泊していた観光船は、ふたたび唸りをあげて動き出す。ワシの群れが佇んでいる流氷が、少しずつ遠ざかっていく。動いているのはこちら側なのに、船の上から眺めていると、流氷が動いているかのように錯覚する。ワシの群れが去り、自分たちが洋上に取り残されているようで寂しくなる。この日はずっと小雨が降り続いていて、船上に佇んでいると、顔が凍っていくようだ。

2時間ほどのクルーズを終えて、港に引き返す。周囲には霧のようなモヤが立ち込めていて、陸地はうっすらとしか見えなかったが、進行方向にひかりが見えた。灯台のひかりだとばかり思っていたけれど、それは漁船のひかりだった。あたりをしっかり見渡すと、洋上には点々と漁船が並んでいた。

羅臼と聞いて、真っ先に思い浮かぶのは昆布だ。長谷川さんの曽祖父・美登理さんは、『羅臼町史』に「羅臼コンブの開祖」として名前が登場する。

羅臼昆布の歴史は、江戸末期に昆布漁が始まった根室に比べると新しく、羅臼漁業協同組合が設立された明治45（1912）年ごろになって番屋漁法による採取が始まったそうだ。赤岩地区における大正末期の昆布漁について、『羅臼町史』にはこう綴られている。

当時、コンブ漁に従事していたのは百戸余り。番屋生活をする本格的な漁家は五十戸足らずだった。だから一地区に番屋は五軒足らず。まして羅臼からいちばん遠距離の赤岩はたったの四軒。五十六軒もの番屋が立ち並ぶ現代とは隔世の感があった。番屋への移住はそのころ大変な仕事だった。（…）移住には〝川崎船〟と呼ばれる四－五トンの船をチャーターした。帆船で、ろ（艪）が五つもついていた。順風に乗れば八時間ほどでついたが、逆風の時は大変だった。五人で力を合わせ懸命にろをこいでも、人力ではたかが知れている。前に進まず、途中の海岸で夜を明かしたこともあった。だから、移住者は外国にでも行くような悲壮な覚悟で羅臼をたった。そのかわり、いまのように厳格な規則はなく、シーズン中ならだれでも、いくらでも採取できた。（…）コンブ漁さえしていれば他の漁をする必要もなかった。だからこそ、人里離れたこの地へ決死の気持ちでやってきたのかもしれない。

知床半島の先端のあたりは断崖絶壁が続いており、そこに通じる道路は存在しなかった。夏になって昆布漁のシーズンを迎えると、昆布漁師は船で番屋に渡り、そこで寝泊まりしながら漁をおこなっていたそうだ。

「グーグルで郵便番号を検索してみ。086-1801だ。なんて出てくる?——その北海道目梨《めなし》郡羅臼町知床岬ちゅうのが俺たちの土地だ。半島の東が羅臼町で、西側が斜里町《しゃりちょう》なんだけど、『知床』って名前がついた場所は羅臼町の知床岬だけなんだ。これ、物書きはよく覚えとけ。して、俺たちはここに土地を持ってる。たった9人しか土地を持ってなくて、あとは国有地だ。うちの番屋があるのは知床岬399番地。当時は五十何軒も番屋があって、何百人と生活してた。今のおーろら号って観光船は昔、羅臼-ウトロ間を結ぶ生活航路だったから、それで新聞や郵便も運ばれてきてたんだ」

長谷川さんの曽祖父・美登理さんは、駅逓取扱人をやりながら、羅臼の赤岩地区に番屋を建て、夏になるとそこに住み込んで昆布漁をおこなっていた。美登理さんのこどもたちは国後《くなしり》生まれだが、正人さんの祖父・勇さんは8月生まれだから、赤岩の番屋が出生地となった。

「俺なんかも、小さい頃は夏になると番屋に連れてかれてたんだから。『岬へ行く』なんて言わない、『奥へ行く』って言うんだ。だからな、人はよく『知床には手付かずの自然がある』と言うんだけども、あれは嘘なんだ。手つかずの自然があるのでなくて、人が入って守ってきた歴史があるってことよ。今でこそクマやシカをあちこちで見かけっけど、俺たちがガキの頃だと滅多に見かけなかった。理由は簡単、犬がいなくなったからよ。昔の飼い犬ったら、シェパード、コリー、アイヌ犬だから、でかかったのよ。しかも放し飼いにしてたから、近づいてこれないわけ。俺たちが番屋で生活してても、全然見かけなかった。イルカの死骸が上がると、クマが持ってった痕跡はあるし、山の際に糞は落ちてるんだけども、人間に姿は見せなかったのよ」

知床が脚光を浴びるきっかけとなったのは、番屋を舞台とする一本の映画だった。昭和35（1960）年に公開された、森繁久彌主演の『地の涯に生きるもの』である。原作は作家の戸川幸夫が書いた「オホーツク老人」という小説で、主人公は番屋の「留守番さん」をする彦市という老人だ。

羅臼から一家を挙げてやってきた漁師や、出稼ぎにやってきた漁師たちは、冬が訪れると引き揚げてゆく。小屋の中には魚の匂いが染み込んだ魚網があり、放っておけば野鼠に齧られ、傷んでしまう。大切な網を守るべく、番屋では猫が飼われており、冬のあいだ「留守番さん」はひとり番屋に残り、孤独な暮らしに耐えながら猫に餌を与えるのだ。

主人公の彦市は、明治21（1888）年に斜里のウトロに生まれ育ったという設定だ。日露戦争の直後、19歳で択捉《えとろふ》に渡り、そこで家庭を築く。だが、日本の敗戦によって「第二の故郷」を追われ、財産を失って北海道に引き揚げてきた。長男は流氷にさらわれて亡くなり、次男は戦争で亡くなって、一緒に引き揚げてきた妻も急性肺炎で命を落としてしまう。東京の工場に働きに出ていた三男は、父を案じて郷里に戻り、小さな漁船に「択捉丸」と名前をつけて漁に出た。だが、天気の急変により烈風が吹き荒れた。この嵐によって多数の遭難者が出て、三男も遺体となって発見された。いよいよひとりきりになった彦市は、現在「留守番さん」をやっている――そんな物語だ。『オール讀物』(昭和34年12月号)に掲載されたこの小説を読んだ森繁久彌が、これは自分が映画化するべき物語だと名乗りをあげ、森繁プロと東宝の共同制作によって映画が撮影されたのだった。

『地の涯に生きるもの』が公開された昭和30年代には、観光地としての北海道に対する関心も高まりつつあった。

日本交通公社が発行する雑誌『旅』において、戦後で最初に北海道特集が組まれたのは、昭和30(1955)年6月号だった。特集タイトルは「新しき北海道」。「開拓民の暮し」、「大地に生きるよろこび」、「国境の岬」、「ほんものの味」、「天塩の原野に沈む月」……エキゾチックなまなざしが込められた見出しが並んでいる。なかでも印象的なのは、堀田《ほった》善衛《よしえ》による随筆「さいはての旅」だ。

元来、私はバランスのとれた人間ではない。極端な方へ、極端な方へと、何につけても行きたがる、動きたがる。そして、極端な方へ行こうとする。或は陥ちようとするときに、奇態な、自分でもどうにも否定しがたく抑えがたい情熱が湧き上って来る。中庸の情熱というものが本当にあるものかどうか、私は知らない。極端まで、果てまでということと、情熱ということは私にとって、ひょっとして同意義に近いものをもっているのかもしれない。困ったことかもしれないが、そういうものが実在する。

だから旅に出ると、私はひどく緊張する。放っておくと、どこまで行ってしまうかわからぬものを、自分の中に感ずるのである。「ではこの辺で引かえしましょう」という抑止が、なかなかに力をもちえない、歯止めがきかなくなってしまう危険がある。以前に九州へ行ったときにも、日本の南の端の端、これ以上はもう行けぬというところまで行きたいという気持を抑えるのに、えらく苦労をした。旅というものは、しかし、由来こういうものなのではなかろうか。芭蕉などの旅にしても、途中をゆっくりと眺め賞味したいという心と、果てまで行こうという闇雲な情熱との相剋が見られると思う。

北海道というと、だから私は札幌や函館やナントカ峠やナントカ温泉などを転瞬のあいだに通り過ぎてしまって、一気にオホーツク海沿岸や稚内、礼文島、利尻島へ心が疾駆して行ってしまう。

終戦から10年が経過し、朝鮮戦争による特需を経て、日本は復興を遂げつつあった。生活に余裕が生まれるにつれ、旅行に出かける人も増えてくる。この時代にはバスによる団体旅行が盛んで、著名な景勝地には多くの旅行客が押しかけていた。すると、著名な景勝地をめぐるだけでは物足りない旅行客も増えてくる。世間にはまだ知られていない場所を求めて、さいはてを目指す観光客も現れるようになった。こうして北海道ブームが訪れる。

『旅』を基準とすれば、北海道ブームが始まったのは昭和30（１９５５）年だ。昭和40（１９６５）年に『旅』が北海道特集を組んだ際には、「北海道ブームも、ついに十年目を迎えた」

と記されている。

北海道観光ブームを生んだ作品として『旅』に名前が挙げられているのは、原田康子のベストセラー小説『挽歌』だ。釧路を舞台とするこの小説は、「とくに季節はずれの、冬の北海道こそ旅情があることを知らせ」、「一般的な観光コースにあきたらない旅行者を生み出し」、「この五年間、内地から出掛ける若い旅行者は、地の果てにあこがれている」と、『旅』に綴られている。昭和36（1961）年に利尻島や礼文島が、昭和37（1962）年に納沙布岬《のさっぷみさき》が、昭和38（1963）年に襟裳岬《えりもみさき》が人気の観光地となったのに続き、知床半島が国立公園に指定された昭和39（1964）年には「知床ブーム」が起こったのだ、と。

「最初にやってきたのはカニ族よ」と、正人さんが語る。「80年代になると、今度はオートバイよ。相泊《あいどまり》までしか道路はねえから、そこまでバイクでやってきて、『知床岬まで船に乗せてってくれ』っていうわけよ。だからうちの親父は、俺が18のときに瀬渡し船を始めたんだ。瀬渡し船っつうのは、釣りの客を沖まで連れてくものなんだけど、最初はライダーを岬まで連れてってた。当時の知床岬つうのは、ライダーの聖地だったんだ。昔は相泊に『熊の穴』って食堂があって、皆そこにオートバイ預けていくんだけども、そこの親父さんとよく冗談言ったもんだ。『やっぱり人は端っこに集まるんだな』って。『これがもし、もっと先まで道路延びたら、今度はそこに集まるようになるぞ』って。オートバイと、あとは縦走者。大学の山岳部やワンダーフォーゲル部、青山学院は探検部があってだな、その連中が毎年、知床岬まで山道を歩いて行って、『何月何日に行きますから、船で送ってください』と連絡をよこして、帰りは瀬渡し船で相泊まで引き返してた。だからな、うちの番屋はいつも人で溢れていたんだ」

北海道のなかでも北東端に位置する知床は、アイヌ語のシリ・エトク（sir-etok）あるいはシリ・エトコ（sir-etoko）に由来する。シリは「大地」、エトク／エトコは「突き出たところ」だから、正しくは「大地の突端」を意味する地名だが、「さいはて」や「秘境」といった言葉で形容されてきた。

知床ブームを決定づけたのは、昭和46（1971）年にヒットした「知床旅情」だ。『地の涯に生きるもの』のロケで羅臼に滞在していた森繁久彌が、撮影を終えて宿を出る日に歌詞を書き上げたのが「しれとこ旅情」だ。その歌が旅行者のあいだで広まり、加藤登紀子が「知床旅情」のタイトルでレコードに吹き込んだ音源が大ヒットした。ただ、知床に観光ブームが訪れても、町はさほど沸き立つことはなかったのだと正人さんは振り返る。

「その頃はとにかく漁業が景気良かったから、観光なんかどうでもいかったのよ。沿岸漁業日本一だったんだもん。ウトロ（斜里町）側にはホテルが建って、観光客で賑わってたとしても、羅臼は全然いなかった。その頃はスケソがよかったから。あの時代は組合員が700人もいたのに、今はその半分以下だ。これはな、物書きがよおく調べたほうがいい。世界で自然の魚が減ってんのはニッポンだけなんだ。これはな、水産行政が悪いんだ。それと漁師も悪いのよ。世界の魚ってのは、漁獲規制で抑えてるから、ちゃんと横ばいになってんのよ。でも、日本だけが規制もなんもしないせいで、自然魚が減ったんだ。原因はひとつ――乱獲よ。それを馬鹿な学者は『地球の温暖化の影響です』つうんだ。何言ってんだ、日本だけが温暖化してるわけじゃねんだぞ。ノルウェーもカナダも温暖化してっけど、ちゃんと維持してるぞ。そういうことよ」

『羅臼町史』によれば、目梨方面の漁場が急激に開発されたのは、漁業主の増加した明治20（1887）年前後のことだという。

漁場の開設は鱒漁がきっかけになったものの、明治20年代には鮭と鰊《ニシン》漁が盛んだったという。羅臼の漁業は「定置漁業、昆布漁以外は雑漁と称され」、「その年その年によって、雑漁の主役は、大鮃《オヒョウ》であり、蛸であり、鮫、油鰈《アブラガレイ》、䱵《ホッケ》、そして鱈《タラ》、鯳《スケトウダラ》であった」。つまり、その時々に豊漁となる魚を獲って暮らしていたのだ。戦前は豊富に水揚げされていた鱈が獲れなくなると、昭和16（1941）年ごろからスケソ漁が盛んになってゆく。

羅臼の漁業史を辿っていくと、時期ごとに獲れる魚が変化していることに気づく。時代が下り、戦争が終わったころからはイカ釣り漁も盛んになったそうだ。羅臼ではもともと、イカは「海のゴミ」と呼ばれ、網にかかっても放り投げられていた。それが終戦後になると、小資本でも創業可能なイカ漁に注目が集まり、昭和30年代に入ると北陸からイカ釣り漁船が進出してきたのだ。

正人さんの家では、冬はスケソを獲り、夏は赤岩地区の番屋に泊まり込んで昆布漁をやっていた。正人さんの代になると、これにイカ釣り漁も加わったが、羅臼近海のイカは獲り尽くされてしまっていて、北陸にまで漁に出ていたという。だが、次第に魚が獲れなくなったことで、漁師をやめてクルーズ船に切り替える決断をする。２００６年のことだった。

その前年、2005年には知床が世界自然遺産に登録されていた。ただ、その時代でも「観光なんて誰も相手にしてなかった」と正人さんは言う。そんな時代に、観光向けのクルーズ船事業に乗り出せたのはなぜだろう？

「こうやって話してきたらうちの歴史を考えたらわかるべ？　うちはもともと駅逓所やってたんだ。あれはもう、今でいう観光業だ。して、うちの番屋は俺がガキの頃から旅行客であふれてた。死んだ親父はな、観光をやりたかった人なんだ。ただ、世の中はスケソで景気が良い時代だったから、漁師を継ぐしかなかったんだろうな。ただ、そんな親父だったから、旅行客相手に瀬渡し船を走らせたり、機械を買ってきて昆布を粉末にして売ろうとしたり、38人乗りの漁船で観光船を始めたりしたんだ。ただ――時代が早過ぎたんだな。だから、俺たちは親父がやりたかったことを引き継いでやってるだけなんだ」

2006年に知床ネイチャークルーズという会社を立ち上げ、観光事業に乗り出したときも、「どうにか食ってくぐらいはやれるんじゃないかとは思ったけど、ここまで伸びるとは思わなかった」と、正人さんは振り返る。

「俺たちはな、シャチに助けられたようなもんよ。うちの会社に昔、佐藤晴子ってのがいたんだ。東京出身なんだけども、そのころ標津に住んでて、シャチが好きなシャチ女だったんだ。それが『長谷川さん、手伝うから船に乗っけてってよ』ってガイドの仕事をやるようになって、シャチの写真を百何十頭も撮って、個体識別のデータベースを作った。この佐藤晴子が先駆者となって、世界中から学者が集まるようになったんだ。今となってはシャチは世界一だし、流氷クルーズを始めたら世界中からオオワシを観にくるようになって、イギリスの連中は『死ぬまでに一回オオワシが見たい』って言うんだ。しかもここは中標津空港や女満別空港があって、そこから車で1時間も走ればシャチが見れて、ワシが見れて、クマが見れんだから」

観光船はすぐに軌道に乗り、毎年1000人ずつ利用客が増えていったそうだ。コロナ禍によって一時的に観光客が減っていたけれど、海外からの旅行客の入国制限が緩和されたこともあり、今シーズンは過去最高の利用客で大賑わいだったという。しかも、その4割以上がインバウンドだ。

「俺がこの会社を立ち上げたときから言ってるのは、『羅臼ちゅうのは、小さなニセコに変わるぞ』ってこと」。ニセコとは、北海道虻田《あぶた》郡にある町の名前だ。また、ニセコ町の近隣にある岩内町や共和町、倶知安町《くっちゃんちょう》、蘭越町《らんこしちょう》からなる山岳丘陵地域の総称にも「ニセコ」という言葉が用いられる。

明治45（1912）年、「日本スキーの父」と呼ばれるオーストリア出身の軍人テオドール・エードラー・フォン・レルヒは、北海道を訪れた際にニセコにも立ち寄り、羊蹄山《ようていざん》をスキーで滑走している。昭和3（1928）年には秩父宮雍仁《やすひと》親王がニセコを訪れ、スキーと温泉を楽しんだ。この年はスイスのサンモリッツで開催された冬季オリンピックにスキー競技に日本代表が初出場を果たした年でもあり、倶知安町とサンモリッツが姉妹都市であったことから、秩父宮訪問を機にニセコは「東洋のサンモリッツ」と宣伝されるようになる。ニセコでは1960年代からスキーリゾートの開発が進められてきたが、2000年代に入る頃からオーストラリアを中心とした海外観光客が増加し、国際的なリゾート都市として賑わっている。正人さんは、羅臼も早晩ニセコのような国際リゾート都市になるはずだと語る。

「ウトロが伸びるのはわかるんだ。あそこは札幌からも都市間バスが走ってんだから。羅臼にはJRも走ってなければ高速道路もない、空港から直行バスも出てないのに、堅調に伸びてんだ。昔は標津まで線路があったんだけど、全部廃線になった。これで汽車が通ってたらすごかったと思うよ。今はもうシーズンの終わりだから客も少ないほうだけど、2月はヨーロッパの連中が大勢やってくるから、宿も満室になるんだ。これで気の利いた宿が増えて、いろんなサービスを提供できるようになれば、もっと評価が上がるぞ。10年経ったころに、このへん歩いてみろ。おそらく、かなり変化してるはずだ。ウトロのほうだと、北こぶしってリゾートホテルがあって、高級路線でやってんだ。これからは普通の人が泊まりづらくなる。羅臼の民宿でも、1泊2万でも客が入るっていうんだから。この貴重な海をな、安売りする必要はないんだ。ただ――おたくはあちこち行ってるからわかるだろうけども、ビジネスで成功するのは、地方からやってきたやつなんだ。地元の人間は、その魅力に気づいてないんだ。俺はイカ釣り漁をやったおかげで、日本中の港に入って、あちこち見聞してきたけどよ、おしゃれなカフェだとか気の利いた店をやってるのは、地方から移住してきた連中なんだ」

そこに暮らしている人間にはありきたりの風景も、別の土地に暮らす人から見れば輝いて見える。だから「地方」から移り住んだ人たちのほうが、観光がビジネスとなった時代には成功しやすいのだろう。だとしたら、正人さんが漁師をやめて観光業に切り替えるときにも、生まれ育った羅臼ではなく、どこか別の町に拠点を構えるという選択肢もあったのではないか。

「いやいや、やっぱりここよ」。正人さんはキッパリ言う。「よく言うんだけど、ガイドっちゅう仕事はな、本で読んだことを話すんじゃないんだ。身についたことをしゃべるのが、いちばんのガイドになる。俺たちは漁師として修羅場をくぐってきてるから、もしも事故があっても対応できるわけよ。今な、北海道知事認定のアウトドアガイドって制度があるんだ。それも俺、文句言ったことあるんだ。北海道は海に囲まれてんのに、なんでマリンガイドがないんだ、って。俺は海のガイドとしては日本一だって自負してる。北海道は百姓だけでなくて、漁業の歴史もあるんだ。俺らがこどものころはな、『海洋国ニッポン』と習ったもんだけど、今は皆、すっかり忘れてる」

正人さんが中学生だった頃に、北海道から遠く離れた沖縄では沖縄国際海洋博覧会が開催されている。1960年代には冷戦下の米ソ宇宙開発競争が巻き起こり、大国は宇宙を目指した。そんな時代に開催された昭和45（1970）年の大阪万博では「月の石」が展示されたのに対し、その5年後、復帰後の沖縄で開催された国際博覧会が「海洋」をテーマにしていたというのは、時代の流れに則している。宇宙開発競争が過熱し、財政を圧迫するにつれ、宇宙よりはるかに身近な存在で、多くの資源が眠る海洋に注目が集まったのだ。

僕は海のことをどれだけ知っているだろう。海の男ならではの、正人さんのちゃきちゃきとした語り口に耳を傾けながら、そんなことを考える。この土地に生まれ育った正人さんにとって、羅臼の魅力はどんなところにあるのだろう。

「それは、やっぱりお前、日の出だ」。正人さんはここでもキッパリ言う。「夕日はウトロのほうが綺麗に見えるけど、日の出はこっちが綺麗だよ。森繁が歌ってるよ、『はるかクナシリに白夜は明ける』って。やっぱり国後の日の出は絶景だな。特に冬はきれいだ」

今度はシャチの季節に来てみれ。それと、見に行きてえっつうんだったら、うちの番屋まで連れてってやる。そう言って送り出されて、ネイチャークルーズをあとにする。外に出ると、雨はざあざあぶりになっていて、雷まで鳴っている。

雨が弱まるまで宿で過ごしたあと、「とおりゃんせ」という喫茶店に出かけた。木製の看板の下には大きな窓があり、時代を感じさせる照明が吊るされている。白い扉を開けて店内に入ると、カウンター席と、大小3つのテーブル席がある。ママに案内されるままに、テーブル席に座り、メニューを眺める。ブレンドにアメリカン、レモンスカッシュにミルクセーキ、ソーダ水にコーラフロート、ホットサンドやピザトースト、ワッフル。メニューを眺めているだけで懐かしさをおぼえてしまうのはなぜだろう。

「ブレンドね、はい。今ね、もひとりお客さんがいるんだ。ちょっと外に出てるんだけど、その人が帰ってきたら、一緒に淹れるのでもいい？　ちょっと待っててね」

ママはそう言って、僕が座るテーブル席にふたつ、水の入ったコップを置いていく。ほどなくして、ジャンパーを羽織った男性が店に入ってきて、隣のテーブルに座った。「この時期に雨だからねえ」と、窓から空を見上げながら男性は言った。「どこも暖気なんだわ、これ。中標津まで買い物に行ってたんだけど、向こうも雷鳴って、ごろごろやってたもん」と。

流氷が見たくて東京から旅行でやってきたのだと伝えると、「昨日はもっと流氷近かったのにね」と、男性は残念そうに言った。男性は釣り船の船頭をやっているそうで、昨日は流氷の上にアザラシがいたのだと教えてくれた。自分はアザラシ撃ちをやっていたんだけども、昔はよくカメラマンが流氷の上に佇むアザラシの姿を撮りにきていたから、船に乗せて写真を撮らせてあげたこともあるのだ——と。

「ここに暮らしていると、いろんな人が入ってくるから面白いですよ」と男性は笑う。「俺たちはね、いろんな人とお話しするのが楽しみだもんね」と。言われてみれば、僕があちこちに出かけているのも、「いろんな人とお話しするのが楽しみ」だからだという気がしてくる。

喫茶店のママが、テーブルにコーヒーカップをふたつ並べ、そこにコーヒーを注いでくれる。向かいに座る男性に名前を尋ねると、「大木篤志です」と教えてくれた。これも何かの縁だと思い、自分は物書きだと伝えた上で、大木さんに話を聞かせてもらうことにした。

「うちの親父の親父もね、物書きだったんだ」と、大木さんは言う。「最初はね、根室のほうから標準線という線路を引くために、人夫を連れて入ってきたわけさ」

物書きという言葉に、はっとする。原野の面影が残る北海道の地図に線路を引くのも、なるほど「物書き」だ。

北海道にはかつて「殖民軌道」があった。開拓地への物資の輸送コストを下げるべく、北海道第一期拓殖計画によって設置されたもので、大正14（1925）年に第一号の路線として引かれたのは厚床《あっとこ》－中標津間だった。簡素な軌道の上を、馬がトロッコを引いて走る馬車鉄道は、やがて北海道各地に敷設されてゆく。ただ、馬車引きでは輸送力に限界があり、本格的な鉄道の敷設を求める請願が熱烈に展開された。こうして「標準線」を引く計画が立ち上がり、大木さんの祖父は北海道にやってきたのだ。

「うちの親父の兄弟は皆、明治の生まれなのに、大学出てんの。うちの親父も教育受けて、進学校に入ったみたい。ただ、親父の親父は、国鉄の標準線を引いたあと、中標津ででんぷん工場をやってたんだけど、そこが火事で燃えちゃって、どんぞこの状態で択捉に渡ったみたいだね。だから、学問は断念せざるを得なくなった。親父からしたら、それは挫折だったんだろうね。だから俺には一回も『勉強しろ』と言ったことがなかったね」

中標津を去った父が向かった先は、択捉島にある留別《るべつ》だった。もともと漁業で栄えた留別に、やがて海軍の飛行場が建設され、択捉島の中心地となってゆく。

「留別はね、鮭がものすごく獲れたらしい。一か所の定置網で5万石獲れてたっていうんだから。100石で大体6000本くらいだから、すごい数だよね。鮭が戻ってくる時期になると、川の水が生臭くて飲めなくなったって。うちの親父は日本全国歩いてるけど、択捉だけいいとこはないって言ってたんだ。半年働いたら、あとの半年は遊んで暮らせたって。甘い物がバンバン入ってくるから、島の人たちは虫歯が多かったって言うんだから。ただ、そこにあるとき、軍艦から何から、今まで見たことないような船が入ってきて、『これはいよいよ戦争が始まるんだ』って親父は思ったらしいよ。真珠湾攻撃、あれは留別から出発したんだ。それで戦争が始まって、終戦の年にロシアが上がってきたとき、うちの親父はお袋の兄貴と一緒に見に行ったらしい。ずいぶんあとになって、あのときロシアが乗ってきた船は、アメリカから借りたものだったってわかったんだよね」

ソヴィエト軍が択捉島に上陸したのは、昭和20（1945）年8月28日のことだった。北方領土となった4島のうち、最初にソヴィエト軍が上陸したのが択捉島だった。しかも、択捉島は北海道からもっとも遠い島で、ほとんどの島民が脱出することもできず、ソヴィエト指導下の生活に置かれることになった。このソヴィエト占領期に、大木さんは択捉で生まれている。ほどなくして択捉に暮らす日本人は退去を命じられ、大木さんもまだ赤ん坊だった頃に北海道に移り住んだため、択捉に暮らしていたときの記憶は残っていないそうだ。

「もしも日本の政府に、もっと早くアメリカに行く覚悟をしてもらったら、なーんもこんなことはなかったんだよね」と、大木さん。「千島列島というのは、世界三大漁場のひとつだから、やっぱり大きな資源なんだわ。だけどこれ、ロシアに取られちゃったわけだからね。俺は2歳になんないうちに引き揚げてきちゃったから、皆は島に行くんだけど、俺は行ってないのさ。北方領土の返還を訴えようと、若い頃は旗を持って札幌へ行ったり、あっちこっちへ行ったりしてたけども、返ってくる気配もなくて、これっぽっちもひかりが見えなかった」

択捉からの引き揚げは、大木さんのお父さんにとって2度目の挫折となった。そんな父の心中をどこかで感じ取っていたのだろう、大木さんは幼い頃から「大人と同じように仕事をしてきた」のだと振り返る。

「親父とお袋が裸一貫で生活を立て直そうとしてるわけだから、その親のうしろ姿を見てると、遊んでなんかいられないよね。親が言うには、俺は小さい頃から『頑張って働いて、いつからちもああいう船を持とう』って言ってたらしいんだわ。やっぱり、負けたくないと思うのさ。まわりは良い暮らしをしてても、自分たちは裸一貫だから、『いつかエンジン付きの船を買って見返してやろう』って、5歳の頃に言ってたんだって。その当時は家に風呂もないから、やかんのお湯をタライに入れて、親父のところに持って行ってた。両親のほかには弟と俺しかいないから、少しでも良い暮らしができるように。やっぱり、そういうもんだよね」

喫茶店の扉が開き、新聞が届く。届けにきた女性としばらく談笑していたママは、相手を見送りながら「いや、なあんもだよ」と口にした。大木さんの語る「そういうもんだよね」という言葉の余白や、「なあんもだよ」という言葉の響きを、しばらく嚙み締める。

「小さい頃は遊ぶ相手がいないから、牛や馬が相手だったもんね」と、大木さん。「こっちがちょっといじわるしたら、すごいんだ。頭でバーンてやられちゃう。俺が通ってたのは中標津の小学校だったんだけど、片道5キロ近くあって、学校から帰ってくるころには暗くなってきて、雑木林を歩くのは怖いのさ。だから、大きい声で歌謡曲をうたいながら帰ってくんのよ。そしたらね、牛から馬から、皆こっちを見てたんだって。『ああ、アイツ、帰ってきたぞ』って。その当時流行ってた『愛ちゃんはお嫁に』って歌をね、おっきい声でうたってたんだ」

「あの曲が出たころ、私なんかもう勤めてたわよ」と、ママが笑う。

大木さんがアザラシ撃ちの仕事を始めたのは、17歳のころだった。最初はアイヌの少年と一緒にアザラシ撃ちを始めたそうだ。その少年はまだ10歳くらいだったが、5歳のときから銃を撃っていたのだという。

「このあたりは魚が豊富なもんだから、鱈とかスケソを食うのに、この海峡へ入ってくるわけ。ちょうど今の季節はアザラシがこどもを産む時期なんだけど、昔はアザラシが３０００頭ぐらい流氷に乗ってるの。今は温暖化の影響で、これくらいの時期には流氷を見かけなくなるけど、俺がアザラシ撃ちをやってたときは5月の10日ごろまであった。ロシアが『２００海里までは漁業専管水域だ』と言い出して、今は真ん中に中間線が引かれちゃってるけど、昔はもっと国後のそばまで猟に行けたわけ。流氷のなかで、アザラシを撃って、ランニングシャツ一枚になってアザラシを船にあげていく。アザラシは重たいからね、冬場でも風がない日だと汗だくになるんだよね。アザラシはね、皮は服や民芸品にして、昔は油を燃料にしてたの。脂肪がこんなに分厚くて凍らないから、燃料になったんだよね。昔は7、8軒くらいアザラシ撃ちをやってる家があったんだよ。ただ、革製品は暴落したから、昭和45（１９７０）年ごろにアザラシ撃ちはやめちゃった。だからもう、アザラシもトドも増えちゃって、すごい数になってるんだよね」

日本では古くからアザラシ漁がおこなわれてきた。アザラシの皮は寒さから身を守る防寒具となり、油は貴重な燃料となった。アザラシを見て「可愛らしい」と感じるのは、アザラシ漁に頼らなくとも暖をとれるようになったからだろう。

「羅臼では昔、薪ストーブを焚いてたんです。これぐらいの時期になると、父親と俺と弟で山に入って、薪をとってた。春になったら、定置網の漁師たちが番屋に入ってくるから、そこの番屋から頼まれて、山から薪出しをやってたの。あの当時はトラックじゃなくて、ソリ引きですよ。ソリも重たくて、1日に何十回も運んでたわけ。浜に積んでおくと、番屋の若い衆が船に積んで運んでいくんだよね」

大木さんの話を聞いていると、村田吾一『知床のすがた』（みやま書房）という本で読んだ話が思い出された。その本のなかに、野沢利雄さんという人が書き記した「憶い出の記」という一文が収録されていた。野沢さんの父は、富山から友人たちと誘い合わせて出稼ぎにやってきて、根室の海産問屋に「歯舞《はぼまい》諸島で昆布漁をやってみてはどうか」と言われて昆布漁に従事したのち、羅臼に移り住んだ。そうして大正4（1915）年に利雄さんが生まれている。

冬の思い出で忘れられないもう一つのことは、冬山である。長い冬の間、漁の出来なかった当時の漁家では冬の間に一年中の家庭用と魚粕等製造の営業用の薪材の生木払下げを受け伐出してくる作業が二月中旬から三月下旬まで行われた。それは漁労にも増した重労働であったようである。

一升飯と云われる大きな弁当を持って、兄たちは朝の暗いうちから山へ出かけたものだ。その山へ一緒に連れていってもらうのが、子供のころの楽しみの一つで、日曜日が待ち遠しかったのを覚えている。手伝にもならぬ手伝などしながら、一日中冬山ですごす疲労感は、又、格別だったようである。雪の中へ雪煙をあげて伐り倒されてゆく大木を見る壮快感、切り割られた薪を山橇《やまぞり》につけて一挙に山を下るスリル感、それらをほおを真赤にしながら胸をはずましてみていたことを、いまもいきいきと脳裡によみがえってくる思いである。一ヶ月以上もの薪山作業が終りに近づき、各漁家の前に薪が運ばれてくる頃になる三月末頃には、日中の雪どけで雪が橇にひっついて重くて曳けなくなるので、夜のしばれを待って橇曳きがはじまる。橇に水をかけて氷りをつけ、すべりをよくする方法など誰が考えたものなのか、これも生活の智恵と言うべきであろうか。

観光客から見れば、北海道の自然は美しく見える。ただ、北海道の自然を目の当たりにしていると、「美しい」という言葉では片付けられない迫力を感じる。

「たしかに、眺めていれば『きれいだな』とは思うけど、実際問題、住んでたら厳しいですよね。自然の厳しさを重々知ってるから、10代のころからアザラシ撃ちやクマ撃ちをやって、76歳になるまで生き残ってこれたってことが——。船を出したとき、流氷に挟まって動けなくなったこともあるんだよね。4月ごろの流氷なら溶けて緩むけど、3月までの流氷は危険なんだ。流氷というのはね、結構動くんですよ。南風なんか吹くと、一晩で10キロぐらいは動いちゃう。あと、ここの地形は気をつけないと、北西から風が吹いたらハンパでないんだ。車なんか、転がってっちゃうんだから。山が高いからね、北西の風になるとバーンとすごい風がくるんですよ。俺たちが5年生のころ、四・六突風というのにやられて、100人近く海の中で死んでんだよ」

羅臼町では、昭和29（1954）年5月10日早朝にも「五・一〇暴風雪」が起こり、100

戸を超す建物が全壊し、31名が命を落としていた。そのわずか5年後に、羅臼を「四・六突風」が襲ったのだ。四・六突風のことは、『羅臼町史』にこう記されている。

その日、昭和三十四年四月六日は前日来の雨も午前十時頃小雨と変り会場平穏で無風の状態にあった。

その朝まで平和な潮騒に明け暮れようやく盛漁に近づいた春たら漁に、今年こそはと生産意欲を燃やし出漁したであろう八十隻余の漁船、それがときおり雲のあい間から薄日がさし始めた午後〇時四十分頃三角山が風鳴りを始めたと思う間もなく、知床山系からアッという間になだれ落ちた黒い突風が雪を伴い荒れ狂い、一瞬のうちに出漁中の漁船十三隻と八十九名の生命を奪い、五・一〇災害に引続き陸上建物にも甚大な爪跡をのこし、平和な村をして死の街に変え深い氷雪よりまだ冷酷な現実に村民をして呆然とせしめたのである。

この「四・六突風」のことは、戸川幸夫の「オホーツク老人」にも描かれている。「オホーツク老人」が『オール讀物』に掲載されたのは、四・六突風のおよそ半年後だ。戸川は突風の記憶が生々しく残る羅臼を訪れ、そこから「オホーツク老人」が生まれたのだろう。この小説が映画化された際には、地元の人たちも大勢ロケに参加し、突風で遭難者が出た場面では涙を流す人たちも大勢いたという。

「俺たちはこどもの頃から住んでっから、このぐらい厳しいのは当たり前だって思ってるところもあるわけ。昔はね、冬になると閉ざされちゃうから、コメは何か月ぶんか蓄えておく。冬が厳しいぶん、春が来たらほっとするのさ。5月になって、ほんとの春だって感じになってくれば、滅多に突風も吹かなくなってくるから、ある程度はほっとするわね。うちの親父は奥に住んでたせいもあるかもしらんけど、夏になってカニ族の人たちがくればさ、色々世話してやってたんだよね。ああ、この人たちは早稲田大学なんだ、この人たちは東京大学なんだって思いながら、こどものころから話聞いてたんだよね。だから大人になった今でも、誰にでも声かけるんですよ。自分はこのあたりのことしか知らないんだけど、いろんな人と話をすることでね、いろんなことを知れるわけ。これは人生のなかでいちばん大事なことだなーって、自分で思ってる。いろんな人と話したいわけさ。相手がこどもであっても、上から目線で物は言わずに、対等に話す。今はもう、毎日のようにここさコーヒー飲みに来て、いろんな人とおしゃべりするのが好きなんだよね」

気づけば2時間近く経っていた。

もしもまた羅臼にくる機会があれば、釣船に乗せてあげるから。大木さんはそう言って、電話番号を教えてくれた。

お礼を言って外に出ると、日が暮れかかっている。ホテルに引き返して夜が訪れるのを待って、夕食をとろうと町に繰り出す。どこに入ろうかとぶらついてみると、スナックの看板がずらりと並んだビルもあった。蛍にカサブランカ、ミストにクリオネにモンテローザ。そんな看

板を眺めながら歩いていると、「ラーメン 食事の店 みち子」という看板にあかりが灯ってい
るのが見えた。その看板に旅情をおぼえ、暖簾をくぐってみることにした。テレビでは野球中継が流れている。WBC日本代表の初戦で、対戦相手は中国らしかった。

お客さんは僕以外にひとりだけだ。とりあえずビールを注文し、野球中継を眺める。同じように野球中継を眺めていた店員さんが、「普段はもっとお客さんが多いんですよ」と言う。「でも、普段でもこの時間になると、漁師さんはもう寝てる時間なんですよね。漁師さんたちは7時にはもう寝ちゃうから」

7時になると試合が始まった。先頭打者のヌートバーがヒットを放ち、2番の近藤、3番の大谷と、立て続けにフォアボールで出塁した。

「あれ、大谷どうしたの？」

「フォアボールだよ。これでもう満塁だ」

「ここでホームラン打ったらヒーローだね」

「これ、神様？」

「そう、神様、神様」

打席に立ったのは「村神様」こと村上宗隆だ。ここでもフォアボールとなり、日本は押し出しで先制点を得た。野球中継を眺めていた店員さんが、「ああ、今日は皆、家で野球中継見てるから、こんなに静かなんだ」と言った。

店名の「みち子」は、やはりママの名前であるらしかった。僕が旅行でやってきて、今日は

流氷クルーズ船に乗ったのだと告げると、「他に観光できるようなとこ、あるかな」と、ママと店員さんは考え込んだ。

「今は冬で通行止めになってるけど、知床横断道路のてっぺんから見る景色は『ああ、きれいだな』って思うよね。でも、それだって年に一回通るかどうかだし、わざわざ観には行かないもんね」と、店員さん。「羅臼で良いとこったら――景色もきれいだけど、やっぱり人情なんでないの？」とママは言った。

最後に味噌ラーメンを平らげ、会計を済ませて外に出ると、「二軒目」という暖簾が見えた。このまま宿に帰ろうかと思っていたけれど、その店名を目にした瞬間に、二軒目に流れてみようかという気になった。北海道の建物は玄関が二重扉になっているので、中の様子は見えなかった。少し緊張しながら扉を開けると、ママが優しく迎えてくれた。

「どうぞどうぞ。どちらから？」

「東京からです」

「東京からだと、寒いでしょう。おといまでは暖かかったんだけどね」。そう言いながら、ママはおしぼりを差し出す。ハイボールを注文すると、「これぐらいの濃さでいい？」と確認してから、ソーダで割って出してくれた。

「主人が元気だった頃は、年に1回か2回、旅行に行ってたの。何年か前に東京に行ったんだけど、電車に乗ったら、誰ひとり顔あげないのね。びっくりした。人と話すこともなければ、観察することもなくて、無関係だもんね。寂しいねえ」

ママは羅臼出身ではなく、生まれは釧路なのだと聞かせてくれた。結婚して帯広に暮らしていたが、夫が事業で負債を抱えてしまったのを機に、羅臼に移り住んで喫茶とスナックの店「二軒目」を始めたそうだ。一軒目は他のお店に行ったとしても、二軒目にうちに寄ってねという思いを込めて、この店名をつけたのだという。

「私が来たころはね、町に魚の匂いがしました。1月から3月はスケソの匂い。トラックから魚が落ちても、カラスも見向きもしないぐらい、魚が獲れたんです。4月を過ぎて5月になると、昆布の匂いがしてくる。昔は夜中の3時や4時まで、煌々と船のひかりが海にびっしり並んでました。海の上に町があるのかと思うぐらい、すごいひかりでしたよ。今の魚の獲れかたと全然違います。羅臼にも、こういうスナックが100軒ぐらいありました。だって、お会計が3000円だって言ったら、一万円札を出して『釣りはいらない』って世界でしたから。今では考えられないでしょう？」

かつて羅臼には、漁港にほど近い場所に、バラックの飲み屋街があったそうだ。イカ釣り漁の季節になると、早朝から深夜まで営業し続けていたという。甲斐崎圭『羅臼　知床の人びと』（中公文庫）には、「チロリン村」と呼ばれた飲み屋街について、こう記されている。

来る日も来る日も海とイカとの闘い。その疲れと緊張で体の中に滓《かす》のようにたまるウサ。漁師たちは陸に上がるとチロリン村を徘徊し、心の中に蹲《うずくま》る滓を吐き出すように酒をあおるのだった。

酔いどれて意識さえ朦朧とした酔っぱらいがヨロヨロ、ヨタヨタと夜の街をさまよう。酒精と反吐《へど》と泥酔。酔っては毒づき、罵倒して行きつくところはケンカである。口論と激論、そしてついには刃物まで持ち出して傷つけあう。

酔っぱらい、口論、傷害……その数があまりに多く、当時木造二階モルタル造りの派出所しかない羅臼には全員を収監する施設がなかった。いや、仮に数人を収監できる留置場があったとしても、なお間にあわなかったにちがいない。

「そりゃもう大袈裟に聞こえるかもしれんけどさ、街の通りにある電柱の一本一本に人がしばられてるのが日常のことだったのさ」

と阿部さんはいう。

酔いどれた男たちは電柱に抱きつくような格好でその両手を縛られ、どうしようもない苛立ちと腹いせを口にし、叫び、わめく。

雪が降り、路面が凍結した氷でテカテカに光り、空気も凍てつく厳寒の季節でもその光景は見られた。

「私が38年前にお店を始めたころでもね、『ちょっと来るのが遅かったね』って言われてたんですよ」。「二軒目」のママが語る。その頃にはもう、漁業の最盛期は通り過ぎていたのだろう。夫は建設業で働き、ママは睡眠時間を削って店を開け、抱えていた負債は3年で返してしまったのだそうだ。朝はコーヒーが飲めて、夜はお酒が飲めて、いつでもカラオケが歌えるお店というのは他になく、地元のお客さんからも愛されている。帯広に暮らすこどもたちから「帰ってきたら？」と誘われているが、「俺が死ぬまでは店を続けてくれ」というお客さんもいるし、元気なうちは続けたいのだとママは言った。

「もし歌いたかったら、カラオケ歌えるからね」。そう声をかけられたからには、1曲くらいなにか歌いたいところだけど、この場にふさわしいうたは何だろうかと考えると、固まってしまう。いつかスナックに似合ううたを歌えるようになりたい。

歌謡曲や演歌は、「港町」や「北国」、それに「酒」をテーマに据えた曲がたくさんある。ここ羅臼には、そのすべてが揃っている。

なぜ北国は旅情を誘うのだろう。雪で閉ざされた世界のなかでじっと春を待つイメージが、旅情を醸し出すのだろうか。「港」もまた、誰かの帰りを待つ場所だ。そして酒場も、誰かがやってくるのを待っている。

「また羅臼に来る機会があったら、うちにも寄ってね」。そう送り出されて、「二軒目」をあとにする。外は静まり返っていて、かつてここに喧騒が響いていたのだと思うと、不思議な心地がする。今は電柱に括り付けられている酔っぱらいなどひとりも見かけなかった。

夜が明けて、朝が訪れる。カーテンを開けると、海の向こうに国後島が見える。国後島って、こんなに近くにあったのかと驚く。その向こうから朝日がのぼってくる様子を見ることができた。これが正人さんの言っていた――そして森繁久彌が歌った朝日かと、しみじみ眺める。

僕が宿泊していた「ホテル栄屋」は、『地の涯に生きるもの』撮影の際に森繁久彌が宿泊した宿だ。映画の撮影を終えて、羅臼を去る前に「しれとこ旅情」を書き、地元の人たちに披露したのだとされている。その3番は、まさに出発の日を歌っているのだが、森繁久彌版と加藤登紀子版でその歌詞は微妙に異なっている。加藤登紀子がレコーディングした「知床旅情」の3番はこうだ。

別れの日は来た　知床《ラウス》の　村にも
君は出てゆく　峠をこえて
忘れちゃいやだよ　気まぐれカラスさん
私を泣かすな　白いかもめよ
白いかもめよ

（「知床旅情」作詞／作曲：森繁久彌）

加藤登紀子が「知床旅情」を初めて耳にしたのは、京都の酒場だったという。そこで「耳から覚えたままのうたい方」でレコーディングしたため、「譜面は1度も見てないの」と、『週刊平凡』（1971年2月25日号）に収録された森繁久彌との対談で打ち明けている。それを受けて、森繁は「作ったほうも専門家じゃないんだから、好きなようにうたってほしい」と語りながらも、こう指摘する。

森繁　厳密にいえば3か所なおしたい。
加藤　エッ？
森繁　まず3番で〝白いかもめよ〟は〝かもめを〟が正しいんですよ。（…）
加藤　アッそう！　いけない！　ゴメンナサイ。
森繁　かもめは女なんだ。あそこは港町で女もいる。そこへ出かせぎや観光で来る男たちがいる。つまり男は気まぐれな黒いカラスなんだ。そこで、私を泣かさないでください、この白いかもめを、といっているんだよ。

男は気まぐれに飛び交い、女は男を待っている——その対比は、今の価値観だとすっかり時代遅れになった。それなのに、「知床旅情」に胸を打たれるのはなぜだろう。

森繁久彌は「オホーツク老人」という小説に感銘を受け、この地に息づく暮らしを映画にしなければという使命感を抱き、羅臼に長期間滞在して撮影をおこなった。しかし、どんなに心を砕いたとしても、旅で訪れる者はいずれその土地を去ってゆく。結局のところ自分は常に「気まぐれカラス」に過ぎず、その土地に暮らす「白いかもめ」たちに背中を向けて去ってゆく——そんな思いが、この曲に歌われているように思える。いつの時代でも、観光客は「気まぐれカラス」で、僕もそのひとりだ。だからその歌詞に胸を打たれる。

羅臼から中標津に向かうバスがやってくるまで、小一時間ほど余裕があった。このまま帰る気にはなれなくて、もういちど「喫茶とおりゃんせ」に足を運んだ。

「ああ、いらっしゃい。昨晩はどこかに食べに出かけたの？」と尋ねられ、最後は「二軒目」で飲んでいたのだと伝えると、「ああ、二軒目をやってるのはうちの妹だよ」とママは笑った。

ママが羅臼で「とおりゃんせ」という喫茶店を始めて、46年になる。通りかかったら寄って行ってねという思いを込めて、この店名をつけたのだと教えてくれた。

「私はたまたま羅臼に嫁にきたのさ。釧路にいたときから、ずっと職業を持ってたんだけど、そこの栄屋って旅館に嫁にきたのさ。こっちは港町だけど、私は魚関係わかんないから、1年間は様子を見て、それで喫茶店始めたの。ここに集まるお客さんは、コーヒー飲みながら瞑想する——そんな雰囲気じゃないからね。いろんなことを経験してる人たちが集まるから、いろんな話ができる。だから旅の人が来たら、一緒に座りなって案内するんだよね」

ブレンドコーヒーを飲みながら、窓の外に目をやると、太陽のひかりに照らされて雪が溶け、庇《ひさし》から水滴が滴り落ちているのが見えた。羅臼にも冬の終わりが近づいている。

ママは「また来てね」と見送ってくれた。車窓から流氷を眺めながら、その言葉を反芻する。

旅に出れば、誰かと出会う。自分が旅行者である限り、出会った人たちに別れを告げる日がやってくる。そこに情が宿る。「また来てね」という言葉を受け取ったからには、いつかまたこの土地に足を運びたい。こうして地図のなかに、再訪したい場所が増えてゆく。そういえば、スナックでも喫茶店でも、名前を聞きそびれたままだ。次に訪れたとき、まずはママに名前を尋ねよう。

長谷川正人さん

旅情を感じた看板

とおりゃんせのママ

大木篤志さん

横手

店を選ぶことは、生き方を選ぶこと

上野駅のコンコースに立ち尽くす。明治16（1883）年に開業した上野駅は、東北本線や常磐線の起点であり、「北の玄関口」と呼ばれてきた。東京駅が起点となった今も、10番線から17番線には車止めがあり、ここが起点であり終点となっている。その車止めの近くに、石川啄木の歌碑があって、「ふるさとの訛なつかし停車場の人ごみの中にそを聴きにゆく」と刻まれている。現在はあまり「ふるさとの訛」は聴こえてこないけど、かつては上野駅に佇んでいるだけで郷里を懐かしむことができたのだろう。

上野駅のコンコースで立ち尽くしていたのは、そんな時代に思いを馳せていたからではなかった。これから新幹線で旅に出るにあたって、どの駅弁を買い求めようかと頭を悩ませていたのだ。

駅弁屋が充実しているのは、なんといっても東京駅だ。東京駅には全国各地の駅弁を集めた「駅弁屋 祭」をはじめとして、膨大な数の駅弁が並んでいる。選択肢が多過ぎて、新幹線に乗車する前のわずかな時間では吟味する余裕がなく、崎陽軒のシウマイ弁当ばかり買っている。ただ、上野駅の駅弁屋はこぢんまりしているから、かえって悩ましい。

「人気」と書かれた牛すきと牛焼肉弁当。「季節限定」の、たけのこごはん弁当。「おすすめ」と貼り紙があるのは東北復興弁当。昭和39（1964）年からのロングセーラー・チキン弁当は、ケチャップライスに鶏の唐揚げという組み合わせがシブくて、上野駅にはうってつけという感じがする。

この20年、老舗弁当屋の廃業が相次いでいる。その影響なのか、駅弁屋に並ぶ弁当も、ＪＲの子会社のものが増えている。それだって立派な駅弁ではあるのだけれど、できるだけその土地の弁当屋のものを選びたくなる。あちらも、こちらもというわけにはいかなくて、どれかひとつを選ばなければならない。

ショーウィンドウを凝視して迷っているうちに、グループ客がやってきて、チキン弁当は売り切れてしまった。気になっているものが売り切れてしまう前に選ばなければと、大船軒のサンドウヰッチを買い求めた。

10時6分発のつばさ１３３号に乗り込んで、電車が動き出すのを待って弁当を広げる。ハムサンドが４切れと、チーズサンドが２切れ。弁当箱に説明書きがある。大船軒の創業者・富岡周蔵が、第２代内閣総理大臣を務めた黒田清隆にすすめられ、明治32（１８９９）年に考案したのが大船軒のサンドウヰッチなのだそうだ。チーズサンドをひとくち頬張ると、なつかしいあじがした。小さい頃から大船軒のサンドウヰッチを食べてきたわけでもないのに「なつかしい」と感じるのは、マーガリンがたっぷり使われているからだろうか。そのあじは、給食のコッペパンにマーガリンを塗って食べた記憶を呼び起こす。何をおいしいと感じるかは、何を食べて生きてきたのかに尽きる気がする。

上野駅を出たつばさ１３３号は、大宮、宇都宮、郡山と停車する。ひとつ前の座席には、宇都宮から乗車してきた老夫婦が座っている。座席につくなりテーブルを出し、いそいそと駅弁を広げ、感想を言い合いながら頬張っている。朝食には遅く、昼には早い時間帯だが、せっかく新幹線で旅に出るなら駅弁を食べたいという気持ちはよくわかる。旅に出ると、生活リズムを保つことよりも、限りある旅程で何をどれだけ食べられるかを優先してしまう。

食というのは、旅の愉しみのひとつだ。いや、愉しみのひとつどころか、今やかなり大きな比重を占めている。

もちろん、昔から旅は食とともにあった。峠の茶屋に立ち寄り、その土地ならではの餅や団子に舌鼓を打つことはあっただろう。ただ、庶民が泊まる木賃宿であれば、米を持参して炊飯するのが当たり前だったはずだから、ご当地グルメに舌鼓を打つという旅は、そんなに長い歴史があるわけでもないのではないか。

新幹線に揺られながら、本を取り出す。旅に出るにあたって、本棚から食をテーマにした本を何冊も抜き出して、鞄に詰め込んできた。その一冊は、昭和31（1956）年に発行された『全国うまいもの旅行』（日本交通公社）だ。

ページを繰ると、北海道から九州まで、北から南へと遊覧するように、各地の郷土料理が紹介されている。たとえば、これから向かう秋田のページを開くと、秋田の塩汁貝焼《しょっつるかやき》やきりたんぽ、はたはた料理が登場する。塩汁貝焼の説明に目を通すと、「東京には、この料理を看板にしている秋田料理の店もあり、秋田の銘酒『太平山』とともによく知られている」と書かれている。まだ新幹線もなければ高速道路もなかった時代には、遠くまで旅に出ることが今ほど手軽ではなかったから、東京にある秋田料理の店を取り上げたのだろう。東京のページには、各地の郷土料理店が掲載されており、そこにはこんな前書きがある。

東京の人口は年々ふえる一方であるという。地方には、「死ぬまでに一度でいいから東京というところへいってみたい」と、東京へのあこがれをいだきながら、コツコツと働いている人がいるし、「東京へ出て一旗あげてみたい」と、ひそかなのぞみをたえずもちつづけている人も多い。（…）

しかし、一度東京に出て来て、東京に住んでみれば、幼い日からなじんだふるさとの味をなつかしむ気持もしきりと起こる。東京にある郷土料理の店には、客もその土地出身の人がよく集まる。あるいはまた、旅行者として訪れた土地の珍しい味を忘れかねて、ときどきそこの料理を味わいにくるという客も多い。郷土の人は、東京で再認識した郷土の味を誇ろうし、旅好きな人は、その土地の味が、僅かなふところぐあいでも楽しめるという手軽さに、こうした店が成り立つわけだ。

郷土料理の店は、ひとつには、上京した人たちが郷里のあじに再会できる場所だった。1950年代から高度成長期にかけて、働き口を求めて上京する人が急増し、東京の人口は増加の一途を辿っていく。それにともなって、郷土料理を提供する店も東京に増えていったのだろう。そうして東京のあじに変化が生じてゆく。

保育社から刊行されていたカラーブックスのなかに、『東京の味』と題した一冊がある。演歌師であり、文筆家としても知られる添田知道《そえだともみち》が編者となり、東京の料理店を紹介したもので、昭和43（1968）年に刊行されている。フランス料理の「三笠会館」や、ビヤホールの「ミュンヘン」、北海道の郷土料理を提供する「ユック」といったお店も登場するけれど、大東京市が誕生する遥か昔に生まれた添田知道が選んだだけあって、寿司や天ぷら、うなぎにすき焼きにとんかつと、いかにも東京らしい料理を出す店が大半を占めている。

この『東京の味』は、昭和51（1976）年に同じ編者による新訂版も出版されている。巻頭で取り上げられるのは長命寺桜もちの「山本屋」だ。そこには編者による明確なメッセージが込められている。「山本屋」の紹介文は、「隅田川に沿って、高速道路ができたので、向島もずいぶんかわってしまった。第一、堤防が高くなって、散歩道から川が見えなくなってしまったのは悲しい」と書き始められている。

隅田川沿いの高速道路、すなわち首都高速6号向島線が開通したのは昭和46（1971）年のこと。首都高速道路というのは、昭和39（1964）年にオリンピックが開催されるにあたって整備が始まったものだ。添田知道が「東京らしさ」を感じるものは、風前の灯だったのだろう。だからこそ、彼が編者となった『東京の味』は、頑ななまでに昔ながらの老舗を取り上げている。それとは対照的に、昭和52（1977）年に出版された桜井華子『東京の味Ⅲ』には、フレンチにイタリアン、中華にインド料理、ドイツ料理にロシア料理と、世界各国の料理が登場する。1980年代を迎える頃には、東京には世界各国の料理を提供する料理店が軒を連ね、東京は「食都」となりつつあった。それと連動するように、食をめぐる言説にも新しい動きが見られるようになった。

新しい地平を切り拓いたのは、昭和57（1982）年に出版された『東京・味のグランプリ200』（講談社）だった。著者の山本益博は、落語の名人芸を論じる書き手として登場し、やがて批評の対象を食の名人芸に向けてゆく（著者略歴にも、「《芸》としての〈演芸〉と〈食〉に関する若手の第一人者」と記されている）。長年に渡ってフランス料理を紹介してきた活動が評価され、2001年にはフランス政府から農事功労勲章シュヴァリエを授与された人物だが、『東京・味のグランプリ200』で俎上にのせたのは、すし、そば、てんぷら、うなぎ、洋食、ラーメンといった東京ならではの料理だ。

巻頭に掲載された「東京・味の批評宣言」を読むと、「東京は世界の食都と呼ばれ、いまやさまざまな国々の料理がこの大都会のどこかで味わえ」るものの、「この東京を代表する味」として「六種の東京の料理を取り上げ、東京二十三区内にある二百店を徹底批評」したのだと、著者は論じている。本の帯に「日本ではじめて!! ミシュラン方式の味のランキング200店!!」と銘打たれているように、この本の革新性は、三つ星から無印までの4段階で店の味を批評した点にあった。ちなみに無印は、「食べてみる甲斐のない味」であり、「どこかのガイドで取り上げられていながら、実際には現在その値打ちがほとんどない店」だ。

ではなぜ積極的にすすめない無印の店を掲載したのかといいますと、これらの店にいい加減な評価を与えているガイドブックを批判したかったからなのです。店に取材するのは悪くありませんが、店側の言い分を聞くだけで、食べる側の明確な視点がないのが多すぎるのです。料理人の出身や修業先を聞き、得意料理の名をならべるだけでは、ガイドとしては不備なのですが、この手のものがいままで大手を振ってまかり通りすぎていたのです。

山本益博は味そのものに対する批評を切り拓いた。それも星で評価するというスタイルを持ち込んだ。食べログが普及し、誰もが料理を点数で評価するようになったことを考えると、その影響は現在にまで及んでいる。

『東京・味のグランプリ200』が出版されたのとほぼ同時期、昭和55（1980）年に創刊された雑誌がある。文藝春秋の『くりま』だ。フランス語で「風土」や「気候」を意味するclimatがタイトルの由来で、半藤一利が創刊編集長を務めていた。創刊号の編集後記には、「アメリカには『ナショナル・ジオグラフィック』、ドイツには『ゲオ』という世界の自然と人間を主題にした見事な啓蒙雑誌がある。それらに範をとり世界人の眼で日本を見直したい」と記されている。その言葉の通り、「世界の自然と人間を主題」にした特集が組まれていくのだが、わずか4号で編集長が交代している。昭和56（1981）年夏号から2代目編集長に就任した内藤厚が最初に組んだ特集は、「『食』——京都の誘惑」だった。これ以降、『くりま』はフードを掘り下げる雑誌となってゆくのだが、昭和57（1982）年のはじめに刊行された8号は「総特集　東京人の『食』」だ。

二十世紀初めに百三十万たらずだった人口が、いまや、千二百万にふくれあがってしまった東京。全国から移住してきた人達が、各出身地の「食」の伝統を守り、雑煮にしても、向う三軒両隣り、まったく違ったものを食べている東京。東京はまた、もんじゃ焼も鰻もフォワグラもベルーガ・キャビアも、クスクスも焼餅油条もチャージョも、つまり、ありとあらゆる世界の食べ物を胃袋に収めてしまうフシギな雑食都市だ。飲食店数は約十八万。六十七人に一軒の割合で食べ物屋がある。世界一の都の、猛烈な食欲とエネルギーを象徴する数字だ。

表紙に「もんじゃ焼からフォアグラまで何でも食べられる雑食都市研究」と掲げられているように、『くりま』にとって食を特集することは、都市を研究し、論じることでもあった。そのアプローチは博物学的でもあった。築地市場を研究したページでは、ホンマグロの断面図や、7種類の鮭の姿とその切り身とが、写真で紹介されている。あるいは、京都特集で錦小路を徹底取材した際には「全百四十五店大図鑑」が掲載され、錦小路に存在するすべての店の名前と店構えが実際の配置に沿うかたちで誌面に収められ、扱う商品や店の来歴が短く掲載されており、「市場特有の混沌たる活気」が凝縮されている。

東京は「フシギな雑食都市」だ。江戸時代から続く伝統が根付いていた都市に、文明開花とともに西洋料理が流入してきた。下町は関東大震災と東京空襲で壊滅的な被害を受ける一方で、大正から昭和初期には海外からモダンな文化が輸入され、戦後はGHQとともにアメリカの食文化がやってきた。高度成長期には地方から若者が流れ込んで、各地の郷土料理店が増えていく。『くりま』が創刊された時代には、世界各地の料理店も増えつつあった。このように、ひとくちに「東京の食」と言っても、そこには幾重にも地層がある。

『くりま』の特集は、どの層にフォーカスしたのか。

目次を見ると、「東京のフランス料理を食べてみたら」や「高級料理店の酒肴」といったエッセイも掲載されているものの、誌面に並ぶのはラーメン、惣菜、居酒屋、天丼、下町で売っている江戸の菓子、駄菓子、グリコのおまけといったラインナップだ。こうした『くりま』の特集は、80年代後半に刊行された文春文庫ビジュアル版の「B級グルメ」シリーズに継承されてゆく。最初に出版されたのは、『スーパーガイド東京B級グルメ』であり、『くりま』の記事が一部再録されてもいる。これを皮切りに、『東京・横浜B級グルメの冒険』、『セイシュンのB級グルメ』、『B級グルメの基礎知識』と、「B級グルメ」シリーズが刊行されてゆくのだが、俎上にあげられたのは主に東京のあじだった（『B級グルメが見た台湾』と『B級グルメが見た韓国』も平成元（1989）年に刊行されてはいるけれど、「B級グルメ」シリーズ15冊のうち、東京をテーマにしたものは実に11冊と圧倒的だ）。

『くりま』の時代から、内藤厚は「里見真三」の筆名で原稿を書いている。興味深いのは、山本益博とはまったく対照的に、味の批評がほとんど登場しないことだ。里見真三名義での著書に、『すきやばし次郎 旬を握る』や『あらきそばの神髄』、『いい街すし紀行』などがあるが、そこに綴られるのはあくまで職人の仕事ぶりである。ある記事では、「そんなに旨いものにこだわらなくても、いいじゃないか」とまで書いている。また、『オール讀物』（1998年10月号）に掲載された鼎談では、「野田岩はうまいうなぎを選別して提供している」という話に対して、里見真三はこんなことを口にしている。

里見　だから髙橋さんが野田岩に入れ込む理由を私なりに解釈すると、やはり野田岩に代表される職人というのは、職人としての意地とか意気込みみたいなものがお重の中に入っていて、客はその心意気を食うわけだ。スーパーの「蒲焼でありさえすりゃあいいんだろ」というような非常にザッハリヒカイトなうなぎとは全然違う。しかし、悲しいことに、悲しい星の下に生まれた悲しい年回りのせいなのか、私には、どれがほんとにうまいうなぎなのか、何がうまいトリ肉なのかって峻別できないままに、なんか人生終わりそうな気がするよね。

髙橋　そんなこたあないだろう（笑）。

里見　吉行淳之介さんが書いたものなんか見ると、たとえばマージャンかなんかやって親子どんぶりのトリ肉がドブ臭いとか、匂いに触れられてますよね。ところが私は匂いとは何なのかということを幼時体験で学習したこともないし、第一、そんないい匂いのするものなんて食ったことがありませんからね。だから、いっそ私も「鉄人」からいろいろ教わるとか（笑）。

重金　僕らの若かった時代というのは、要するに食べ物にありつけるかありつけないかということであって、うまいまずいじゃなかったからね。

（里見真三・重金敦之・髙橋治「にわかグルメブームを嗤う」）

この鼎談で里見真三は、「まずいからうまいという、いわゆるマズウマという虚実皮膜の極致みたいなもの」があるとした上で、「私は恋文横丁という、渋谷のきたない横丁のパイカルで育った世代ですが、そこにあった『珉珉』の餃子が忘れられない」と語っている。

里見真三は昭和12（1937）年、東京・世田谷生まれ。つまり、8歳で終戦を迎えている。自分たちの世代には戦後の闇市の記憶があり、「僕らはひもじいという言葉を知っていて次のご飯があるのかないのかの危機感があった世代」なのだと、この鼎談の中で語ってもいる。そうした世代のひとりとして、自分たちにとってリアリティのある日常的な食を活字化しようという意識が、「B級グルメ」というテーマを引き寄せたのだろう。

文春ビジュアル文庫から刊行されていた「B級グルメ」シリーズで、メインライターのひとりとして執筆していたのが、昭和28（1953）年東京生まれの田沢竜次だ。

昭和52（1977）年に創刊された『angle』という月刊誌がある。

若者向けの情報誌として創刊された『angle』は、昭和58（1983）年2月号でラーメン特集を組んだ。この特集のなかに、小さなラーメン採点表が掲載された。「アングルはもちろん、雑誌に出た店はほとんど食べ歩いた」と豪語する大学生「関根君」による、ラーメン採点表だ。そこには29軒のラーメン屋が登場しているのだが、水道橋の「さぶちゃん」というラーメン屋は低めの点数をつけられ、「行列ができるのは、安い為！　味はフツーである」と酷評されている。それを受けて、翌月の読者投稿欄に、「ラーメンにはチョッとうるさい小生ゆえに、2月号の関根君の味覚に対し、黙って忍んでいられりょか！」と題した長文が掲載された。送り主は、「味はフツーである」という言葉に反発し、「あのフツーさは、まさにフツーの蓄積の極限の末につくられた正統派ラーメンゆえの愛しきフツーさ」なのだと論じている。さらに、採点表に取り上げられた他のラーメン店についても批評を加えたのち、「今後は、他の領域（ハヤシライスとか串カツにも一家言ありなのだ）にも踏み込んで、現在のグルメ事情を断ってゆくつもりだ」と手紙を締めくくっている。そうして実際に、同年5月号には、「ハヤシライスこそ洋食屋の善悪《よしあし》をシビアに見極める最重要な食べモノ。みんなウッハ、ウッハ喜んで食べて欲しーのだが…。」と題した投書が掲載されている。この投書を送った人物が、田沢竜次だった。この投書がきっかけとなったのか、やがて「田沢竜次のＴＯＫＹＯグルメ通信」という連載が立ち上がり、昭和60（１９８５）年に『東京グルメ通信』（主婦と生活社）として出版されるに至った。帯には「B級グルメの逆襲！」と記され、巻頭には「B級グルメ宣言」と題した文が掲載されている。

　本書では、フランス料理、ビストロ、カフェバー、寿司、天ぷら、ウナギ、郷土料理、エスニック料理……といったグルメガイドでは毎度おなじみのジャンルは登場しない。例えば寿司ならば回転寿司だし、そばなら立ち食いそばに限定している。

これは、わざと除外したのである。

ことわっておくが、料理として、それらを否定するつもりは毛頭ない。おいしいものは如何なるジャンルであれ、おいしいのだ。

しかし、今一流のレストランやビストロや割烹や天ぷらの老舗が消えてしまったとしても、小生は少なくとも生きてゆけるのである。

だが一方、この東京から、立ち食いそば、定食、牛丼、回転寿司、大衆酒場といった店々が消え去ったとしたら、小生は少なくとも生きてゆけない。

それほどまでに生活に密着しているのにもかかわらず、それらはグルメの世界からパージされ続けてきた。

だからこそ、それらはここB級グルメの世界で浮上する権利があるのであり、それは決して〝ひがみ根性〟の選択ではないのだ（少しはあるけどサ）。

里見真三的な「B級グルメ」の言説と、田沢竜次的な「B級グルメ」の言説が、ほぼ同時期に立ち上がったのは興味深い。それまであまり活字として語られることのなかった、生活に欠かすことのできない「フツー」のあじを言語化する動きが、バブル前夜の80年代前半に生まれたのだ。

『くりま』が9号で休刊を迎えると、里見真三は日本各地のラーメン屋を訪ね歩き、昭和61

（1986）年に『ベスト オブ ラーメン』を出版。24センチ×34センチという大判サイズに掲載された写真は、どれもどんぶりが真上から撮影されている。今では当たり前になったこのアングルは、「人間がさあ食べようと構える位置」として、里見真三が考案したものだ。なかには実物大のサイズで掲載されたどんぶりもある。里見真三は、各地のラーメンを訪ね歩くことで、その土地の風土と、職人が一杯のどんぶりに込めた意気をドキュメントする。『ベスト オブ ラーメン』が刊行されたあと、ラーメンブームは過熱してゆく。平成6（1994）年には「全国各地のラーメンを飛行機に乗らずに食べに行ける」と謳った新横浜ラーメン博物館がオープンし、ご当地ラーメンを目当てに大勢の来場客で賑わった。麺類でいうと、90年代にはさぬきうどんにも注目が集まり、書籍が相次いで出版されている。最初は東京論とともに用いられた「B級グルメ」という言葉が、次第に地方の食を語る場合にも用いられるようになってゆく。2000年代に至ると、B級グルメでまちおこしをする気運が高まり、全国的にはほとんど知られていなかった郷土のあじが、全国から注目を集めるようになってゆく。そのひとつが横手やきそばだ。

横手では桜が見頃を迎えていた。

今年は桜の開花が早く、東京では3月中旬には咲き始めた。あれから1か月以上経ち、東京ではすっかり桜が散った今、横手ではようやく満開を迎えている。住宅街を歩いていると、あちこちの屋根にハシゴがかかっている。しばらく経って、雪かきのためのハシゴなのだと気づく。

横手駅から20分ほど歩いたところに、「福龍」という老舗の食堂があった。店主の伊藤一男さんは、「横手やきそば暖簾会」を牽引してきた功労者だ。

「私は昭和22（1947）年の2月に秋田市で生まれたんですけども、小学生のときにこちらに引っ越してきまして。その頃、萩原安次さんという方が、横手でお好み焼き屋さんをされていたんです。お好み焼きと言っても、ほんとに薄っぺらなクレープ状のやつで、割り箸に巻き付けて提供していたんですね。その萩原さんという方が、せっかく鉄板もあるし、ウスターソースもあるし、紅生姜とかトッピングもあるから、なにか新しい商品を作れないかと考えられたのが、やきそばだったんですね」

それ以前には、横手でやきそばを提供するお店は存在しなかったそうだ。美味しいやきそばを作り出そうと、萩原さんは横手市内で石谷製麺所（現在の石谷製麺工場）を営む石谷由雄さんに麺の開発を依頼した。やきそばに使われる麺は、鉄板にくっつかないように油でコーティングされているのが一般的だが、それだと麺に味が染み込まなかった。ただ、油でコーティングされていない麺を使うと、鉄板にくっついてしまう。萩原さんと石谷さんが試行錯誤を繰り返し、横手やきそばを特徴づけるゆで麺の開発に漕ぎ着ける。それが昭和28（1953）年頃のことだとされている。

日本の食文化は戦争に大きな影響を受けた。たとえば、焼き餃子を日本に広めたとされる渋谷の「有楽」は、満州から引き揚げてきた店主が、現地で食べたあじを再現して始めたお店だ。この「有楽」は、やがて渋谷の恋文横丁に移転し、「珉珉」と名前を変える。里見真三が名前を挙げていたのが、この「珉珉」だ。

あるいは、やきそば。横手と同じくやきそばの町として知られる富士宮にやきそばが誕生したきっかけは、戦地で食べたビーフンの再現を試みたことだとされている。戦後の物資のない時代には米の麺を作ることは困難だったため、配給品の小麦粉で同じような食感の料理を作ろうとして、コシのある独特の麺が生まれたのだそうだ。

明治の終わり頃に生まれた萩原さんも、世代的には戦地に動員された可能性が高い。ただ、萩原さんの足跡に関しては、はっきりとしたことは何もわからないそうだ。過去の記事を読み返しても、春日部生まれだとするものもあれば、大阪出身だとするものもある。いずれにしても、横手出身ではないのは確かだ。妹だったのか、あるいは妻だったのか、神谷里《かみやり》んさんという女性と一緒に戦後まもない横手にやってきて、最初は魚の行商をやっていたそうだ。それがあるときからお好み焼き屋を始め、横手ならではのやきそばを生み出したのだ。

「最初の頃は、お寺の軒先を借りて、屋台のような感じで始めたそうです」と伊藤さん。「うちの父親も、テキ屋さんみたいにして屋台で商売やっていたもんですから、すぐ真似をしてやきそばを出し始めたんです。今の季節だと、よこて桜まつりってやってますけど、ああいうとこに屋台を出したりしてね。だから、父とは同業者ということで、その当時から萩原さんのことは知ってましたね」

横手はかつて、市で賑わう街だった。

道路の整備と鉄道の建設が進むにつれ、穀倉地帯の横手は米の集散地となり、秋田県南地方第一の商業都市として発展した。大正時代から昭和初期にかけて、横手の数か所に常設市場が存在したという。当初は農家がリヤカーに青果を積んできて売っていたところに、鮮魚商や雑貨売り、衣類を売る人や飲食の屋台を出す人もあらわれ、多様化していったのだそうだ。昭和7（1932）年3月13日の羽後新報には、横手の朝市には5、6人ほど「生き鯉を販売してゐる人がゐる」と紹介されている。「鯉は鱗をとらずに筒切りにし頭は二ツ割にして鍋に並べ酒を入れて暫く煮《に》て」、十分煮詰まったところにネギをばらばらとのせ、「ユズを絞つた醤油に浸し乍ら温い内に食べ」ていたのだそうだ。屋台に馴染みがある土地だから、萩原さんや伊藤さんのお父さんは屋台で商売を始めたのだろう。

やきそばの屋台は繁盛し、萩原さんはやがて「元祖焼きそば 神谷本店」として店を構え、伊藤さんの父は「満福」を創業。一男さんは4名きょうだいの長男として生まれたが、当初は家業を継ぐつもりは「まったくありませんでした」と笑う。

「高校生のときは私、バレーボールをやってまして。秋田県ではナンバーワンで、実業団からも誘われましたし、大学からも『授業料もなんにも要らないから、特待生できてくれ』と誘ってもらって、内定してたんですよ。オリンピックを目指そうと、そういうつもりでいたんですけど、どうしても行けなかった。下に3人いましたんで、自分も働いて食わせてやらなきゃ駄目だ、と。うちは貧乏でしたからね、仕方がないからこの商売をやろうかということになったんです。ただ、その当時はおふくろが『満福』を切り盛りしてたんですけど、古くてちっちゃな店で、やきそばと中華そばぐらいしか出せなかったもんですから、借金をして別に新しくお店を借りて、自分で店を始めたんです」

高校を卒業してすぐに料理人となった伊藤さんに、ある日、萩原さんから声がかかる。「組合を作って、やきそばを広めたいから、ちょっと手伝え」と誘われたのだ。

「私はまだ学校を出たばかりで、自分ちの店しかわからないような状態でしたから、もうついて歩くだけだったんですけど、『家の軒先でやきそばを作って売れれば、パートに出なくてもある程度お金が稼げるから』ということで、やきそばのつくりかたを広めてまわったんです。そうしたら、あっという間に広まりまして、横手だけで100軒ぐらいにまで増えたんですよ。値段を決めないと価格競争になっちゃうからと、ちゃんと定価表も作って、メニューもきっちり同じにして、組合を作ったんです。各町内に最低1軒や2軒はありましたもんね。お風呂屋さんの帰りに、夜鳴きそばみたいな感じで『ちょっとやきそば食べて帰ろうか』となるぐらい、ほんとに浸透してましたね」

やきそば屋が繁盛したのだとすれば、自分で支店を増やしていくのが、現在では一般的な感覚だろう。でも、萩原さんは自分が儲けることより、やきそばを広めることに力を注いだ。当時はまだ戦争の傷痕が残る復興の時代だったから、自分ひとりが儲けることよりも、皆が食い扶持《ぶち》を持てるように、「軒先でやきそばを販売すれば、家計の足しになるから」とやきそばを広めたのだろう。

復興の時代はやがて終わりを迎える。

昭和47（1972）年に食品衛生法が大幅に改正されると、衛生責任が強化されることになり、軒先でやきそばを調理して提供するような業態には営業許可が下りなくなった。それに、復興期から成長期に時代が移り変わったことで、軒先でやきそばを販売するだけで家計を支えることは難しくなった。駄菓子屋のようにやきそばを提供する店は消え、食堂に切り替えたお店だけが残ることになった。横手のやきそばが脚光を浴びるきっかけが生まれたのは、それから四半世紀が経過したころのことだった。

「当時、横手市役所の商業観光課に村田さんって課長さんがいたんです。私より何個か先輩なんですけど、『俺らはよ、昔からやきそば食って育ったよな』と言われたんです。横手の人間からすると、外に行ってやきそばを頼むと、『いや、これ、やきそばと違うしや』となるんですよね。そこで自分たちが食べて育ったやきそばは横手独特のものだったんだと知るわけです。それで課長さんから、『このやきそばで、どうにかまちおこしできねえかや』と相談されましてね。それが平成10（1998）年ごろのことです。最初は予算も何もなかったんですけど、商業観光課に配属されたばかりの坂水剛さんという人が『やきそば担当だ』と任命されて、横手でやきそばを提供する店を食べ歩いたんです。それでホームページを立ち上げて、横手やきそばの情報を発信し始めたんですよね」

横手市職員の坂水さんが「やきそば担当」となり、食べ歩きを始めたのは2000年4月のことだった。それから半年後、2000年10月に「やきそばのまち横手」と銘打ったホームページが開設された。そこには横手やきそばのルーツや調理法、そして特徴が紹介されていた。そこで横手やきそばの特徴として挙げられていたのは、ゆで麺を使用していること、具材に豚ひき肉や目玉焼きが用いられること、福神漬けが添えられてあること、やきそば自体に汁気があって全体的にしんなりしていることの4点だった。こうして横手やきそばに関する発信を始めると、すぐに好機が舞い込んだ。

「まちおこしを始める枠組みができてきた頃に、TBSでやってた『ブロードキャスター』って番組で、横手やきそばが取り上げられたことがあるんです。ちょうど横手出身のアナウンサーの方がニュース担当になって、取り上げてくれたんですよね。私もスタジオに行きました。そうしたら、もう、めちゃくちゃなんですよ。『やきそばに目玉焼きのせたぐらいで、まちおこしができるのかい』って、散々な言われようだったんです。ただ、なんと言われようが、全国放送で流れたんですね。それをきっかけに、新聞や雑誌の取材がたくさんきてくれるようになりました。たかがやきそばに、です。それで、あっという間に忙しくなりましたね」

「やきそばでまちおこしができるのか」というのは、当時としてはごく普通の反応だったのだろう。横手市に生まれ育った人たちも、やきそば目当てに観光客がやってくるだなんて、想像できなかったはずだ。だが、メディアに取り上げられたことで、「たかがやきそば」を目指して観光客が横手を訪れるようになった。2001年3月には市民による「横手やきそば研究会」も発足し、100名ほど会員も集まった。ただ、まちおこしの気運が高まっても、「うちは地元客に支えられているんだから、観光客を相手にする必要はない」と冷ややかな店主も少なからずいたそうだ。

「正直に言うと、近所のお客さんを相手に商売してきたもんですから、外から観光のお客さんがやってきたときに、クレームがすごいんですよ。『サービスが悪い』とか、『応対が悪い』とか。観光のお客さんたちからしたら、せっかく横手までやきそばを食べにきたのに、もてなしてもらえなかったと感じるんでしょうね。これじゃ駄目だということで、２００１年７月に横手やきそば暖簾会ができたんですね」

まずは行政がまちおこしを企画し、市民団体が立ち上がり、最後に店主や製麺業者による「横手やきそば暖簾会」が発足した。会長を引き受けた伊藤さんは、横手やきそばをＰＲするイベントがあれば、喜んで焼き手を引き受け、自分の店を閉めてまで駆けつけていたという。それも、自分のお店の名前を売り込むこともせず、やきそばを作り続けたそうだ。

「根っこにあったのは、『イベントに参加して、横手やきそばを広めれば、あとできっと返ってくる』という気持ちでしたね。イベントに参加してくれない人たちに、いつも言っていたんです。今の自分たちの儲けのためにやるのは、まちおこしじゃないんだ、って。やきそばを売り込んで儲けるんじゃなくて、横手やきそばを紹介して、横手のことを知ってもらう。そうすればきっと、あとで返ってくる――そうやって自分に言い聞かせてたところもあったんだと思います。正直に言えば、あの当時はまだ五里霧中でしたね」

最初のうちは「五里霧中」だったものの、暖簾会の立ち上げからほどなくして、明るい兆しが射し込んだ。ほぼ同時期にやきそばでまちおこしを始めた静岡県富士宮市や、群馬県太田市と交流が生まれたのだ。

「最初のうちは、同じようにやきそばでまちおこしに取り組んでいる富士宮さんと連携して、お互いに行き来をして『盛り上げていきましょう』と活動していたんですよ。そこに太田焼そばさんが『うちも焼そばでまちおこしを始めた』ということで、じゃあ3団体で何かイベントをやってみよう、と。せっかくだから名前をつけようと、三者麺談というタイトルで開催したんですね。食べ比べのイベントをやったあとに、『我々はやきそばのまち発展の為協力する事を誓います』と協定書を結ぶことになったんですけど、それも『三国同盟』ならぬ『三国同麺』にしよう、と。そうやって少しずつ活動の輪が広がって、お客さんがわざわざ横手までやきそばを食べにきてくれるようになったんです」

食を通じたまちおこしの気運は、少しずつ盛り上がりを見せていく。その流れを決定づけたのは、やはり「B-1グランプリ」だ。記念すべき第1回の大会は、2006年2月、青森県八戸市の八食センターで開催された。

「やっぱり、B-1グランプリの前と後では全然違います」。そう話してくれたのは、伊藤一男さんの跡を継ぎ、横手やきそば暖簾会の理事長を務める三浦勝則さんだ。昭和43（1968）年生まれの三浦さんは、秋田の名産品の卸・販売をおこなう「三浦商店」の2代目として、横手やきそば暖簾会の立ち上げにも関わり、現在は横手やきそばの店「麺'sクラブ」を切り盛りしている。

「最初のB-1グランプリは、八戸せんべい汁研究所が企画して開催したんですけど、そのきっかけのひとつが三国同麺だったそうなんです。ご当地グルメのイベントも、タイトルをつけてアピールすれば、全国的に知ってもらうことができるんだ、と。それで八戸せんべい汁研究所の皆さんがB－1グランプリを企画されて、われわれ横手やきそば暖簾会にも『参加しませんか？』と連絡をいただいたんですね。これ、返事はなんと出すべと福龍さんに聞きにいくと、『いや、行ってみるべ』と。福龍さんはそういう方なんです。もしも合わないと感じたら、今後も参加するかどうかはあとで考えればいいんだから、こうして声をかけてもらえたからには参加しよう、と」

現在でこそ多くの団体が参加するB－1グランプリだが、第1回大会に集まったのは10団体だったという。

「その当時、東北新幹線の終点は八戸だったんですね」と、三浦さん。東北新幹線が大宮－盛岡間で開業したのは、昭和57（1982）年のこと。それから20年が経った2002年に盛岡－八戸間が開通し、八戸が終点となった。ただ、2005年には北海道新幹線の建設工事が始まり、完成後は東北新幹線と直通運転することが決まっていた。

「北海道新幹線が開通すれば、八戸は終着駅ではなくなってしまう。その前に八戸を知ってもらおうということで、八戸せんべい汁研究所を立ち上げたそうなんですね。せんべい汁もそうですけど、地元で昔から食べられているんだけども、あまりにも馴染み過ぎて『それでまちおこしができるのかい』と思われているような料理で地域の活性化を始めた町が、あの時代にいくつもあったんです」

室蘭やきとりに、富良野オムカレー、青森生姜味噌おでん、八戸せんべい汁、横手やきそば、福井の浜焼き鯖バラちらし寿司、富士宮やきそば、鳥取とうふちくわ、小倉の焼うどん、久留米やきとり――これらの料理でまちおこしに取り組む団体が全国から集まり、第1回B－1グランプリが開催された。八食センターには1万7000人が詰めかけ、富士宮やきそば学会がゴールドグランプリに、横手やきそば暖簾会がシルバーグランプリに輝いている。地域に根ざした郷土料理やご当地グルメが「B級グルメ」として脚光を浴び、まちおこしに繋がる――その反響は大きく、翌年に富士宮で開催された第2回大会には21団体が参加し、25万人もの来場者で賑わった。2009年には横手市で第4回大会が開催され、26万人を動員し、横手やきそば暖簾会は見事ゴールドグランプリに輝いた。

「正直なところ、横手市の職員のなかにも、『やきそばでまちおこしなんてできるんだろうか』と思っていた人は多いと思うんです」。現在、横手市商工観光部観光おもてなし課で〝やきそば担当〟を務める西野伸さんはそう振り返る。「私自身、やきそばでまちおこしは難しいんじゃないかと、当時は思っていたんです。ただ、第1回のB－1グランプリが開催されたあたりから、連休になると町の食堂さんに行列ができるようになったんですね。横手でやきそばを食べたあと、宿泊は別の街にという方も大勢いらっしゃると思うので、人数として把握しづらい部分はあるんですけども、町の食堂に行列ができるようになった。それまではもう、行列なんて見たことなかったですから、目に見えるかたちで『あれ、観光のお客さんが増え始めてるよ』と実感するようになったんです。仙台あたりからでも、2時間ぐらいで横手までこられるので、近隣からドライブがてら横手やきそばを食べにこられる方が増えてきましたね」

B－1グランプリの横手大会が開催されたのは、2009年の秋だ。2009年といえば、麻生太郎内閣によって高速道路の「休日上限1000円」制度が導入された年だ。休日に地方区間を通行する普通車は、ETCを搭載していれば通行料金の上限が1000円に割引されるようになったのだ。この制度が導入された当時、「片道1000円で、ちょっと遠くまでドライブに」と、おすすめスポットを紹介する番組をたくさん目にした記憶がある。この制度自体はわずか2年で廃止されることになるのだが、片道1000円で遠出できるようになったことは、「B級グルメ」のブームに拍車をかけたのではないか。

第6回姫路大会の開催に合わせて出版された『B‐1グランプリ極ウマ完全ガイド2011』(KKベストセラーズ)を開くと、実に70団体が紹介されている。江戸時代や明治時代から続く郷土料理が取り上げられている一方で、横手やきそばや富士宮やきそばのように、戦後間もない時代に誕生した料理も数多く掲載されている。終戦から六十数年が経過し、戦後という時代が歴史になり始めたころに、戦後の暮らしを支えた食もひとつの〝伝統〟になろうとしていたのだろう。こうして全国各地のご当地料理が「B級グルメ」として脚光を浴びてゆく。

「秋田県南のこのあたりの地域って、横手やきそばが広まる前だと、有名な食文化というと稲庭うどんぐらいしかなかったんです」。西野さんとともに〝やきそば担当〟を務める佐藤洋介さんが語る。稲庭うどんは、横手市の隣、秋田県湯沢市で昔から食べられてきたうどんだ。「秋田で郷土料理というと、きりたんぽが有名ですけど、あれは県北の食文化なので、県南のものは全国的にはあまり知られていなかったんです。そこに横手やきそばが有名になって、それをきっかけに横手のことを知ってもらえるようになったんですよね」

横手やきそばを目指して観光客が押し寄せるようになったことで、いちばん変わったのは「市民の意識」だと西野さんは振り返る。

「横手やきそばが有名になる前だと、横手のPR活動のために東京や大阪に行っても、『横手ってどこ？』と言われていたんです。横手から出ていった人たちに、『横手ってどういうとこ？』と聞いても、『田舎で何もないところ』だとか、『雪が多いところ』とか、ネガティブな話が多かったんですよね。ただ、『横手やきそば』という言葉が生まれたことで、横手を知ってもらえるきっかけにもなりますし、郷土に想いを馳せるきっかけにもなったんです」

「横手出身の方でも、進学や就職で県外に出られる方というのは多いんですよね」。横手やきそば暖簾会の理事長・三浦さんが言葉を継ぐ。「地元を離れたときに、『ああ、あのやきそばって、他の場所だと食べられないんだ』と初めて気づくんですね。自分が食べてきたのはあのやきそばなんだって思いを、皆さんふつふつと抱えてらしたみたいで、横手やきそばでまちおこしが始まったときから、県外にいる横手出身の方からたくさん反響をいただきました。それに、横手やきそばがメディアに取り上げられることで、地元を誇れるようにもなってきたんですね」

たったひとりの市役所職員がやきそばを食べ歩き、ホームページを作成したところから、横手やきそばは全国的に知られる存在となった。横手大会でゴールドグランプリを獲得した際には、およそ34億円もの経済効果があったと試算されている。ただ、横手やきそばによるまちおこしが盛り上がりを見せるにつれ、誤解も広まってゆく。B級グルメによるまちおこしが、商品を売り込むための企画と勘違いされるようになったのだ。僕もまた、B-1グランプリを「ご当地グルメを全国に売り出すためのイベント」だと勘違いしていたひとりだ。

「これは私がいつも言っていることで、いちばん大切だと思っていることなので、ちょっと申し上げますね」。伊藤一男さんはそう前置きして語り始めた。「まちおこしをして、観光客の皆さんにきてもらう――これもすごく大事なことではあるんです。でも、それが1じゃないんですね。いちばん大事なのは、地元の人が『私らが昔から食べてるのはこのやきそばなんだ』って誇りを持つこと。食堂でもやきそばを食べるし、冷蔵庫の中にはゆで麺のやきそばが入っていて、家庭でも横手やきそばを普段から食べている――これがまちおこしなんです。そういう状況があるからこそ、『横手の人たちは、うまそうにやきそば食べてるから』と、近隣の人たちが横手に足を運んできてくれる。そのあとに観光なんですね。私はずっとその考え方でやってます。観光のお客さんは、一生に一度か、何年かにいっぺんしかきてくれないんですよ。だからまず、地元のお客さんや、仕事で横手に出入りしている人たちが、日常的に立ち寄ってくれる店を目指していかなければ駄目だって、私はいつも言っているんです」

B級グルメでまちおこしをするのは、全国にご当地グルメを売り込もうとしている――そんなふうに誤解していたのは、観光する側の思い上がりだったと反省した。それは観光客に向けたPRとして始まったのではなく、自分たちの郷里に誇りを持つための取り組みだったのだ。「横手やきそばでまちおこしというのは、横手やきそばだけが売れればいいという話ではないんです」と、三浦理事長は語る。「やきそばを食べに横手にきてもらった方には、たとえばフレンドールのメロンパンを紹介するんです。あそこのメロンパンも、昔から地元の皆さんが食べてきたものだから、ぜひ食べてみてもらいたい。そうやって、横手やきそばをひとつのきっかけとして、横手を知ってもらいたいという思いがあるんですね。最初の頃は『やきそばでまちおこしなんて無理だ』と言われましたけど、活動を続けることで、地元にとって誇れるものに変わってくる。なんにもないとこだと思って暮らしていたけど、自分たちは誇れるものを持っていたんだと思うことが、地方が今置かれている状況を乗り切るためのひとつの手法になってくるんじゃないかと思いますね」

僕が横手を訪れた日、秋田魁新報の一面トップには「佐竹知事　4期目折り返し」と題した記事が掲載され、「若者定着　独自策を」と見出しが打たれていた。佐竹知事が就任してからの14年間で、秋田県の人口は約17万8000人（16パーセント）も減ったと、記事は知らせている。「県は子育て支援の拡充などさまざまな対策を打ってきたが、人口減に歯止めはかかっていない」のだ、と。

横手市の人口も、秋田県と同じような推移を辿っている。太平洋戦争が始まる頃から横手市の人口は増加し、昭和30年（1955）年にピークとなる14万6000人を記録している。そこから人口流出が始まり、昭和50年代にはしばらく横ばいとなったものの、昭和57（1982）年に再び減少に転じ、それ以降は右肩下がりだ。2005年には10万3000人だったところから、2020年には8万5000人にまで減っている。国立社会保障・人口問題研究所の推計によれば、今後も急速に人口は減少し、2040年には5万9000人に、2060年には3万5000人にまで落ち込むとされている。

「われわれ事務局がいちばん力を入れているのは、小学校でやきそばの授業をすることなんです」。横手市職員の西野さんはそう聞かせてくれた。「小学校のカリキュラムで、地域のことを学習する授業がありまして、各学校の3年生を対象に、横手やきそばの話をしてまわっているんです。そうやって横手やきそばのことを知ってもらうことで、20年後に地元に根付いてくれるんじゃないかと思っているんですね。それに、横手やきそばを提供する店主の方たちは高齢の方も多いんですけど、もしかするとお店を引き継ぎたいという人も出てくるんじゃないかと期待しているんです」

昭和57（1982）生まれの僕が小学生だった頃にも、地域の歴史を学習する授業があった。生まれ育った町のことを調べてみても、小学生が「歴史」と聞いて思い浮かぶような謂れはほとんど見当たらず、寂しい気持ちになったことを思い出す。だが、どんな町にだって歴史はある。あの頃の自分の目では、それを見つけ出すことができなかった。数十年前に「横手はなにもないところだよね」と語っていた人たちのように、自分が生まれ育った町にあるはずの歴史を――土地に根差した暮らしのなかに培われてきたものを――見逃していたのだろう。

せっかく横手を訪れたのだから、一食でも多く食べてみたいと思い、横手やきそば暖簾会に加盟しているお店を訪ねてまわった。「元祖神谷焼そば」。「朝菊」。「食い道楽」（本店）。「藤春食堂」。「福龍」（道の駅十文字店）。「出端屋」。「北海屋」。「喫茶とやきそば ふじた」。「皆喜多亭」。48時間で9皿のやきそばを平らげた。ひとくちに横手やきそばと言っても、お店ごとに個性がある。「横手の製麺業者が製造するゆで麺を使用する」というルールを守っていれば、オリジナルのやきそばを提供できるようで、豚ひき肉ではなく牛バラ肉や豚の角煮がトッピングされた横手やきそばもあれば、「プルコギやきそば」や「カレーやきそば」という一風変わったメニューもある。

取材で話を聞かせてもらった三浦理事長の「麺's クラブ」は、残念ながら定休日で訪ねられなかった。そして、伊藤一男さんが営む「福龍」は現在、週に1日しか営業しておらず、こちらも食べることはかなわなかった。「福龍」は自家製麺を使用しており、外から注文も舞い込むため、麺作りで大忙しなのだ。

「最近は人材不足ですから、いっくら募集をかけても人がこなくて、店をやめようかとも思ったんですよ。もう、年齢も年齢ですからね。ただ、いつも来てくれるお客が、『絶対に続けてくれ』というもんだから、今は月曜日だけ営業してるんです。そうすると、月曜日でないと食べられないからと、お客さんが集中して忙しくなりましてね。道の駅にも店は出してるんですけど、『やっぱりこっちで食べたい』と、わざわざきてくれる人もいるんです。おんなじものをおんなじように作っても、やっぱりどっか違うところがあるんでしょうね。作っていても、『今日はちょっと違うな』と思う日もありますし、もっと美味しくできるんじゃないかといつも考えてるから、満足してません」

カウンターに目をやると、「値下げしました」と貼り紙が出ていた。ひとりで切り盛りしているせいでお客さんを待たせてしまうからと、値下げすることにしたのだという。その貼り紙に、伊藤さんの人柄がにじんでいる。週に一度しか営業しない「福龍」に通い続けているお客さんは、そんな伊藤さんのあじに惚れ込んでいるのだろう。

ひとつの店に通うということは、数あるお店から一軒を選び取るということであり、その店に通う人生を選択するということだ。それはつまり、店主がつくりだすあじに、自分の人生をかけて対峙する、ということでもある。そんなふうに通い続けている店が、僕の暮らしのなかに何軒あるだろう。新幹線の窓の向こうを流れていく景色を眺めながら、東京に戻ったらまずどこのお店に出かけようかと考えていた。

伊藤一男さん

三浦勝則さん

屋根にかけられた梯子

フレンドールのメロンパン

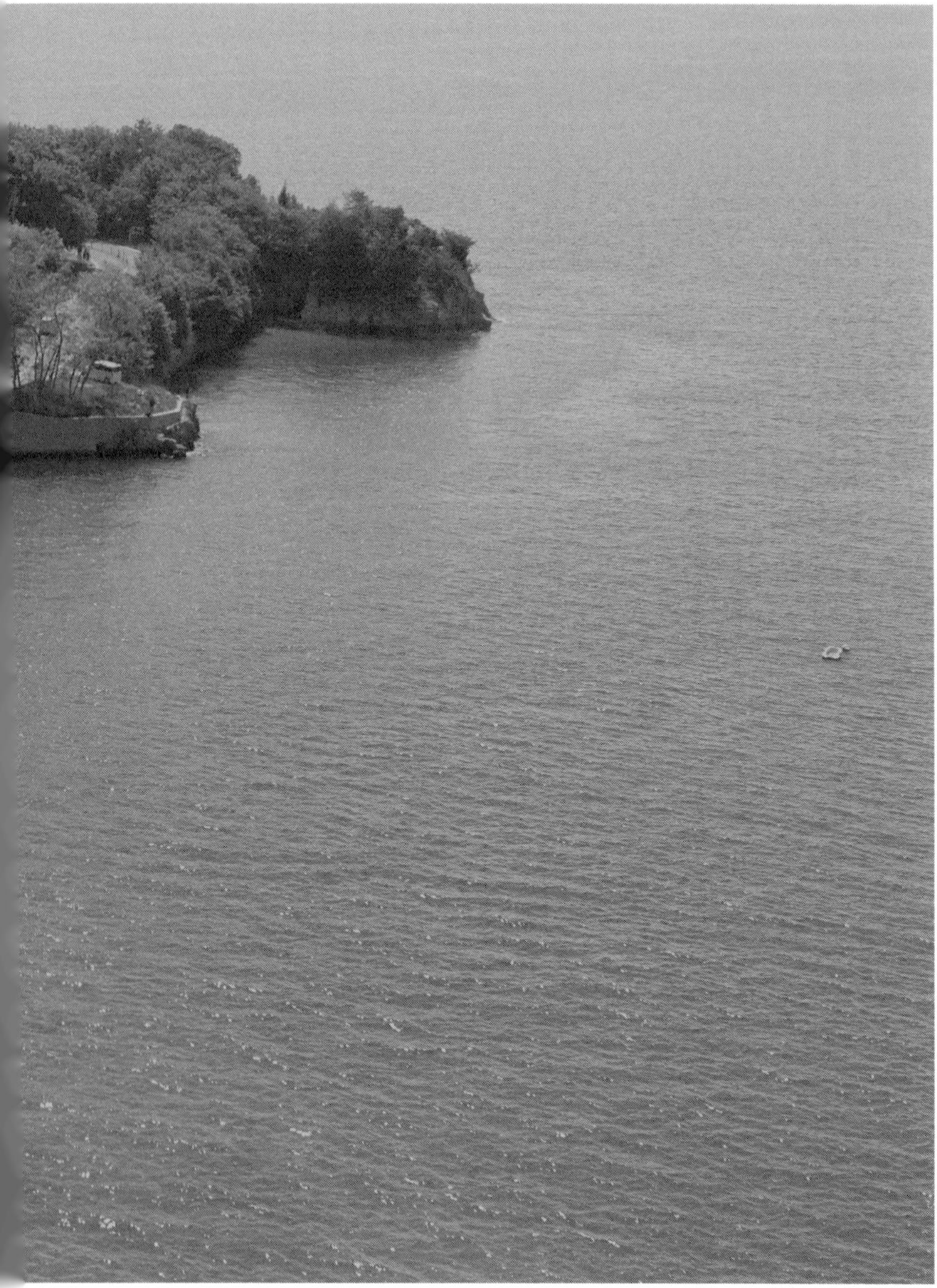

しまなみ海道

昔ながらの商店街にひかりが当たる

幼い頃から、旅に親しんできた。高校の教員として働くかたわら、ルポライターのような仕事もしていた父に連れられて、北海道から沖縄まで、全国各地に出かけてきた。観光名所にもたくさん足を運んだはずなのに、記憶に残っているのは道中の風景だったりする。新幹線に乗る前に、駅の売店で『かりあげクン』のコミックスを買ってもらったこと。窓棚に置かれたポリエチレン製のお茶の容器。新幹線の食堂車。家族揃って遠出する日、車に揺られていた時間も、鮮明に記憶に残っている。家で過ごしているときにはあまり聴くことのない、ラジオの音。トンネルに入った瞬間に、車内の色が一変すること。朝の早い時間にマクドナルドのドライブスルーに立ち寄って、買ってもらったホットケーキ。

あの日は一体、どこに出かけたんだっけか。ゴールデンウィークに帰省した折に、母に尋ねてみると、たぶん因島《いんのしま》じゃないかと母は言った。

因島といえば、瀬戸内海に浮かぶ大きな島だ。そのときはおそらく、国道2号線を東に進み、三原から船に乗ったんじゃないかと母は言った。三原と因島を結んでいたカーフェリーは2021年春に廃止されてしまったから、現在ではもう、そのルートで因島に出かけることはできない。ただ、まだカーフェリーが運航しているのだとしても、船で因島に渡るより、尾道から橋を経由して島に渡るほうが現在では一般的な感覚だという感じがする。その場合、運転距離はうちから80キロほど。三原港からフェリーに乗れば、運転距離は半分の40キロで済む。運転距離が短いほうが楽か、車に乗ったまま目的地を目指すほうが楽か——そのあたりの感覚も、この40年で変わったのかもしれない。そもそも「遠出する」という感覚からして、親の世代とはずいぶん違っている。

「今のように、ゴールデンウィークじゃけゆうて、皆が一斉に旅行に出かけるようなことはなかったねえ」。昭和26（1951）年生まれの母が言う。「このあたりの人らでも、休みの日に遠出するゆうことは滅多になかったよ。どっかに出かけるゆうたら、ひとつは海水浴。うちらの時代は、おんなしくらいの年のこどもが多かったけん、同じ班のこどもらを連れて、貸切バスで海水浴に行きよったよ。あの頃は班のつながりが強くて、1年に1回、班で旅行に行きよったよね。大体2月か3月ごろ——その時期じゃったら農作業でやらんにゃいけんことも少ないけんね。その旅行は別に強制参加ではないんじゃけど、あの時代は楽しみが少なかったから、班の人はほとんど参加しよったね。家族だけで行くと高くなるけど、皆で行けば安く済むいうのもあったんじゃないかね」

今となっては信じられないけれど、少し前まで、家族が揃って家を空けるのは珍しいことだったようだ。明治27（1894）年生まれの小島政二郎の小説『眼中の人』（岩波文庫）に、こんな一節がある。

> 私は東京の下町に生まれた。下町はシキタリの巣だ。夫婦が揃って外出すると、町内で

目引き袖引きして笑う。なぜ笑うのか、大して理由はないらしいのだが、夫婦が揃って留守にするというシキタリがないのだ。シキタリのないことをすることが、冷笑を呼ぶらしい。強いて理由を求めれば、商人たちの克己主義に牴触《ていしょく》するのだろう。夫婦揃って外出することが、商人道からいうと、ひどく贅沢に見えるのだろう。

東京の下町に限らず、昔は全国各地に「シキタリの巣」があった。

僕が生まれ育った町は、もともとは小さな農村だった。農業に従事する人たちが大半を占めていた頃はまだ、地域のつながりが今よりずっと強かったし、農業をやっていると気軽に遠出することもできなかったのだろう。母の父、つまり僕の祖父は、まだ幼かった母を連れてしばしば行楽に出かけていたらしく、「農作業もせずに出歩いている」と小言を言われていたそうだ。母が幼い頃のアルバムを見ると、春になるたび尾道に足を運んでいたらしかった。

「うちらが小さい頃だと、桜並木なんかどこにでもあるもんじゃなかったんよ。それで、尾道は桜がきれいじゃって話は昔からあったみたいで、春になると尾道に行きよったんじゃろうねえ。お母ちゃんも、普段はもんぺを穿いて生活しよったけど、汽車に乗るわけじゃけん、小旅行気分よね。『主婦の友』ゆう雑誌に、洋服の型紙がついとったんよ。その型紙は自分の体型と違うんじゃけど、お母ちゃんは自分に合うちょうどええサイズに調整して作るのが上手じゃったんよね」

写真のなかにいる母は、まだ3歳になったばかりだ。祖母もまだ20代である。若い日の祖母の姿を見るのは初めてだから、不思議な感じがする。写真に写り込んでいる人たちは皆、ちゃんとよそいきの格好をしている。その写真が撮影されて70年ほど経過した今ではもう、休日に背広姿で電車に乗る人はほとんど見かけなくなった。

山陽本線の車窓から見える風景には、赤瓦の屋根が続く。実家のあたりは、冬の冷え込みが厳しく、寒さに強い石州瓦が使われていて、古い家屋はほとんど赤い屋根だ。線路の向こうには田んぼが続いていて、田植えを前にして水が張られたばかりの田んぼもある。糸崎で電車を乗り換えると、ほどなくして瀬戸内海が見えてくる。海に見惚れているうちに、電車は尾道駅にたどり着く。

ゴールデンウィークの真っ只中。尾道駅に降り立ってみると、まだ8時を過ぎたばかりだというのに観光客の姿があった。尾道には古刹が点在し、戦災を免れたことから古い街並みが残っている。大林宣彦監督の作品をはじめとして、映画のロケ地としても知られているが、今は何より、しまなみ海道の玄関口として賑わいを見せている。

瀬戸内しまなみ海道が開通したのは、ちょうどゴールデンウィークの時期だった。1999年5月1日、本州と四国を結ぶ本州四国連絡橋の最後の橋として、しまなみ海道の開通式が開催された。ただ、昭和63（1988）年の春に瀬戸大橋と青函トンネルが開通したときには「一本列島」という言葉が人口に膾炙《かいしゃ》し、日本列島がひとつにつながるということに世の中がわいていたおぼえがあるのだけれど、しまなみ海道の開通は話題になった記憶がない。当時の資料に当たってみると、地元でもいまひとつ盛り上がりに欠けていたという空気が伝わってくる。

いよぎん地域経済研究センターが発行する『IRC Monthly』（1998年4月号）に、「夢大橋　しまなみ街道によせる」と題した座談会が掲載されている。その冒頭、司会を務めるいよぎん社長・田中貞輝は、開通が近づいても「地域の活性化の担い手になる産業なり、資源なり、そういうものがなかなか私達には見えてきにくいところがあって、もう一つ盛り上がりが感じられない」と、率直な感想を漏らしている。また、バブル崩壊の影響が大きく、民間企業も大規模な観光開発に乗り出せずいるのだと指摘している。

この座談会のなかで、今こそ四国観光を売り出すべきだと語っているのが、道後温泉旅館協同組合理事長の奥村武久だ。奥村は「瀬戸内海というのは、四国にとってこれまで全く観光資源でなかった」とした上で、「今度は本当に瀬戸内海を商品として売り出さなければならない」と語っている。そこで鍵を握る存在として挙げられているのは自転車だ。

奥村　自転車というのは、例えば愛媛県全体の観光から見たら、非常に小さいですよね。自転車による波及効果というのは少ないですが、島が観光地になるという意味では非常に大きい。島そのもの、このルートそのものを観光地として見れば、これは非常にいい。そうすると、あそこを通ってくる人も、これはいいなと思って来る。観光バスが通るだけで、島には人がいないということではどうにもなりません。この三橋のうち、瀬戸内しまなみ海道だけが自転車道があるという宣伝ができる。
――自転車で回れば、あの島なら3日位かけて回れるコースが作れますから、2泊のコースは十分に作れる。
中野　そんな人はいないのではないですか。話はあるでしょうが、3日もかけて回るなんて…。橋を通る時だけが自転車道で、後は一般道に入らなければならないのです。

ここでサイクルツーリズムに対して悲観的に語っているのは、当時伯方町長だった中野敏光だ。しまなみ海道に設置された自転車道に対しても、「今治のほうでワーワー言っているけれど、町は取付道路で1億6000万ずつ出したんです」と、負担の大きさに注文をつけている。この時代にはまだ、サイクリング客で島が賑わう光景は想像もつかなかったのだろう。それが今や、しまなみ海道は「サイクリストの聖地」となった。名所旧跡やテーマパーク、名物料理を目指して観光客がやってくるのではなく、しまなみ海道を自転車で走ること自体が旅の目的となったのだ。

一昔前まで、旅先で借りるレンタサイクルというと、観光協会が貸し出すママチャリしかなかった。近年ではシェアサイクルが普及し、あちこちにサイクルポートを設置する街も増えている。尾道の場合、駅の周辺にレンタサイクルショップが何軒もある。僕が予約したのは、駅から数分歩いたところにあるレンタサイクルショップだ。1か月前にはもう、予約はほとんど埋まっていて、手配できたのは小ぶりな自転車だった。電動アシスト付きとはいえ、1日

7000円という価格に、ちょっとたじろぐ。この価格で予約が埋まるというところからも、人気のほどが窺える。

しまなみ海道の開通に合わせて始まったレンタサイクルの貸し出しは、初年度の1999年には約7万台（広島側が13000台、愛媛側が57010台）を記録したものの、そこから減少の一途を辿り、2005年には3万台を割り込んでいる。こうした状況を打開するべく、2005年に自転車モデルコースづくり事業が始まり、地域住民を主体とする「しまなみスローサイクリング協議会」に発展してゆく。しまなみ海道沿いに点在する地域資源を繋ごうと、愛媛県側に位置する大島、伯方島、大三島の住民が集まり、「自転車の旅」という新しい提案をする方策を語り合うようになったのだ。それによってサイクルツーリズムが少しずつ認知されるようになり、レンタサイクルの利用台数も徐々に増加してゆく。

草の根の運動に加えて、行政の取組も状況を好転させた。2010年に愛媛県知事選挙に立候補した中村時広は、「しまなみ海道を世界に情報発信する」ことを公約のひとつに掲げた。本州四国連絡橋のなかで唯一自転車道を備える特徴を活かし、サイクリングを観光の切り口にしようと訴えたのだ。

愛媛県知事に当選した中村は、松山－台湾航路を就航させるべく、2011年に台湾を訪問する。その際、世界的な自転車メーカー・GIANTの本社に飛び込みセールスを行い、劉《リウ》金標《ジンビャオ》会長と面談をおこなった。こうした行動力に、商社出身の政治家らしさを感じる。当初は40分の予定だったところを、3時間半にもわたって語り合い、翌年4月には今治市にGIA

NTストアを出店させ、5月には劉会長をしまなみ海道に招聘している。そこで劉会長は、愛媛県知事や広島県知事とともにしまなみ海道のサイクリングを楽しみ、「風光明媚で、特に橋から眺める瀬戸内の島々の景色は素晴らしく、世界的にも珍しい」「台湾のサイクリストにも是非見に来てほしい」とコメントを残した。2014年には国際サイクリング大会「サイクリングしまなみ」が開催され、34か国と地域から7000名を超えるサイクリストが参加した。この2014年には、広島県側の自転車貸出台数が愛媛県側を上回っている。しまなみ海道が「サイクリストの聖地」となったことで、遠方から新幹線でしまなみ海道を訪れる観光客が増えたのだろう。

尾道側からしまなみ海道を走る場合、最初の島となるのが向島《むかいしま》だ。尾道と向島の距離は、わずか200メートルほど。この尾道水道には尾道大橋と新尾道大橋が架かっているものの、尾道大橋は道幅が狭く、もうひとつの新尾道大橋には自転車道が存在しないことから、渡船による移動が推奨されている。尾道駅の近くには「駅前渡船」と「福本渡船」の船着き場があるけれど、駅から少し離れた「尾道渡船」を選んで乗船した。

乗船と言っても、きっぷうりばはなく、特に手続きがあるわけでもない。渡船はひっきりなしに往復しており、しばらく船着き場で待っていると、向こう岸からフェリーが近づいてくる。すぐに船は出航し、5分と経たないうちに向島の兼吉桟橋にたどり着く。係員に誘導されるままに船に乗ると、「110円ですね」と声をかけられ、代金を支払う。

船着き場の近くに、古い商店街があった。そこに「住田製パン所」というパン屋さんがある。

大正5（1916）年創業の老舗パン屋だ。せっかく向島に足を運ぶのであれば、「住田製パン所」を訪れたいと、尾道渡船を選んで向島に渡ったのだ。

「うちはもともと、和菓子屋をやっていたらしいんだよね」。そんな話を聞かせてくれたのは、お店の4代目・住田初志《はつし》さんだ。「どうやら大正5（1916）年に、神戸から電気オーブンを売りにきた人がいて、その電気オーブンを買ってパン屋を始めたらしい。昔は尾道-神戸に定期船が出てたから、行き来があったんだろうね。それに、ここは日立造船があるから、その時代からちゃんと電気が通っていた。パン屋と和菓子屋さんは使う道具も材料もほとんど一緒だから、兄弟みたいなものなんだよね。当然ながら私も、饅頭も作れれば落雁なんかも作れます。私が小さい頃なんかだと、注文が入ればなんでも作ってた時代です。設備があるんだから、作って売れば儲かるからね。昔は住み込みで働いている人もたくさんいて、社内結婚が2組あったぐらいだから」

大正5（1916）年には、パンはまだ目新しくてモダンな食品だったはずだ。そんな時代にパン屋がオープンしたというところに、島らしさを感じる。島の暮らしは、港という窓口を通じて、外の世界と関わりを持つ。外に向かって開かれているから、新しい文化を先進的に取り入れる風土があったのだろう。そしてもうひとつ、向島の主力産業のひとつに造船業があり、工場で働く職工が存在したことも大きかったのではないか。

「向島は、目端が利く人間が多いんだよ」と、初志さん。「なんでかというと、そこまで平地が多くないんでね、頭を使わんと食えんかった。蚊取り線香の除虫菊、あれが日本で最初に栽培されたのも向島なんだ。ただ、その成分が合成できるようになると、向島の連中はすぐに乗り換えて、みかんの栽培を始めた。昔はみかんも高級品で、みかん1箱持っていけばどこでも飲めたって言うんだから。みかんが高級品じゃなくなってきたら、今度はすぐにキウイに乗り換えたり──そうやって目端の利く人間が多かったんだよ。この島は西区と東区に分かれてるんだけど、こちらの西側だけで4万人以上いたんだ。ここの商店街も、私が生まれる頃までは大盛況でしたね。昔は渡船も24時間運航で、映画館もあったし、ゴザ敷きの劇場もひとつあったんだから」

兼吉の渡し場は、江戸時代には島唯一の出入り口であり、渡し場の近くに商店街が生まれた。初志さんによると、「うちのばあさんが昭和14（1939）年に嫁入りしたときから、家の並びはひとつも変わっていない」というから、80年以上前にはすでに現在の商店街が形成されていたのだろう。

「私が小さい頃だと、ここの商店街は一日中ごそごそ賑わってた。そのかわり、日曜日になるとゴーストタウンになる。商店街も全部店を閉めてたし、日曜日に出かけることなんかなかった。観光に出かけるなんて、年に一回、社員旅行ぐらいだよ。山陽自動車道ができるまでは、広島市に行くなんて一大イベントだったからね。あの時代は2号線しかないから、どうしても渋滞する。学校の遠足なんかでも、4時頃に広島市内を出ても、帰ってくるのは8時過ぎは確実だった。それがもう、午前中のうちに行って帰ってこれる時代になったでしょう。どんどん道路がよくなって、最近は尾道松江線なんてものまでできちゃったから、『ちょっと日帰りで出雲大社に行ってきた』なんて人もいる。昔だと、日本海を見るには6時間以上走らないといけなかったけど、気軽に出かけられるようになったんだよね」

向島の交通事情に大きな変化が生まれたのは、初志さんが生まれた昭和43(1968)年のこと。尾道と向島を結ぶ尾道大橋が開通したのだ。

ここに橋を架けようと言い出したのは、最初の民選市長となった石原善三郎だった。「尾道水道に橋を架けよう」という提案は、終戦直後にはあまりにも突飛な話に感じられたようで、「ホラ善」というあだ名までつけられたそうだ。だが、戦後に離島振興政策が進められるなかで、架橋は現実のものとなる。

尾道と向島を結ぶ「尾道大橋」は、日本初の本格的な斜張橋として設計された。当時としては比較的新しい形式の橋で、経済性や優美性の観点から西ヨーロッパで数多く採用されており、瀬戸内海の美しさにマッチするようにと斜張橋が採用された。当時の広島県土木建築部道路課長・竹元千多留は、架橋効果が大きいのは「観光面」とし、橋自体が観光資源となって「瀬戸内海広域観光ルートの拠点となる」はずだと期待を寄せている。

「私が小さい頃に、みかん狩りのブームがあったんですけど、その時代はまだ船でくるお客さんが多かったですよ」と初志さん。「橋はもう有料道路として開通してたけど、その頃はまだ橋で渡るという習慣がない人が多かったから、海岸沿いからみかん狩りの車で大渋滞してましたね。ただ、そこの渡船が合理化のために小型船に切り替えて、車を乗せないようにした時期があったわけ。私が小学4年生の頃から、中学を卒業するぐらいまでだったと思うけど、それで一気に流れが変わった。そのあとまた、車も乗せられる船に戻したんだけど、一回生活スタイルが変わると戻ってこないんだよね。それと、橋が開通した頃に新しい道路ができた。昔は塩田だったところに広い道路ができて、そっちに店が移って行った。特に賃貸で店をやっていた人らは、おんなじ家賃を払うなら条件がいいところにということで、いっぺんに移っちゃった。自宅兼店舗だった人たちは逃げようがないから、ここに残って商売を続けてたけど、ほとんど看板下ろしちゃった」

尾道大橋が開通した時代には、世の中が大きく変わりつつあった。昭和48（1973）年のオイルショックは造船業界にも大きな打撃を与え、既存工場の統合計画や、造船設備の転用計画が進められてゆく。こうして向島の産業構造が変化した時代になると、大きな工場で生産されるパンが流通するようになり、個人経営のパン屋は少しずつ姿を消し始めていた。

「私が嫁いできた頃は、この島だけでも、うちみたいなちっちゃいパン屋さんが3軒あったよ」。初志さんの母・宣子《のりこ》さんはそう聞かせてくれた。「ここの島は、冠婚葬祭が派手な島なんじゃけど、うちがパン屋を始めてからはお葬式のときに饅頭じゃなくてパンを使うてくれよったという話は聞いとるけどね。ここは島じゃけね、新しい文化を受け入れる器があったんじゃろうと思うんよ。外から入ってくるものを、受け入れる。この島だけに限らず、尾道にはよその文化を受け入れる土壌があるけんの。うちみたいなちっちゃいパン屋さんが3軒もあったということは、パン文化が島に受け入れてもらえたゆうことよ。どこの店も、近頃のようにかっこええパン屋さんじゃなしに、昔ながらのあんぱん、ねじりパンを出す店じゃった。次の代がいないということで皆やめちゃったけど、うちはどうにか、姑と私とでつないだよ」

「住田製パン所」を切り盛りしてきたのは女性たちだ。

宣子さんの姑にあたる科江《しなえ》さんは、昭和14（1939）年に「住田製パン所」に嫁いできた。本来2代目になるはずだった夫は、南方戦線に送られる途中で敵襲を受け、フィリピン沖に沈んだ。戦争未亡人となった科江さんは、夫に代わって店を継いだ。戦後間もない時期には尾道に工場も構えて、大いに繁盛したが、昭和40（1965）年には尾道工場を閉鎖し、経営の規模は縮小してゆく。

こうした時代の流れを肌で感じていた科江さんは、息子の哲博さんに家業を継がせようとはしなかった。昭和42（1967）年に哲博さんと結婚した宣子さんも、「パン屋に嫁いだ」という意識はなく、結婚後は郵便局で働いていた。だが、科江さんが怪我で仕事ができなくなったのをきっかけに、家業を手伝うようになった。

そんな経緯で店を引き継ぐことになったからか、宣子さんもまた、ひとり息子の初志さんに「店を継いで欲しい」と伝えることはなかった。初志さんは20年ほど東京で働いていたが、祖母が癌を患ったのを機に帰郷し、パン屋を継ぐ決心をする。その頃にはしまなみ海道も開通していたけれど、商店街を訪れるサイクリング客はまだ少なかったという。

1999年に刊行された『'99〜'00るるぶ尾道 今治 しまなみ海道』を開いてみる。向島は「青い海と美しい花が出迎える穏やかな気候に恵まれた島」として紹介されており、いくつかの飲食店が取り上げられているものの、兼吉の商店街にあるお店は掲載されていなかった。この商店街の近くで掲載されているのはロケのセットを移築したバスの待合所くらいだ。

しまなみ海道が開通した1999年、兼吉地区一帯で「向島レトロタウン」と題したイベントが開催された。島の人たちが暮らしている住居に、昔の広告看板や映画のポスターで装飾を加えて、「戦前にタイムスリップしたかのような郷愁あふれる町並み」に仕立て上げるという企画だ。兼吉には戦前から続く商店街があるのに、当時はそれが観光資源になるとは見做されていなかったから、レトロ調に飾り立てる必要があったのだろう。

だが、この20年で状況は一変した。2022年に発売された『るるぶせとうち 島旅 しまなみ海道』を開くと、兼吉の商店街から「住田製パン所」と「後藤鉱泉所」が紹介されている。「後藤鉱泉所」は昭和5（1930）年に創業された老舗のラムネ屋さんだ。『るるぶ』に限らず、この2軒はほとんどのガイドブックに掲載されているし、テレビでもよく取り上げられている。当初は見落とされていた町の老舗がクローズアップされるようになったのは、しまなみ海道が「サイクリストの聖地」になったからではないか。もっと言えば、自転車で旅に出ることで、観光客の目が変わったからではないか。

2005年に立ち上げられた「しまなみスローサイクリング協議会」は、当時はまだ一般的ではなかったサイクルツーリズムについて理解を深めるために、自転車愛好家を招いて1泊2日のモニタリングツアーを開催している。『人と国土21』（2016年1月号）に、そのモニタリングツアーについて、こんな回想が綴られている。

自転車を介して島々が有機的につながり、住民には生きがい、やりがいが生まれていく。手探りの活動ながらも、現場にはいつも活気があった。とは言え「井の中の蛙、大海を知らず」。自転車への見識が狭く、自転車旅行という文化が分からない。そこで行ったのが1泊2日のサイクリングモニターツアー。住民が知恵を絞って作り上げたコースを自転車の愛好家に走ってもらった。これがターニングポイントとなった。彼らの走り方は画期的に違っていた。ふいに立ち止まり、小路を見つけて進んでいったり、好んで集落に迷い込んだり。目的地を点として結ぶことばかり考えていた私たちにとって、それは目からウロコの行動だった。そもそも行動が異なるのだから、語られる主観も異なる。「島の路地裏が面白かった」、「農作業の手をとめて話しかけてくれた」。人との出会いを楽しむ旅行スタイルとの出会い。自転車の旅人が持つ指向性への気づき。バスや車を選択する旅行者とは異なるDNAとでも言おうか・・・。きっと、自転車の旅人は交流を望むしまなみにとって大切なお客様になる。

（山本優子「西瀬戸自動車道『瀬戸内しまなみ海道』がもたらす新たな可能性
瀬戸内まるごとサイクルツーリズム構想」）

戦後の日本は、車を中心にインフラが整備されてきた。より速く、より効率的に移動できるようにと、全国各地に道路網が整備されていった。自動車で旅に出るとなると、より速く、より効率的に、目的地を目指したくなる。一方、自転車で旅に出ると、気になるものがあればすぐに立ち止まることもできるし、車と違って道幅を気にせず脇道に逸れることができる。せっかく自転車でのんびり旅をするなら、老舗のパン屋に立ち寄っていこうかという人も現れる。モータリゼーションの進展によって寂れ始めた商店街に、自転車の旅が普及したことで、再びひかりが当たるようになったのだ。

「サイクリングロードになってる道路は、いわゆる旧街道じゃないところだったりするから、皆一回は酷い目にあってるんだ」と、初志さん。「新しくできた道路だと、店が1軒もない区間もあるから、『キャラメルの一個でも持ってくりゃよかった』と思うわけ。それが身に沁みた連中は、色々調べたんだろうね。朝早くにうちでパンを食べて、1個余分に買って、荷物に詰めていく。さっきも言ったように、行動範囲が広がるにつれて、うろうろする経験値が上がってきたんだろうね。旅が上手になって、日程に余裕を持つようにもなってきた。最初は1泊で四国まで行こうって人も多かったけど、せめて2泊はしないと寄り道できないからね」

「住田製パン所」は年中無休、朝6時から19時半まで営業している。午前中は宣子さんが店番をして、午後は初志さんが店頭に立っている。そんなに長い時間店を開け続けるのは大変じゃないですかと尋ねると、「人を雇ってるわけじゃないし、どうせなら営業時間が長いほうが売り上げがあがるから」と初志さんは笑う。こうして話を伺っているあいだにも、ひっきりなしに旅行客が訪れていた。

「暇なときだと、こっちから話題を振ることもありますよ。話に乗ってくる人と乗ってこない人っていうのは、パッと見てわかるから、相手を見ながらだけどね。うちはサイクリングコースから外れてるから、わざわざ尾道渡船を選んで渡ってきた人たちというのは、『あっちを選んだほうが面白そう』と察知する観察眼があるんだろうね。だから、こっちがちょっと話をすると、興味を持って聞いてくれる。それを繰り返しているうちに口コミで話が広まって、うちに寄ってくれるお客さんが増えたんだろうね。ただ、旅行客が増えるにつれて、地図がわからない人も増えてきた。『うちを出て、右に進んで、信号のある二叉路を左』と指差しながら教えても、店を出て左に進む人が半分くらいいる。今はスマートフォンが普及したから、自分が今いる場所はわかっても、どっちに進めばいいのかわからないって人も増えたよね。ときどき電話がかかってきて、道を教えてくれと言われるんだけど、『今どこにいますか?』という質問に答えられない人も増えてきた。スマートフォンの地図を見ながら歩くのに慣れたせいで、看板や建物を見る観察眼が衰えてるから、『今、何が見えます?』と聞かれても答えられない人が多いんですよ」

スマートフォンがなかった頃は、どうやって目的地に辿り着いていたのか。たった10年前まではスマートフォンのない世界を生きていたはずなのに、今ではもうそれなしでは生きてゆけなくなっている。たった十数年でもそれだけ大きな変化があるけれど、「私がお嫁にきてから60年のあいだに、世の中はすごい変わったよ」と宣子さんは目を丸くする。

「ここがメイン通りだったのが、今はコンビニやスーパーマーケットが何軒もあるし、通販のにいちゃんが毎日そこらを走りまくって――商売の形がまるで変わったよ。今はもう、ペイペイで払われるもの。お金が行ったり来たりしないのに、決済が済む。不思議なもんよ。それに、今は古い店だというのが売りになったでしょう。まさかそんな時代がくるとは夢にも思わんかったけど、長くやりよったらそんな時代がやってくるんよ」

ようきてくださったです、ありがとう。宣子さんに見送られて、お店をあとにする。軒先であんぱんを頬張り、再び自転車を漕ぎ出す。初志さんがおすすめしてくれたのは、モデルコースとは違うルート——旧道を南に進み、干汐《ひしお》海水浴場に出て、海岸沿いに因島大橋を目指すルートだった。そのルートだと信号がなく、快適に走れるのではないかとおすすめしてもらったのだ。「うちを出て、右にまっすぐ進めば海に出るから」と教えてもらって、自信満々に自転車を漕ぎ出したのに、干汐海水浴場とはまるで違う場所に辿り着いてしまう。僕もまた、地図が読めないひとりだった。

集落の間を彷徨いながら、どうにか海岸線に出ると、大勢のサイクリストが通りを行き交っていた。ぴったりとしたサイクルウェアを身に纏った人もいれば、10人以上のグループもいて、家族連れもいる。「原付道入口／自転車歩行者道入口」と書かれた看板に従って坂を登ると、因島大橋の下に、かごのように吊り下げられた道路がある。金網越しにしか風景を眺めることはできないけれど、自転車で海峡を越えるのは爽快だ。

橋を渡った先は因島だ。サイクリングロードは橋を降りて右側へと続いていて、ほとんどのサイクリストはそちらに走っていくけれど、それとは反対側に進んでみる。坂道を下りかけたところで、白髪の男性が歩道の縁石の近くに腰掛け、鉢植えの手入れをしているのが目に留まった。

「このプランターは、区長会で置いてるものなんです」。白髪の男性は、作業の手をとめて教えてくれた。瀬戸内海で栄華を誇った村上水軍の拠点となり、かつては除虫菊の栽培が盛んで、はっさく発祥の地でもある因島は、平成に入る頃から「水軍と花とフルーツの島」をキャッチフレーズにまちおこしに取り組んできた。また、町を花で美しくしようと「花いっぱい運動推進協議会」が立ち上がり、現在でもあちこちにプランターや花壇が設けられている。

「私が世話をする係というわけじゃないけん、ほっといてもええんじゃけど、枯れた花があると見てくれが悪いでしょう。だから、切ってやらんにゃしょうがないよねえ。それに、うちの庭にも植木があって、草取りから水やりから、あれこれするもんじゃけ、そのついでにプランターの手入れもやりよるんです。そこの庭木なんかも綺麗でしょう。コブシというんですけど、葉っぱが皆落ちて、真っ白い花が咲くんですよ」

自転車で旅をしていると、風景はダイジェストのように流れてゆく。風景が一定のスピードで流れていくからこそ、浮かび上がってくるものもある。これが車や電車になると、おっと思った次の瞬間には流れ去ってしまうけれど、自転車であればそのひとつひとつに立ち止まることができる。草刈りをする人の姿や、耕運機で畑を耕す人の姿。野焼きの匂い。ネギの香ばしい匂いがして振り返ると、収穫したネギを積んだ軽トラックが走り去ってゆくのが見えた。畑一面に植えられたたまねぎを、一家総出で収穫する人たち。公園でブランコを漕ぐこどもと、それを見守る老人。旅に出ると、そこかしこに誰かの暮らしがある。

「旅の意味、旅の心というようなものをほんとうに考え、それを実践し、旅に生きた代表的な人として、私は念仏僧一遍を思いおこす」。民俗学者・宮本常一は、『旅の発見』にそんな言葉を記していた。踊り念仏を世に広めた一遍は、家を捨てて遊行に出ることで「民衆の中をわたりあるき、民衆とともにあるいた」。こうして「一遍は旅によって民衆を見出し、また民衆を旅の道づれにすることによって、民衆の世界を民衆たちに発見させた」。つまり、「自分たちの住んでいる世界以外にもっと広い世の中があり、そこにもおなじように人の生きていることを民衆が発見したということはすばらしいことであった」と、宮本常一は綴っている。

旅とは、自分の生活圏を離れ、別の誰かが暮らす土地を訪ねる、ということだ。そこでわたしたちは、自分とは異なる「わたし」の生活に触れる。

山を越えて、島の南側にある土生《はぶ》という地区にたどり着く。海岸線から一歩入ったところに、「愛はぶ通り」という商店街があった。ここもまた、昔ながらの商店街だ。シャッターが下りたままになっている店舗もあるけれど、今も営業している店舗が点々と続いている。この商店街の真ん中あたりに「越智お好み焼店」があった。創業43年を数える老舗で、6人も入れば満席となるこぢんまりしたお店だ。11時の開店を前に列ができていたけれど、ぎりぎり席につくことができた。

さて、何を注文しよう。

広島風お好み焼きといえば、そば入りの「肉玉そば」が基本だと思っていたけれど、ここ因島ではうどん入りを注文する人がほとんどなのだという。「私なんかも、生まれて68年、そばのお好み焼きって食べたことないんですよ」とお店の方が教えてくれたので、せっかくだからうどん入りを注文する。

因島のお好み焼きは、最近は「いんおこ」としてメディアに取り上げられるようになった。ここ「越智お好み焼店」も、ガイドブックには必ずと言っていいほど取り上げられている。ただ、「住田製パン所」がそうだったように、しまなみ海道が開通して間もない頃のガイドブックには「越智お好み焼店」は掲載されていなかったし、この商店街のことも取り上げられていなかった。昔ながらのお好み焼き屋さんが観光客から注目を集めるきっかけはどこにあったのだろう?

「今から十何年か前に、『てっぱん』というのがあったでしょう」と、お店の方が言う。『てっぱん』は2010年度に放送されたNHK朝の連続テレビ小説で、向島に生まれ育ったヒロインが、祖母と母が切り盛りしていたお好み焼き屋さんを復活させる物語だった。「あれでお好み焼きがクローズアップされたのと、ちょうどその時代にB級グルメがブームになりだしたでしょう。そうやっていろんなことが重なって、『因島のお好み焼き』じゃなしに、『いんおこ』というフレーズになって、うちにも観光のお客さんが見えるようになったんです」

お好み焼きがつくられていく工程を、じっと見つめる。魚粉がしっかりまぶされるのと、トッピングにのしいかが加わるのが特徴的だ。火が通ってきた頃合を見計らって、ぎゅうっとプレスして、仕上げにソースを塗る。定番の「肉玉うどん」は650円とリーズナブルだ。

「一回、50円だけ値上げさせてもろうたんじゃけど、あんまりあげたくないねえ」と、お店の方が言う。「私らからすると、お好み焼きはワンコインという感覚なんですよ。今は800円、

1000円が当たり前になってますけど、私らなんかはお好み焼きを10円で食べた世代ですからね」

そう語りながら、お店の方はへらで鉄板のコゲを丁寧に剝がしてゆく。「越智お好み焼店」では、鉄板に油を引かずにお好み焼きをつくる。ここの鉄板は13ミリもの厚さがあるから、油を引かなくてもあまり焦げつかないのだという。こんなに分厚い鉄板があるのも、しまなみならではという感じがする。因島もまた造船業が盛んだった島で、大型船舶の船底に使用される鉄板を特別に切り出してもらって、お好み焼き屋さんを開業したそうだ。

「今日はもう、尾道まで行ってきた帰り？」お店の方がお客さんに尋ねている。そのお客さんは、ぴったりしたサイクルウェアを身に纏っていた。聞けば、この10年近く、毎週のように今治‐尾道間をサイクリングしているのだという。

「昔はレンタサイクルで走る観光のお客さんというのも、そんなに多くなかったよね」

「そうねえ。この5、6年でだいぶ増えたよね」

「最近のレンタサイクルはおしゃれじゃもんね」

そんなやりとりを聞いていたカップル客が、「東京から旅行できたんですけど、このあたりって自転車でもまわれるんですか？」と尋ねている。広島でレンタカーを借りて、因島までやってきたのだそうだ。

「全部の島を巡ろうと思うたら、だいぶ時間がかかりますけど、ポイントを決めて、どっかの島だけ自転車でまわってみるのもいいですよ」とお店の方が言う。「いちばん走りやすいのは、生口《いくち》かね？」

「うん、瀬戸田が走りやすいと思う」と、サイクリストのお客さんが頷く。「あそこなら、島でレンタサイクルも借りられるし、わりとフラットだから走りやすいと思いますよ。耕三寺《こうさんじ》のあたりを巡って、ちょっとレモン谷まで足を延ばしてみるとかね」

そうか、レモン谷というところがあるのかと、グーグルマップで検索する。因島の隣に位置する生口島は、尾道市瀬戸田町にあり、レモンの産地として知られる。この生口島の南端近くに、レモン谷があるようだった。

生口橋は、車道の横に自転車専用道路があり、見晴らしも抜群だ。生口島に入ると、海岸沿いにサイクリングロードが続いている。街路樹として椰子の木が植えられていて、リゾート気分が高まってくる。ここにきてようやく気づいたのだが、推奨されるサイクリングコース沿いには、車道の左端に青いラインが引かれている。この線に沿って進めば、地図を見なくてもしまなみ海道を走破できるようになっているのだ。ただ、せっかくだから横道に逸れてみたくなって、途中で海岸線を離れることにした。しばらく進むと丘が広がっていて、一面に柑橘類特有の低木が植えられていた。そのあいだを自転車で抜けていると、どことなく爽やかな香りが漂ってくる。

丘を越えた先に竹藪があった。そこにはお地蔵さんが数体並んでいた。きれいな生花が供えられていて、手入れが行き届いている感じがした。自転車を停めて、しばらく見入っていると、「ここのお地蔵さんは、通って手入れをしよる方がいるんです」と、通りがかりの人が教えてくれた。高齢化が進んで掃除をする人も少なくなったけれど、今もここに通って手入れをしている人がいるのだそうだ。これからどんどん人口が減っていくのだとすると、こうした風景にも変化が生じてくるのだろう。

「人は、この島をレモンアイランドと呼びます」。レモン谷にはそんな看板が掲げられていた。耕地の大半が傾斜地であり、温暖で雨の少ない生口島は、果樹栽培に適していた。明治31（1898）年、和歌山からネーブルオレンジの苗木を仕入れてきた瀬戸田の農家が、一緒にレモンの苗を数本持ち帰ったのが、瀬戸田レモンの始まりとされている。昭和2（1927）年、昭和天皇の即位を記念し、瀬戸田町長はレモンの苗木を農家に配り、レモン栽培の促進を図った。こうして瀬戸田はレモン栽培が盛んな町となり、昭和38（1963）年の生産量は約900トンを記録し、生産量日本一の座に輝いた。昭和39（1964）年にレモンの輸入が自由化された影響で、日本のレモン産業は壊滅しかけたのだが、輸入レモンから防カビ剤が検出されると、国産レモンの需要は少しずつ回復してゆく。

この20年、広島に帰省するたび、レモンを使った土産物がどんどん増えている。クッキーにラスク、餅に饅頭、マカロン、ブッセ、バウムクーヘン、レモネード、塩に胡椒にふりかけ、ドレッシングやお酒、そうめんやラーメン、はちみつレモンにレモン鍋の素、せっけんや入浴剤やフェイスパック――膨大に存在するレモン土産のなかでも、定番商品といえばレモンケーキだ。レモンケーキを製造・販売するお菓子屋さんは瀬戸田に何軒かあるけれど、発祥の店とされているのが「向栄堂《こうえいどう》菓子店」である。

「向栄堂菓子店」を創業したのは、明治生まれの向井栄太郎さん。創業当初は、お祝い事に使う鯛の生菓子や、法事で使う蓮をかたどった生菓子、上用饅頭などを作っていたそうだ。時代が昭和に変わり、終戦後に観光客が少しずつ増え始めると、土産物を仕入れて販売するようになっていたという。

「私はここに嫁いできた人間なんですけど、出身は瀬戸田なんです」。お店を切り盛りする向井芳江さんは、そう教えてくれた。芳江さんが生まれた昭和26（1951）年頃はまだ、大きな船は瀬戸田港に接岸できず、沖合に停泊する船まで小舟で移動していたそうだ。

「私が小さいときは、ここの通りをまっすぐ行くと、すぐに海だったんです。ここの商店街も、今みたいにシャッターが下りたままのところなんてなくて、ずらっとお店が続いてました。私がここにお嫁にきたころでも、今みたいに車が普及してなくて、船が主な交通手段でしたから、港に船がつく時間になるとお客さんがどんどん流れてきて、向かい側のお店に行けないぐらい人の流れがあったんです。その頃はレモンでPRというのは全然なくて、耕三寺にお参りにくるお客さんがほとんどでしたね」

耕三寺を創建したのは、金本福松という人物だ。

溶接工から実業家となり、大阪で成功を収めた金本は、母・ヤツの郷里である生口島に別荘を建てた。昭和9（1934）年に母が亡くなると仏教に帰依し、母の菩提寺として耕三寺を創建した。

母への感謝の心を示す「母の寺」として親しまれた耕三寺は、昭和25（1950）年に毎日新聞社が主催した「新日本観光地百選」の建造物部門において、山口県の錦帯橋に次ぐ第2位に選出された。3位が熊本城、4位が姫路城、5位が伊勢神宮という並びを見ると、昭和に創建されたお寺が2位に選ばれたのは快挙と言ってよいだろう。耕三寺は「西の日光」として雑誌に取り上げられるようになり、休日ともなると1日に3000人から4000人の行楽客が詰め掛けたと、当時の雑誌記事に書かれている。

冠婚葬祭用のお菓子を作っていた「向栄堂菓子店」でも、観光客が増えると土産物を仕入れて販売するようになり、饅頭や煎餅、こけしなどの飾り物を店頭に並べていたという。そんなある日、芳江さんの夫・祥夫さんは、「この島ならではの土産物を作らなければ」と思い立った。知り合いの洋菓子店にも相談し、1970年代に誕生したのが、レモンフレーバーのチョコでスポンジをコーティングしたレモンケーキだった。

発売当初から、レモンケーキは好評を博し、売り上げも順調だった。ただ、観光が多様化するにつれ、瀬戸田を訪れる観光客は右肩下がりに減ってゆく。昭和48（1973）年頃には年間100万人もの観光客が瀬戸田を訪れていたが、昭和63（1988）年には40万人を割り込んでしまう。行政は「文化の薫り高い個性のある施設をつくれば、活性化につながる」として、「文化の薫るまちづくり」をキャッチフレーズにまちおこしを進めた。こうした取り組みが功を奏した上に、しまなみ海道が開通したことで、瀬戸田を訪れる観光客は以前の水準にまで回復した。

「しばらく前に、耕三寺に『未来心の丘』いうのができたんですよ」と、芳江さん。「未来心丘には、大理石でできた庭園があるんです。そこがインスタ映えするということで、若い方がたくさん見えるようになりましたね。それと、商店街に新しいホテルがオープンして——その時期はコロナ禍が始まったばかりの頃だから観光のお客さんは少なくなっていたんですけど、この島に移り住んでこられる若い方が増えて、海岸沿いに新しいお店も増えだしたんです」

しまなみ海道が開通した頃のガイドブックと、今のガイドブックを見比べてみると、瀬戸田を紹介するページは「アートとレモンの島」というテーマに集約されている。島にはレモンをかたどったベンチがあり、鮮やかなレモン色をした郵便ポストが設置され、レモンを使ったグルメがいくつもある。テーマがはっきりと打ち出されているから、観光客が楽しむポイントを見つけやすいのだろう。向島と因島の商店街に比べて、瀬戸田は大勢の旅行客で賑わっていた。ちょっとレモンのテーマパークのようでもあるけれど、路地を歩けば昔ながらの建物がそこかしこにあり、誰かが暮らしている気配が感じられる（こうした気配が消えると、テーマパークになるのだろう）。

時計を確認すると、時刻は14時をまわっていた。尾道でレンタサイクルを借りて6時間が経過し、走行距離は55キロに達している。同じルートを走る体力は残っていないので、フェリーで尾道まで引き返すことにする。サイクリング客が増えたことで、しまなみ海道の真ん中あたりに位置する瀬戸田と尾道を結ぶサイクルシップが運航するようになり、自転車を積んで海を渡れるようになったのだ。

自転車を港の近くに停めて、商店街をぶらついてみる。耕三寺に近づくにつれ、観光客は増えてゆく。1400円を払って境内に入り、日光東照宮の陽明門を原寸で再現した「孝養門」をくぐると、朱色が鮮やかな本堂が建っていた。その手前には、周りを池に囲まれた大礼壇がある。その光景には見覚えがあった。母が見せてくれた古いアルバムに、耕三寺で撮影したポラロイド写真が収められていたのだ。

古いアルバムをめくると、そこに思い出が焼きついているように感じる。ポラロイドカメラから吐き出されてきたフィルムに、像が浮かび上がってくるのをじっと見つめて、家に持ち帰ってアルバムに貼りつける。そこには日付や撮影場所が書き込まれ、一言添えられていたりする。たとえば昭和27（1952）年の春、1歳になったばかりの母を連れて尾道・千光寺公園を訪れた日のアルバムには、「桜も名残りを少しとどめていました。父さまと母さまと由紀子と――来年はアンヨして行きましょう」と書き添えられている。

こうして言葉を書き綴っていたとき、祖母は写真を撮ったときの思い出を振り返っていたのだろう。その日の感慨を文字に綴ることで、記憶を焼きつけようとしていたのだろう。今のわたしは、一日の出来事をこんなふうに記憶に焼きつけようとしているだろうか。

写真のなかで、まだ20代だったはずの祖母と、3歳になったばかりの母は、池のほとりに立っている。せっかくなら本堂の前で撮ればいいのにと思うけれど、行楽客の邪魔にならないようにと、端っこで撮影したのだろう。祖父が立っていたであろう場所に佇んで、本堂の前を行き交う観光客の姿をしばらく眺めていると、僕が生まれるよりずっと前に、この場所に足を運んだ人たちの気配まで漂ってくるような心地がした。旅に出ることがなければ目にすることのなかった、自分とは異なる誰かの暮らしを、記憶に焼きつけておく。

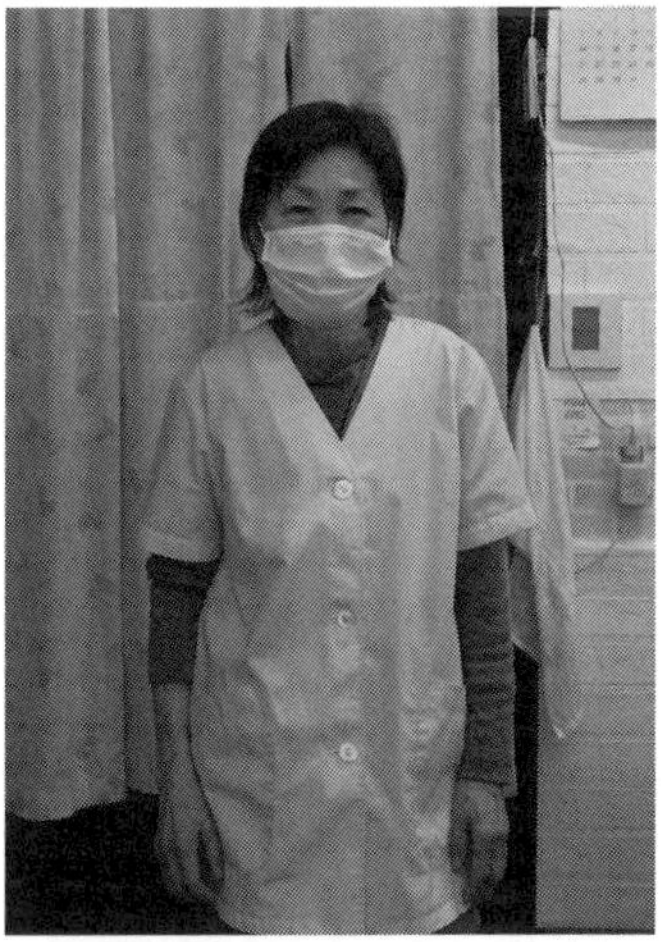

向栄堂菓子店の向井芳江さん

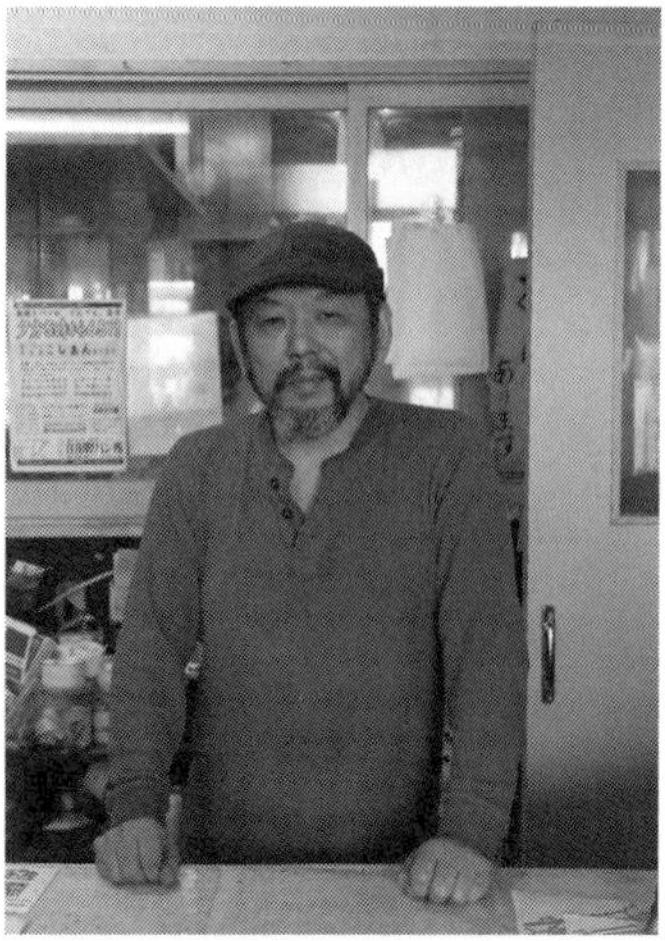

住田製パン所の住田初志さん

越智お好み焼店のご夫婦

住田製パン所の住田宣子さん

五島列島

世界は目に見えないものであふれている

窓から射し込むひかりが、祭壇を明るく照らしていた。小さな教会には、女性がひとり座っていて、こちらを振り返った。祈りを邪魔してしまったのではないかと頭を下げ、いちばん後ろの椅子に腰を下ろす。こうして教会に佇んでいると、自然と敬虔な気持ちになる。街は喧騒で溢れていたのに、外の音はほとんど聞こえてこなかった。あれはたしか、オーストリアのザルツブルクにある小さな教会を訪ねたときのことだ。

10年くらい前から、海外旅行に出かけると教会に足を運ぶようになった。普段は信仰と無縁に暮らしているのに、旅に出かけたときだけ教会や神社仏閣を訪ねるというのもおかしな話ではあるのだけれど、祈りを捧げる人の姿に出くわすと、その土地の精神に少しだけ触れられたような気がする。たった数日の滞在で土地の精神に触れられるはずなんてないとわかっているのだけれど、ほんの少しでも触れられるんじゃないかと期待して、足を運んでしまう。

国内でもっともカトリック教会が多いのは長崎教区だ。長崎教区にある131のカトリック教会のうち、51の教会が五島列島に点在している。「長崎と天草地方の潜伏キリシタン関連遺産」が世界遺産に登録申請されたころから、いつか五島の教会を訪ねてみたいと思っていた。

せっかくなら、いろんな島を訪ねてみたい。問題は移動手段だ。快適なのはレンタカーだが、五島列島を結ぶ航路には、自動車を積めないものもあるらしかった。しまなみ海道を自転車で旅したのが思いのほか楽しかったこともあり、長崎駅の近くで1週間ほどレンタサイクルを借りて、五島をめぐることにした。最初に目指すのは、五島列島の西に位置する福江島だ。

かつて唯一の開港地だった出島の近くに、長崎港ターミナルはあった。ここから五島列島への定期船や軍艦島の観光船が出ている。九州商船の窓口で手続きをして、渡された地図を手に自転車を走らせてゆくと、カーフェリーの乗船口にトラックが並んでいるのが見えた。自転車で高速道路に侵入してしまったら、こんな心地がするんじゃないか。気遅れしながらトラックの合間をすり抜け、どうにか自転車を駐輪する。

2等船室に上がると、乗客が10名ほど寝転んでいた。そのなかに、ケンタッキーフライドチキンの袋を提げた人を見かけた。五島にはケンタッキーがないから、お土産に買って帰るのだろう。僕が生まれた町にも、ケンタッキーやマクドナルドは存在せず、ちょっとあこがれの存在だったなと懐かしくなる。

ふたつ年上の兄は、土曜の夜に隣町の塾に通っていた。隣町にはマクドナルドもケンタッキーもあった。だから、兄を迎えにいく母の車に同乗して、シェイクやフライドポテトを買ってもらっていた。あの頃はどうしてマクドナルドやケンタッキーが輝いて見えたのだろう。上の世代のように、「そこにアメリカを感じていた」なんてことではない気がする。たぶんきっと、自分が暮らす田舎町でも、遠く離れた都会と同じ商品を手に入れられることが嬉しかったのだと思う。だから近所にセブン‐イレブンがオープンしたときも嬉しかった。

長崎港を出港すると、少しずつ船の揺れが大きくなってゆく。台風が近づいているとはいえ、波が高くなる予報は出ていなかったのに、まっすぐ立っていられないほどの揺れが続き、外洋を進んでいるのだと実感する。

3時間ほどで福江港に到着する頃には、とっぷり日が暮れていた。港のあたりは静まり返っていたけれど、商店街に出てみると赤提灯がともっている。酒場に入り、とりあえずビールを注文してメニューを眺めていると、「刺身の盛り合わせ、1人前でつくりましょうか」と大将が声をかけてくれた。カツオとイサキ、みずいかにキハダマグロ、それにウニ。このあたりで獲れるマガツオは血合が少ないそうで、刺身で食べても臭みがなくて美味しかった。そのあとも、「ちゃんこすり身」や、五島牛のにぎりなど、五島ならではの料理をおすすめしてくれて、おすすめされるままに注文する。どれも美味しくて、量もちょうど良い按配だった。大将を信じていれば間違いないのではと思い、福江島でおすすめの場所を尋ねてみると、「ちょっと遠いんですけど、大瀬埼灯台あたりの景色は良いですよ」と教えてくれた。さっそくグーグルマップで検索してみると、大瀬埼灯台まで37キロと表示される。さすがに自転車で出かけるには遠いけど、せっかくおすすめしてもらったのだからとレンタカーを半日だけ手配することにした。

大瀬埼灯台を目指して、朝から車を走らせる。山道を抜けると、ところどころに集落があり、田んぼが広がっている。台風の多い土地だからか、平屋が多いように感じる。屋根には、いぶし瓦。釉薬を使わずに焼き上げる瓦で、年月を経ると色にムラが出るのが特徴とされている。

年季の入ったいぶし瓦は、ひとつずつ微妙に色が異なり、屋根がモザイクのようになっていて美しく感じる。

小一時間ほど車を走らせ、大瀬埼灯台に辿り着く。灯台は切り立った断崖の上に立っており、近くの展望台からその姿を見下ろせる。明治12（1879）年に竣工した灯台は、全国でも最大級の200万カンデラの明るさを誇り、そのひかりは50キロ先まで届くという。駐車場には観光バスが停まっていて、団体客が「きれいだねえ」と口々に言い合っている。ここ大瀬埼灯台だけではなく、そのあと訪れた井持浦教会でも観光バスと出くわした。それぞれ違うバスだったから、五島を訪れる観光客はたくさんいるのだろう。

井持浦教会は、明治30（1897）年、五島で最初の煉瓦建築による教会堂として建設されたもので、五島で初めて「ルルド」がもうけられた教会でもある。ルルドとは、ピレネー山脈の麓にある南フランスの町の名前だ。1858年、ルルドに暮らす少女が薪拾いに出かけたところ、洞窟で聖母マリアと出会い、聖なる泉を示された。その泉の水を飲むと、病が癒やされるという奇跡があらわれたのだという。井持浦教会のルルドには聖母マリアの像が置かれ、紫陽花の花が飾られていた。

海岸線に沿って島をめぐりながら、教会を見学する。ステンドグラスが美しい貝津教会。丘の上に立つ水ノ浦教会。公民館のようにこぢんまりとした宮原教会。ほとんどの教会は海の近くに建っていた。教会の名前にも、「浦」や「泊」、「浜」や「津」といった文字が目につく。そんなところにも、五島のキリシタンの歴史が刻まれている。

日本にキリスト教が伝来したのは、1549年。鹿児島にたどり着いたフランシスコ・ザビエルによって伝えられたのだと、歴史の授業で教わった。その翌年、ザビエルは平戸に入り、本格的な布教を始めている。日本初のキリシタン大名となった大村純忠が長崎を開港し、教会を建設させたことで、長崎はキリシタンの街として繁栄してゆく。キリスト教に傾倒し、仏教や神道を弾圧する領主を快く思わない勢力が謀反を起こしたときには、純忠は一心にデウスに念じて奮戦し、どうにか苦境を切り抜けることができたのだとされている。そんな話を聞きつけた五島の領主・宇久《うく》純定《すみさだ》は、キリスト教の宗旨を学びたいと宣教師の派遣を求めた。その願いが叶って、1566年にふたりの修士が福江島に派遣されると、まずは純定の家臣25名が洗礼を受け、キリシタンとなった。福江城から北に数キロ離れた奥浦という村に暮らす人たちは、「信仰に入る決心をしているからご来村ありたし」と宣教師を招き、120名ほどの村民が入信し、お寺の仏像を移動して教会堂を立ち上げている。

宇久純定の家臣たちは、宣教師アルメイダの談義を14日間にわたって聞いた上に、1か月近くも熱心にオラショを学んだのち、洗礼を受けている。その一方で、奥浦に暮らすひとびとは、教えを聞く前から「信仰に入る決心」を持ち、宣教師を招いている。その「決心」には、理屈を超えた熱意を感じる。その熱意はどこからやってきたのだろう。

この時代に五島を訪れた宣教師に、ルイス・フロイスがいる。彼が書き記した『日本史』には、五島の様子がこう書き綴られている。

シナから日本に行くと、平戸から海上四十里距たったところに五島という幾つかの島がある。そこは魚と塩だけが豊富なところで、肥後と肥前の国はその地から塩とか魚油とか、干物や塩漬けの魚の供給を受けている。（…）そこの住民は海の真只中の孤島に離れ住んでいるにもかかわらず、言葉が洗練されていること、相互間の交際、挨拶、礼儀作法を守ること、身なりが立派なことなどにおいて、彼らが取引きをしている他の諸国の人々になんら劣りはしない。（…）だが住民は、より快適で主要な他の島々と離れて住んでおり、彼らがいる島々は小さいので、一般に貧乏である。（…）

島民は非常に貧しく、そのうえ悪魔［来日した宣教師は仏僧を「悪魔の使い」と呼んだ――引用者註］によってひどい呵責を受けている。そして彼らが悪魔を畏敬すればするほど悪魔は彼らに厄介なことを惹き起している。それゆえこの地は、日本の各地の中でももっとも異教風の儀式とか悪魔的迷信がはびこっているところの一つであると思われる。そこで当地ははなはだしく貧しく必需品にも事欠いているにもかかわらず、人々は産出するわずかばかりの米のうち、その大部分を祭祀とかその他の供物に当てて、それでもって悪魔の感情をより自分たちに好意的に、より有利なものにできると信じているのである。

島民の暮らしは「非常に貧しく」、「必需品にも事欠いている」ようなありさまだった。だからこそ、宣教師からすると「悪魔的迷信」にしか思えないことを頼りにして、生活が少しでも楽になるようにと願っていたのだろう。そこに神の教えを説く異国の人間が、はるばる海を越えてやってきたとなれば、その教えの内容よりも、遥か遠くの国からやってきた教えというものがまず、輝いたものに感じられたのではないか。

昭和の時代でも、「舶来」は特別な輝きを放っていた。それよりずっと昔、飛行機もなければテレビも新聞もない時代に、遥か遠い異国からやってきたものは、どれほど輝かしく感じられたのだろう。

ザビエルによって日本にキリスト教が伝えられ、信徒の数は右肩上がりに伸びてゆく。だが、1587年に豊臣秀吉がバテレン追放令を発布。やがて江戸時代に入ると、1613年にあらためてバテレン追放令が出され、宣教師や高山右近らが海外に追放され、宣教師の処刑も相次いだ。1637年には島原の乱が起こると、キリシタンに対する弾圧は一段と激しくなり、五島のキリシタンの歴史は一度断絶する。再び信仰の火がともるのは、江戸時代後期の寛政年間（1789-1801年）のこと。きっかけは、大村藩と五島藩のあいだで協定が交わされ、西彼杵《にしそのぎ》半島に暮らす大村藩の領民を五島に移住させたことだった。西彼杵半島にはひそかに信仰を守り続ける「潜伏キリシタン」が多く、108名が官約移民のようにして五島に移り住んだのだ。

「五島へ五島へと皆行きたがる。五島はやさしや土地までも」。最初の移住者には耕作地が用意され、暮らしぶりも良好だったことから、俗謡に歌われるようになった。五島への移住者は3000名にも及んだ。ただし、禁教の高札が撤去されたのは、明治6（1873）年になってからだ。

この明治6（1873）年に、フランス人宣教師・フレノが五島を訪れ、堂崎地区の浜辺でクリスマス・ミサが執り行われている。これが五島で初めてのクリスマス・ミサだった。明治12（1879）年には浜辺の近くに最初の小聖堂が建設されたのち、明治41（1908）年に現在の堂崎天主堂が完成している。かつてはこの堂崎天主堂が五島の中枢教会だったが、昭和49（1974）年に長崎県指定有形文化財に登録され、現在は資料館となっている。

煉瓦造りの堂崎天主堂には、潜伏を余儀なくされた時代の品々がたくさん収蔵されていた。目を引いたのはマリア観音だった。仏教徒を装いながら信仰を守るために、観音菩薩像を聖母マリアに見立て、祈りを捧げたものだ。マリア観音は白磁のものが多く、東洋ふうの顔立ちをしている。サイズは様々で、手のひらサイズのものもあれば、青銅のプレートに刻まれたものもあって、全部で40以上のマリア観音があった。

資料館には古い写真も飾られていて、名取洋之助が昭和初期に撮影した写真も展示されていた。海のそばに建てられた堂崎天主堂には、近くの島から小さな船に乗って信徒たちがミサに集っていたようで、浜辺で正装に着替えるひとびとの姿が写真に収められている。濡れた格好でミサに参列しなくて済むように、船を降りてから正装に着替えていたのだろう。堂崎教会のシスターは、ミサの30分前になると岬に立ち、寄せ鐘の代わりに法螺貝を吹いていたそうだ。この音が響き渡ると、近くの島に暮らす信徒たちは競い合うように船を漕いだのだと、説明書きにある。信仰を公にできる晴れやかさが、写真から伝わってくる。

堂崎天主堂は、海に向かって建てられている。これは信徒たちが暮らす近くの島々に向かって建てられたのだと、ガイドブックには書かれていた。その一方で、近くでカフェを営む方は、これは東に向かって建てられているのだと教えてくれた。東は太陽がのぼる方角であり、キリスト教においてひかりがやってくる東は重要な意味を持っているのだ、と。

福江島の東隣に、久賀島《ひさかじま》がある。長崎からのフェリーが着いた福江港からも久賀島行きの船が出ているが、堂崎天主堂に近い奥浦港からも定期船が出ているらしかった。派手なピンク色に塗られたフェリー「ひさか」に乗船すると、10分ほどで白く輝く教会が見えてくる。久賀島で最初の教会として明治14（1881年）に建立されたのが、この浜脇教会である。潮風に晒されて老朽化が進んだ上に、増え続ける信徒の数に対応できなくなったため、昭和6（1931）年にコンクリート造の教会に建て替えられた。白い外壁と、すらりと伸びる鐘塔は、海上からもひときわ目を引いた。

馬の蹄《ひづめ》のような形をした久賀島は、五島列島のなかで3番目に大きな島だ。そして、12の項目から成る「長崎と天草地方の潜伏キリシタン関連遺産」のひとつが「久賀島の集落」である。

島の玄関口である田ノ浦港から、目的地に向かって自転車を走らせる。浜脇教会を過ぎたあたりから急坂となり、自転車を押しながら山を越えると、集落が見えてくる。隣り合う島でも、福江と久賀では住居の佇まいがどことなく違っている。島の中央に位置する久賀の集落を抜け、東に進んでゆくと、ひと山越えた先に蕨《わらび》の集落がある。ここを過ぎるとまた山道だ。電動アシスト付きでもなかなかこたえる坂が続くが、登りきったところで視界が開け、海が見えた途端に心が軽やかになる。そんなことを繰り返しているうちに、道路から車線が消え、道幅も狭まってゆく。港から1時間ほど走ったあたりで、「車両進入禁止」の看板があった。自転車を駐車場に停めて、舗装されていない道を下ってゆくと、十字架の掲げられた建物が見えてくる。目的地の五輪《ごりん》教会堂だ。

ここ五輪地区に教会が置かれたのは、100年近く前のこと。浜脇教会が建て替えられることになったとき、教会を持たない五輪地区の信徒たちが申し出て、建物を譲り受けることになったのだ。教会を解体して資材を運び、元通りに建て直すのには、相当な労力が必要だったはずだ。自分たちの集落に教会を建てるということは、どんなに苦労したとしても叶えたい悲願だったのだろう。

こうして初代・浜脇教会は五輪地区に移築され、五輪教会堂となった。老朽化が進んだことで、昭和60（1985）年には新しい教会堂が建設されたが、久賀島の信仰を支えてきた建物を保存しようという声が上がり、もとの教会は「旧・五輪教会堂」として保存されている。

旧・五輪教会堂に入ってみると、堂内の空気は澄み渡っていた。古い建物、特に現在は使われなくなった建物には淀んだ空気が漂っていることが多いけれど、そんな気配はまるでなかった。その理由はすぐにわかった。僕が旧・五輪教会堂を見学していると、ひと組の夫婦がやってきて、床にモップがけをして、教会の隅々まで掃除を始めた。ここからほど近い早崎地区に暮らす、小島満さんとイツ代さんだ。ふたりとも小さい頃から五輪教会に通う信徒で、ずっと久賀島の風景を見て暮らしてきたのだという。

「ここに来る途中に、蕨という集落があったでしょう。小学校はあそこに通っていたんです。

その道路は今みたいに整備されてなくて、獣道みたいな感じだったんですよね。今の時期になれば草が伸びるんです。そこに夜露がいっぱいついてるから、そのまま歩くと靴がじゅくじゅくになるんですよ。だから木の棒を持って、夜露をはたきながら歩くんですけど、それでも学校に着く頃には靴が濡れている。当時はね、このあたりは歩いてくるよりも、船で来たほうが早かったんですよね。今みたいに車が通れる道路はなかったですから。ここに新しい教会ができたのは昭和60(1985)年ですけど、そのときもまだ道路が舗装されてなくて、工事中だったんですよ」

教会堂の窓は開け放たれている。窓の向こうに広がる湾に、派手な色をした船がやってくるのが見えた。西隣の福江島や、東隣の奈留島《なるしま》から、こんなふうに海上タクシーでやってくるのだと、小島さんが教えてくれた。久賀島に観光客がやってくるようになったのは、ここ最近のことだという。

「日本全体が経済成長していた頃だと、働け、働けの時代だったでしょう。働くことが美徳とされていて、観光に出かける人は道楽者だと言われるような時代だったから、わざわざ旅行にくる人というのはほとんどいなかったですね。そこから1999年に旧・五輪教会堂が国の重要文化財になった時点で、ぱらぱら旅行客がくるようになったんですけど、急激に増えたのは世界遺産に申請するって話が出てきて、この教会がクローズアップされてからですね。ただ、観光客は増えたんですけど、観光にきてこの島に泊まっていく人はほとんどいないんですよ。海上タクシーでやってきて、この教会だけ見て帰っていく。民宿は1軒あるんですけど、そこに泊まっていくのは工事や仕事関係の人が多くて、ゆっくり1泊しながらこの島を観光する人はほとんどいなくて。でも、この島には非常に長いキリシタンの歴史があるんですよ」

ここ久賀島にも、戦国時代にキリスト教が伝来している。禁教の時代に入ると信徒が途絶えたものの、大村藩に暮らしていた潜伏キリシタンは久賀島にも移り住んだ。

五島藩と大村藩のあいだで移民協定が結ばれたのには理由があった。起伏の激しい五島は、耕作可能な平地が限られており、新たな田畑を耕作するために人手が必要だった。一方の大村藩は、人口増加に悩まされており、産児制限が設けられていた。男児の出産はひとりまでしか認められず、そのほかは殺すよう命じられていたのだ。殺さずに育てたとしても、大村藩に留まっている限り、次男や三男は隠れて生きていかざるを得なかった。

「その当時の人たちの気持ちというのは、想像することしかできないんですけど」。小島さんはそう前置きして、話を続ける。「私はカトリック教徒で、こどもの頃から『キリスト教の教えはこういうもんだよ』と教わってきたんですけど、そのなかのひとつに、人の命を大事にするというのがあるんです。神様から与えられた命だから、これを大事にするという基本的な教えがある。この教えと産児制限というのは相容れないんですよ。神様から恵まれて生まれてくるこどもなのに、長男以外は『殺せ』と言われる。そんな社会のなかでは、とても生きていけないと思うんですよね。これは記録にも残されていますけど、五島に移ってきた人たちは『キリスト教の信仰を守るためにきたんだ』と。五島にくれば、生活はもっと苦しくなるんですよ。いちから山を耕して、畑を作らなければならないわけですからね。どんなに生活が苦しくても、ここに移り住めばこどもを殺す必要もないし、信仰を守ることができるということで、たくさんの人が移ってきたんです」

五島での生活は決して楽なものではなかった。耕作に適した土地にはすでに人が暮らしており、不便な場所に居を構えるしかなかった。「五島へ五島へと皆行きたがる」という俗謡もやがて変容し、「五島は極楽 来てみて地獄、二度と行くまい五島の島」と歌われるようになってゆく。

「最初のうちは、家を建てるといっても、そのへんの雑木を伐って、木の枝に棒を通して蚊帳で囲うぐらいのものだったんじゃないかと思うんです。久賀島に住み着いた潜伏キリシタンは、ほとんどが農業をやっていたんですね。生活しやすいところにはもう寺家者《じけもん》が住んでいるから、海の近くだとか、山の奥だとか、不便なところをどうにか開拓して——最初のうちは野草や植物の根っこを食糧にして食い繋いでいたって、古い記録に残っているんです。作物の主流はサツマイモで、時代が進むにつれて麦を作るようになるんですけど、不便なところだからそんなに収穫もないし、非常に苦しい生活だったんですね。そこで信仰を守り続けたっていうのは、やっぱり苦しさがあったんだろうと思うんです。厳しい生活のなかで、何かに頼らないと生きていけないような精神状態だった。神様にお祈りを捧げて、良いことがあれば神様のおかげだ、恵まれたと考える。私がこどもの頃もですね、『恵まれた』って言葉は頻繁に聞いてましたよ。漁師同士でも、『今朝はどうやった?』と声をかけられたら、『おお、今朝は恵まれたよ』と答える。自分の腕で獲ったんじゃなくて、神様から与えられたものだと考える。この

『恵まれた』という言葉はよく聞いてましたね」

信仰を心の拠り所にして、新天地での厳しい生活に耐えていた潜伏キリシタンのひとびとに「悲劇」が降りかかる。時代が江戸から明治に切り替わるころに、五島各地の信徒たちが相次いで摘発されたのだ。この出来事は「五島崩れ」として語り継がれている。

その萌芽が生まれたのは、安政5（1858）年のこと。江戸幕府が米・英・蘭・露・仏と修好通商条約を結んだことで、外国人居留地に限って教会の建設が認められるようになった。パリ外国宣教会の神父たちは、さっそく長崎の高台に大浦天主堂を建立した。大浦天主堂は「フランス寺」あるいは「南蛮寺」と呼ばれて評判を呼び、多くの見物客で賑わうようになった。この教会は長崎に居留するフランス人のために建立されたものだったが、「250年ものあいだ禁教が続いた日本に、ひょっとしたら信仰を守り続けているクリスチャンがいるのではないか？」との思いから、物見遊山の見物客も招き入れていた。

献堂式からひと月が経とうとした春の日。プティジャン神父が庭の手入れをしていると、15名ほどの参観者が大浦天主堂にやってきた。神父が一行を招き入れると、ひとりの女性が神父に近づき、「サンタ・マリアの御像はどこ？」と尋ねた。一行は浦上に暮らす潜伏キリシタンだったのだ。こうして浦上の信徒が信仰を告白したことで、日本の信徒が「発見」されたのである。

これを皮切りに、各地の潜伏キリシタンが続々と大浦天主堂を訪ねるようになった。明治への改元を目前に控えた慶応4（1868）年、久賀島の信徒たちは大浦天主堂に出かけ、神父からあらためて洗礼を授かった。久賀島に戻った信徒たちは、守札をとりまとめて畑で焼き払い、代官所に「今から神社、仏閣、山伏の為には一文たりとも出し得ません」と申し出た。当時はまだ信仰の自由は認められておらず、久賀島の信徒たちは捕縛され、拷問を受けた。

三角に削った材木の上に正座させ、膝の上に大石をのせる算木責《さんぎぜめ》。真っ赤に燃える石炭を手のひらの上にのせる火責。手足を縛って水を飲ませ続ける水責。裸のまま寒風に晒す寒晒《かんざらし》。青竹で打ちたたく青竹責。こういった拷問に加えて、信徒たちが押し込められた環境も劣悪だった。わずか12畳ほどの牢屋に200名が押し込まれ、立錐の余地もない環境に信徒たちは疲弊し、身動きできない状態のまま死んでいく者もいた。捕えられた信徒のうち、42名が命を落としている。牢屋の跡地には現在、牢屋の窄《さこ》殉教記念教会が建てられている。

自分とは異なる信仰を持っているというだけで、そこまで残虐になれるものだろうか。五島崩れに関する記録を読んでいると、そんなふうに考えてしまう。でも、残虐さを自分とは無縁のものとして考えることは、自分の中にある悪から目を逸らすことにつながってしまう。今この瞬間にも、世界では「悲劇」が起きている。わたしは、どんなときでも良心に従って行動することができるだろうか。あるいは、こんなふうにも考える。自分が慶応4（1868）年を生きる信徒だったとして、「私はキリシタンだ」と申し出ることができただろうか――？

キリスト教徒ではない僕が想像してみたところで、信徒の心情を理解できるはずもない。それに、自分と他人は異なる存在なのに、「もしも自分だったら」と考えるのは傲慢なことかもしれない。それでもやっぱり、自分が信徒だったら――と想像してしまう。もしも自分が信徒だったら、捕まることを恐れて、信仰を内に秘めたまま過ごすのではないか。それが自分で選び取った信仰ではなく、先祖から代々受け継がれたものだとすれば、なおさら名乗り出ずに済ませてしまいそうな気がする。

「私にとっても、ちょっと考えつかないんです」と、小島さんは言った。「宣教師は殺されたり追放されたりして、神父様もいなくなってしまったんです。そこから250年ものあいだ、信仰がずっと伝えられてきたわけですよね。そこで親から子に語り継がれてきたのは、『七代待てば、助かりのために神父がくるんだ』と。頼るすべもない状況のなかで、七代待てば神父様がくるという言い伝えを信じる――その心の強さはあったんだと思います。その時代には、黒い船が沖を通りかかると、あれがそうじゃないかって手を合わせていたそうです。そこから長崎に外国人居留地ができて、大浦に天主堂が建って、信徒発見に至る。その情報が久賀島にも流れてきて、代表者が長崎まで船を漕いだわけなんですよね。神父様に歓迎されて、『今まで守ってきた教えを守り続けなさい』と言ってもらえて、勇気百倍になって帰ってきたんです。それはやっぱり、ずっと待っていた――待って待って、待ち焦がれていた神父様がついにきてくれたんだって喜びは、相当大きなものだっただろうなと思うんですよね」

250年越しの思いがあったから、自ら信仰を名乗り出て、拷問を受けても信仰を手放さなかったのだろう。ただ、牢屋から解放されても、地獄のような日々は続いた。家に帰ってみると、家屋や田畑は荒らされ、食料や家財道具は姿を消していた。禁教の時代にはキリシタンに対する偏見が強く、仏教徒から迫害を受けることもあった。

「ただ、記録を見てみると、一部の仏教徒とキリシタンは互助関係にあったと書かれているんです」。小島さんはそんな話も聞かせてくれた。「久賀島に大開《おおびらき》という集落があるんですけど、そこは仏教徒のなかでも次男、三男の人たちが住み着いたところなんです。昔は親の財産を長男が受け継いでましたから、次男、三男は自分の土地を持てないんですよ。どうにか生活していくために、大開のあたりを開拓して――ちょうどその時代に、潜伏キリシタンの人たちが隣の赤仁田《あかにた》という地区に住み着いた。仏教徒の人たちからすると、キリシタンとはわからないまでも、『この人たちはきっと、何か事情があって移り住んできたんだ』ってことはわかりますよね。そこで大開の仏教徒の人たちは、潜伏キリシタンを蔑ろにするんじゃなくて、お互いに支え合いながら農業を営んでいたそうです。久賀島にはそういう歴史もあるんです」

仏教徒と潜伏キリシタンが互助関係にあったのは、大開に限った話ではない。田ノ浦港の近くには、ロクロ場という史跡が残っている。かつて田ノ浦港はキビナゴ漁で栄えており、湾内には地引網を巻き上げるためのロクロ場が設けられ、もともとの島民と潜伏キリシタンとして移り住んだ人が協働していたのだという。「仏教徒が潜伏キリシタンの住居を荒らした」というエピソードに触れると、大きな主語で判断してしまいそうになる。でも、そこに存在しているのは「仏教徒」や「潜伏キリシタン」ではなく、ひとりひとりの人間だ。

小島さんのご先祖は、もともと西彼杵半島の外海《そとめ》という町に暮らしていた。信仰を守るために、西彼杵半島の沖合にある池島《いけしま》に移り住んだのち、五島に渡ってきた。最初のうちは農業に従事していたが、お金を貯めて船を買い、半農半漁の生活を営むようになったそうだ。

「親父とおふくろは、ちっちゃな船で漁をしながら、麦とか芋を作っていたんです。でも、芋を作っても大した収入にならなくなって、だんだん漁業一本に絞っていったんです。釣った魚はね、福江の魚市に持っていくんです。あるいは正月やお盆の前には、畑で育てた麦を船に積んで、福江で製粉してもらったりしてね。久賀島にも商店はありましたけど、そうやって船で出かけたついでに買い物してくることが多かったですね。五輪教会にはね、昔から神父がいなかったんですよ。浜脇教会の神父が巡回してきてくれていたんですけど、毎週はきてくれないから、そういうときは対岸にある奈留島の教会に行っていたんですよね。五輪の信者も、蕨小島の信者もやっぱり漁師で、自分の船を持っていたから、皆が奈留島で顔を合わせてました。ミサが終わったあとに、奈留島で買い物して帰ってくるんですけど、久賀島と違って都会だなと思ってましたね」

小島さんは昭和27（1952）年生まれ。五島の人口は昭和30（1955）年にピークを迎えているから、久賀島がいちばん賑わっていたのもおそらくこの時代なのだろう。現在は農協の売店が1軒あるだけの久賀島にも、当時はお酒やタバコを扱う商店が何軒かあった。五輪教会に通う信徒も、多いときには五十数戸いたそうだ。ただ、高度成長期を迎えると、若い世代を中心に島を離れる人が増えてゆく。

「私の同級生なんかだと、高校進学で島を出る人もいましたけど、それは島のなかでも裕福な家庭に生まれた何人かだけでしたね。あとはもう、集団就職です。若者が〝金の卵〟ともてはやされる、そういう時代ですよ。もっと言うと、島に残っても仕事がなかった。その時代にはもう、農業をやっても食っていけないという話になっていたから、残ったのはほとんど漁師の家の子だけでしたね。私なんかも、漁師ならどうにか食っていけるんじゃないかということで、親の跡を継ぐことにしたんです」

小島さんは7名きょうだいの次男だが、兄は幼くして亡くなったから、家のなかでは長男のような存在だった。そんな小島さんが漁師として働き始めたのは、昭和43（1968）年のこと。1968年と言えば、カウンターカルチャーが世界を席巻し、若者たちが都市の路上を埋め尽くしていた時代だ。都会の喧騒は五島にも伝わってきただろう。同世代の若者たちのように、自分も都会に出てみたいと思ったこともあるんですかと尋ねると、「それはもう、若い頃は思いましたよ」と小島さんは笑った。

「特に親父と喧嘩した日なんてね、くそう、俺もこの島を出てやろうかと思いましたよ。でも、俺が出たら、親父とおふくろだけでは漁を続けられないだろうなと思うと、出るに出られないですよね。それに、自分は中学卒業と同時に働き始めたけど、弟や妹には高校ぐらい出させてやんなきゃと、そういう思いもありました。あと、島に残った人たちとのつながりもあるし、教会の青年会を立ち上げていろんな活動をしていたのもあるし――そうやって考えていくと、親をほったらかして出ていくわけにはいかん、と。それはもう、長男坊の宿命みたいなもんですかね」

この半世紀のあいだに、久賀島の人口はずいぶん少なくなった。五輪教会に通う信徒も、現在では4世帯だけになった。信徒のほとんどが小島さんと同世代で、こどもたちは島の外に働きに出ている。もしも自分が掃除を続けられなくなったら、誰が教会の管理をするのか。それが悩みの種だ。

「重要文化財に指定されているから、建物としては残ると思うんです。ただ、これを管理する人がいないと大変なんですよ。この窓枠もね、こんなちっちゃな桟でとめてるんですけど、釘が劣化して、ポッと外れたりするんです。一か所外れるだけならいいんですけど、二か所外れたら窓ガラスが落ちてしまう。この窓ガラスも、明治14年当時のガラスが結構残っているから、こまめに確認してるんです。文化財だから、釘一本でも勝手に打てないから、全部写真を撮って届け出をして、『どういう修理をしましょうか』と連絡しなきゃいけなくて。そういう管理をする人が必要なんです。私はずっと、こどもの頃からこの教会に通ってきて――昭和60年に新しい教会ができて、こっちは旧・五輪教会と呼ばれるようになりましたけど、私にとっては今でも教会なんです。それだけこの教会に馴染んでいるし、心のなかにいつもある。もしも私が、ここを離れて都会に行ったとしても、生まれ育った久賀島の風景は忘れないだろうし、この教会のことも忘れることはないんですよ。小さい頃から時を過ごしてきて、心のなかに染みついている。自分は人より信仰が強いんだと言いたいわけじゃなくて、それだけ時間の厚みがあるんですよね」

時間というのは不思議なもので、意識しなければいたずらに流れていくばかりだ。時間の幅を意識することで、初めて厚みが生まれる。

潜伏キリシタンの子孫として生まれ、小さい頃から教会に通ってきた小島さんにとって、自身がカトリックであることはなかば当たり前のことだった。だから、潜伏キリシタンの歴史について意識が向くこともなかった。歴史を意識するようになったのは、久賀島を訪れる観光客が増えてからだった。

「若い頃はね、この教会の歴史も知らんやったですよ。でも、教会が注目を浴びて、旅行でやってきた人に質問されたとき、答えられないというのが悔しくて。もちろんね、親やばあちゃんたちから、かいつまんで聞いてはおったんですよ。ただ、ひとつのストーリーとしてつながった話はわからなかった。いろんな資料を集めて勉強するうちに、ようやく人に説明できるようになったんです」

こうして話を聞かせてもらっているあいだに、2隻目の海上タクシーが桟橋に到着し、観光客はガイドに先導されながら旧・五輪教会堂に入ってゆく。最初の海上タクシーでやってきた観光客と同じように、15分ほど教会堂を見学すると船に戻り、島から引き上げていった。あとになって五島をめぐる団体ツアーを調べてみたところ、久賀島では旧・五輪教会堂だけを訪ねて、次は隣の奈留島に移動し、江《え》上《がみ》天主堂を見学するプランが多いらしかった。

「観光でやってくる人のなかには、五輪の風景だけを見て『ここが久賀島か』と言う方もいるんです。でも、ここの風景しか見なかったら、旅行から帰ったあとに、久賀島のことをほとんど話せないと思うんですよね。こちらとしても、浜脇教会や牢屋の窄を見学したあとでここに来られたんだとしたら、ひとつのストーリーとしてつながりのある話ができるんですけど、『浜脇教会ってなんですか?』という方に久賀島のキリシタンの歴史を説明しようとしても、とてもじゃないけど難しいんですよね。この島にはキリシタンの信仰を守り継いだ歴史があって、それが評価されて世界遺産に登録されたわけですから、その歴史が伝わるような観光になったらいいのにな、と。それに、久賀島には教会だけがあるわけじゃなくて、古いお寺や神社もあるんです。ここの教会だけが注目を浴びるんじゃなくて、いろんな方面からこの島の歴史を知ってもらえるようになるといいなと思ってますね」

小島さんに聞かせてもらった話を反芻しながら、もとの道を引き返してゆく。久賀島には、集落の名前を記した立て看板がある。隣の福江島では見かけなかったものなので、不思議に思って小島さんに尋ねてみたところ、「あれは公民館活動の一環で、私が作ったんです」と、小島さんは照れくさそうに聞かせてくれた。何気なく眺めていた風景も、誰かに話を聞いたあとで目にすると、また違った印象がやってくる。蕨の集落を通り過ぎて、ひと山越えるあたりに内幸泊《うちこうどまり》という集落があって、「美しい棚田の風景」が広がっているのだと、観光案内図に記されていた。どうして往路に見逃していたのだろうかと不思議に思っていたのだが、そこはもう野山に返りつつあって、かつては棚田だった名残がうっすら見てとれるだけになっていた。「昔と今とで、そんなに変わったところはないんですけど、強いてあげるとするなら段々畑がなくなったことですかね」。小島さんはそう語っていた。このまま棚田が野山に戻ってゆけば、「外海から移り住んだ潜伏キリシタンは、傾斜地を切り開いて住み着いた」というストーリーが感じ取れる風景は消えてしまう。

小島さんは「ストーリー」という言葉を二度口にした。アップダウンを繰り返す道を走りながら、そのことを思い返していた。

長崎県を訪れる観光客数は、昭和51（1976）年に年間2000万人を突破し、順調に伸び続けてきた。1996年には初めて3000万人を突破したものの、そこから伸び悩んで、2000年以降は減少に転じている。こうした状況を踏まえて、長崎県は2005年に「ながさき歴史発見・発信プロジェクト」を立ち上げた。地域の活力を創出するために、長崎県の歴史と文化を活かした観光振興に取り組むプロジェクトだ。有識者や財界関係者、観光業界やマスコミ関係者などによって組織される「推進会議」がテーマを選定し、テーマごとに「ストーリーづくり専門部会」が組織され、「歴史的背景や社会的影響等における本県の価値を浮き立たせるような発見・驚き・感動のあるストーリーを創出」する。このストーリーをもとに、「観光専門部会」で観光ルートづくりや環境整備をおこない、長崎県の歴史ブランドづくりが推進されてゆく。そこで最初に取り上げられたテーマが「キリシタン文化」だった。

こうして「ながさき歴史発見・発信プロジェクト」が進められていた時期に、大きな動きがあった。文化庁が世界遺産の候補を公募することになったのだ。世界遺産への登録によって地域を活性化したいという目論見もあったのだろう、2006年と2007年で30件以上の応募があった。そのひとつが「長崎の教会群とキリスト教関連遺産」だった。

世界遺産とは、「顕著な普遍的価値」を有する文化財や景観、自然などを指す。文化財を国際的に保護しようと、昭和47（1972）年のユネスコ総会で「世界遺産条約」が採択され、世界遺産という制度が立ち上がった。世界遺産は文化遺産と自然遺産から成り、世界遺産条約に批准した各国政府からの推薦を受け、ユネスコの諮問機関である「国際記念物遺跡会議」（イコモス）が現地調査をしたのち、世界遺産委員会の最終審議によって登録に至る。日本が世界遺産条約に批准したのは平成4（1992）年のことで、その翌年には「法隆寺地域の仏教建造物」と「姫路城」が文化遺産として、「白神山地」と「屋久島」が自然遺産として登録されている。

長崎では2001年、「長崎の教会群を世界遺産にする会」が立ち上げられている。そうした流れもあって、文化庁の公募に名乗りをあげ、「長崎の教会群とキリスト教関連遺産」が暫定リストに掲載されることになった。これを受けて、イコモスによる現地調査がおこなわれたのだが、「禁教期に焦点を当てるべき」との提案を受け、推薦書はいちど取り下げられることになった。こうして構成資産の練り直しがおこなわれ、潜伏キリシタンのストーリーを強調し、2018年に「長崎と天草地方の潜伏キリシタン関連遺産」として世界遺産に登録されることになったのだ。

こうしてストーリーが紡がれたことで、僕は五島列島を訪れてみたいと思うようになった。ストーリーがなければ、久賀島の歴史に触れることもなかっただろう。キリシタンに対する弾圧というと、安土桃山時代から江戸初期にかけておこなわれたものだと思い込んでいて、明治時代に拷問を受けた潜伏キリシタンがいたことさえ知らなかった。ただ、ストーリーにとらわれていると、見落としてしまうものがある。

今回の旅で訪れようとしていたのは、キリシタン文化に関連するところばかりだ。久賀島のことも、「潜伏キリシタンの島」としか認識できていなかった。ただ、小島さんが教えてくれたように、久賀島は潜伏キリシタンだけが暮らしてきたというわけではなくて、仏教徒も大勢暮らしてきたのだ。島で唯一の民宿まで自転車を走らせていると、いくつもお寺や神社を見かけた。そこにだってひとつひとつ歴史があるはずなのに、ほとんど立ち止まることもなく通り過ぎてしまっている。

「深浦荘」にたどり着き、シャワーで汗を流す。ビールの栓を開けてテレビをつけると、ローカルニュースが放送されていた。韓国から3年半ぶりにクルーズ船「コスタ・セレーナ」が長崎にやってきたというニュースに続けて、43名もの犠牲者を出した雲仙・普賢岳の大火砕流から明日で32年を迎えます、とアナウンサーが読みあげた。

32年前、僕は8歳だった。火砕流の映像は、当時テレビで何度となく目にしていた。でも、その日付はおぼえていなかった。東京では大きく報じられていないだろうから、たまたま長崎に滞在していなかったら、火砕流のことを思い出すこともなかったに違いない。

翌日の長崎新聞には、「いのりの灯《ともしび》」の写真が一面に掲載されていた。噴火災害の記憶を風化させることなく、次世代に継承していくために、雲仙岳災害記念館では17年前から「いのりの灯」を並べ始めるプロジェクトが始まったのだそうだ。紙面には「火砕流から32年」の記事が3面にわたって掲載されており、「何年たとうが、気持ちは同じ」という遺族の言葉が記されていた。

ウィキペディアで「6月3日」と検索してみる。そこには6月3日に起きたさまざまな自然災害や事故、事件が記載されていた。はっきりと記憶に残っている出来事もあれば、あまり記憶に残っていないものもある。「何年たとうが、気持ちは同じ」という誰かがいる一方で、誰かはその出来事を忘れて生きている。どうしてわたしは忘れてしまうのだろう。

久賀島の次に向かったのは若松島だった。いちど福江港に移動して、五島旅客船のフェリーで若松島の土井ノ浦港に渡り、神部《かんべ》という集落にある民宿に泊まった。この日は早めに眠りにつき、翌日は早朝から自転車をこいだ。

若松島の東側には、若松大橋という立派な橋がかけられてある。この若松大橋を渡った先にあるのが、五島列島で二番目に大きな中通島《なかどおりじま》だ。浦々には小さな集落が続く。どこの集落にも漁船が並んでいる。海はすっかり凪いでいて、鏡のように風景を映している。古里《ふるさと》という集落を過ぎたあたりに、立派な教会が建っていた。瀬戸を見下ろすように立つ桐《きり》教会のふもとが、待ち合わせに指定された場所だった。今日はこれから、キリシタン洞窟をめぐる観光クルーズ船に乗るのだ。

キリシタン洞窟とは、明治の初めに五島崩れが起きたとき、潜伏キリシタンの人たちが身を隠していた洞窟である。若松島の里ノ浦という集落に暮らしていたひとびとは、迫害から逃れようと、船でしか辿り着くことのできない洞窟に身を隠した。だが、朝食のために火を焚いていたところ、沖合を通りかかった漁船が煙を発見する。こうして洞窟に身を潜めていた人たちは役人に捕えられ、拷問にかけられたのだった。

キリシタン洞窟に向かう観光クルーズ船は、今日は僕の貸し切りだったようで、乗り込むとすぐに出港となった。穏やかな海を10分ほど進むと、白い十字架とキリストの像が見えてくる。ここがキリシタン洞窟の入り口だ。今も陸路では辿り着けないから、こうして船で乗りつけるしかないそうだ。

岩場に船をつけてもらって、ひとりで上陸する。巨大な岩の上をよろよろと歩き、キリシタン洞窟に足を踏み入れる。思ったよりもずっと大きな空間が広がっている。薄暗い洞窟の中には、波の音が絶え間なく鳴り響いていた。空間が広いだけに音が反響しやすく、洞窟の外にいるときよりずっと大きな音になるのだろう。その音に包まれていると、海の底に佇んでいるような心地がする。

これだけ広い空間なら、身を隠すには十分だ。でも、ここにいる限り、誰かと会って話すことも、世の中で何が起きているのか知ることもできず、ただ生き延びるだけだ。洞窟の中にいると、外から射し込んでくるひかりがやけに眩しく感じられる。

洞窟から出ると、観光クルーズ船の祥福丸が沖に佇んでいるのが見えた。船長の坂井好弘さんは、こちらの姿に気づくと、岩場まで迎えにきてくれた。キリシタン洞窟では、毎年11月頃にミサが開催されていて、そのときにも好弘さんは船を出し、信徒の方たちをキリシタン洞窟まで運んでいる。ただ、好弘さん自身はミサに参加していない。好弘さんはカトリック教徒ではなく、かくれキリシタンなのだ。

江戸時代に入り、禁教令によって信仰を隠して生きていかなければならなくなった人たちは、「潜伏キリシタン」と呼ばれる。この潜伏キリシタンの人たちは、明治6（1873）年に禁教の高札が撤去されたことでカトリックに「復帰」し、五島の各地に教会が建設されてゆく。ただ、すべての潜伏キリシタンがカトリックに「復帰」したわけではなかった。

潜伏の時代には、キリシタンは皆、仏教や神道を信仰しているふりをしなければならなかった。洗礼は「お授け」、復活祭は「上がり様」、クリスマスは「ご誕生」と言い換えられ、土着の民間信仰とも結びつきながら、カトリックとはまた別個の信仰に発展してゆく。信仰の自由が保障されても、先祖代々受け継がれてきた信仰を守り続ける道を選んだひとびとが「かくれキリシタン」である。坂井さんは、ここ桐古里郷近辺に残るかくれキリシタンの「帳方《ちょうかた》」を務めている。帳方というのは、カトリックで言うところの神父の役割を担う役職だ。

「このあたりに最初に移り住んできたのは、うちの家内の先祖なんです」と、好弘さん。「大村藩からここに移り住んで、最初は山を開拓して、段々畑で農業をしていたそうなんです。ただ、ここは水が少ない土地だから、自分たちで食べるぶんの麦と芋しか作れなかったんですね。そうやって暮らしているうちに、外海から移り住んでくる人たちが出てきて、家内の先祖が帳方になったんです。築地《ちじ》、深浦、横瀬、桐——このあたりに300軒近いキリシタンが暮らしていたんですけど、帳方というのは世襲ですから、家内のうちがずっとこの地区を守ってきたんです」

好弘さんの妻・鈴子さんの旧姓は深浦。宮崎賢太郎『カクレキリシタン　現代に生きる民俗信仰』（角川ソフィア文庫）のなかにも、この地域の帳方は初代・深浦勘次郎さんから、代々深浦家によって継承されてきたと記されている。一方の好弘さんはというと、桐古里郷ではなく、中通島の北に位置する小値賀島《おぢかじま》の出身なのだという。

「私は昭和31（1956）年生まれなんですけど、当時の小値賀は活気があったですね。小値賀は漁師村で、私も漁師の息子ですし、親戚もほとんど漁師です。小値賀にはキリスト教徒はほとんどいなくて、うちの家も仏教徒でしたね。私が中学生になる頃に、仲知《ちゅうち》（中通島北部に位置する集落）から小値賀に引っ越してくる漁師さんたちがいたんですよ。その人たちはカトリック教徒で、カトリック幼稚園の教会に祈りに行ってましたね」

中学を卒業すると、好弘さんは親と一緒に漁に出るようになった。2年ほど経ったころ、漁労長を務める叔父に誘われ、中通島の奈良尾を拠点とする大型巻き網船に乗り始めた。こうして奈良尾から遠洋漁業に出ている時期に出会ったのが鈴子さんだった。

「うちの家内は一人娘なもんですから、親が決めた人がいたんです」と、好弘さん。「だから、家内の両親からは猛反対されました。そこで私が、家内を連れて駆け落ちして、1か月ほど姿を消したんです。一旦福岡に行って、そこから小値賀に戻って――何度も連絡がくるんだけど、『うちにはおりません』と言ってもらって。やっぱり、親と本人同士は違うじゃないですか。本人同士が愛し合っておれば、どんなにまわりが離そうとしても離れないんです。パッと離れるぐらいだったら、それまでの関係だと思うんですけど、何があっても離れられないのが恋であって、愛であって、ね」

好弘さんのまっすぐな言葉に、少し圧倒される。見合い結婚よりも恋愛結婚が多数派になるのは、1960年代のこと。好弘さんが21歳で結婚するころには、恋愛結婚が6割を占めていた。最初のうちは反対していた鈴子さんの両親も、ふたりの結婚を認めてくれたけど、信仰の話は聞かされていなかった。

「結婚したあと、家内の親と一緒に1年ぐらい住んでたんです。そうすると、日曜日の朝になると、朝早くから来客があるんですよ。朝の5時前、まだ暗いうちにやってきて、部屋に入って何か言っているのが聞こえてくる。それだけは知っとったですけど、絶対に中は覗かれないから、何をやっているのかはわからなかった。それから、祝い日のときには、皆さんが祈りにくるから、家内のおふくろが外で炊き出しをするんです。そうしよったら、『うちはかくれキリシタンで、じいちゃんが帳方ばしよるけん、皆が祈りにきよっと』と家内が言うんです。それからまたしばらく経って、家内の親父から『うちはかくれキリシタンやけん、洗礼ば受けて欲しい』と言われて、ただ自然に、何も逆らうことなく、ああ、いいですよーって洗礼を受けたんですね」

こうして好弘さんは「お授け」を受けたが、祝い日に少し手伝いをするくらいで、以前と変わらぬ日々を過ごしていた。そんな好弘さんが帳方を務めるきっかけとなったのは、２００７年に先代の帳方が体調を崩したことだった。

「私の姓は好弘ですけど、深浦家の跡取りだということで、『帳方になってくれ』と頼まれたんです。うちの家内は、こどものときからずうっと親父さんの手伝いをしてきてるから、祈りをするときの構えとか、バスチャン暦《ごよみ》の書き方とか、家内は全部わかっている。『自分が何もかも教えるから、帳方になってほしい』と頼まれたんですけど、3回断ったんです。私にはできない、と。神様に頼む？　イエス様、マリア様に？――そがんこと、荷が重くて、とても私にはできないと思ったんです」

ただ、深浦家で帳方を務められるのは好弘さんしかいなかった。そこで好弘さんは、自分の長男が大きくなって帳方を継げるようになるまでの「代理」として、帳方を引き受けることに決めた。

「私が帳方になったばかりの頃は、信者の方からよく言われてました。『あなたの祈りは浅いから、神様には届かない』って。でも、引き受けた以上、せんと仕方がないでしょう。軽い気持ちで祈ったんじゃ、神様には絶対通じないから、一所懸命祈る。祈りをしたら、一日フルで働いたほどに疲れがくるんです。いい加減な気持ちじゃ聞いてもらえないから、それだけ心ば込めて、神様に祈る。魂を込めて祈らんと、神様には通じない。祈りというのは、自分のために祈るんじゃないんですよ。帳方というのは、信者の皆さんのために祈る。そうやって10年ぐらい続けてきたときに、『あなたの祈りは神様に届いている』と皆さんに言ってもらえるようになったんです」

かくれキリシタンの帳方は、謝礼は一切受け取らず、すべて無償で祈りを捧げるのだという。好弘さんは祥福丸の船長として、観光客をキリシタン洞窟に案内したり、釣り客を乗せたりして生計を立てながら、帳方を続けてきた。鈴子さんのお父さんが帳方をしていた時代には、界隈に100軒近いかくれキリシタンが暮らしていたけれど、今では13軒ほど。これは桐古里郷に限ったことではなく、長崎の各地に残るかくれキリシタンもずいぶん少なくなっているのだという。後継者不足から「元帳」（地域ごとの信仰組織）を解散するところも多く、自分が亡くなったあとのお葬式のことを考えて、高齢になってからカトリックや仏教に改宗する人もいるそうだ。

「昭和56（1981）年に、ヨハネ・パウロ2世――現在のローマ法王が長崎にきたことがあったんです。そのとき、家内の親父のところに『ぜひお会いしたい』と連絡があって、会いに行ったんですね。それまで、かくれキリシタンというのは『未信者』だと、カトリックから言われていたんです。でも、ヨハネ・パウロ2世とお会いして話をしたら、『あなたたちもキリスト教徒だ』と言われたそうなんです。私たちはカトリックではないけれども、長いあいだ受け継がれた信仰がある。家内の先祖がずうっと守り続けてきたものがあるのに、私の代で絶やしてはいかんと。それだけです。ただ、もしもこの先、消滅してしまうんだとしたら、それは仕方がないことだと思うんです。禁教が解かれたあとに、かくれキリシタンは新しい信者を増やすということをせんやったですよね。だから私たちも、自分たちが続けられるだけは続けていこう、と」

現在、祝い日として執り行っている行事は年に3回。祝い日がやってくると、信者はお重におにぎりやぼた餅を詰めて、帳方の家に集まる。帳方の家でも、信者と同じものを拵えて、祈りを捧げる。カトリックでは儀礼にパンとワインが用いられるが、ここでは日本酒とお刺身が使われるそうだ。お酒は地元の銘柄を使うんですかと尋ねると、「いやいや、銘柄は関係ないです」と好弘さんは笑っていた。

好弘さんに別れを告げて桐古里郷を発ち、海岸沿いを進んでいく。2時間ほど走ると、かつて捕鯨基地として栄えた有川《ありかわ》の港が見えてくる。江戸時代にここで鯨漁に従事していたのは、瀬戸内から出稼ぎにきた漁師が多かったそうだ。また、このあたりには瀬戸内海に浮かぶ倉橋島出身の船大工も多かったという。

五島を旅していると、日本の風景は目まぐるしく移り変わってきたのではないかという気がしてくる。漁師であれ、農家であれ、先祖代々ひとつの土地に暮らしてきたのだという幻想を、心のどこかで抱いていた。でも、ひとびとは昔からめまぐるしく移動を重ねてきたのだろう。

有川を通り過ぎて、さらに東に進んでゆく。朝からの移動距離は50キロに近づいている。五島列島を自転車でめぐるというのは、ちょっと無謀な計画だった。残量の少なくなってきた電動アシストを駆動させ、どうにか峠を越えたところに、友住《ともすみ》という集落があった。この友住を通過し、狭いトンネルを抜けると、赤い橋が見えてくる。ここが中通島の東端で、橋の向こうは頭ヶ島《かしらがしま》だ。

頭ヶ島は、江戸時代の終わり頃まで無人島だった。頭ヶ島と中通島の間にある「孕瀬戸《はらみせと》」は流れが速く、領主・宇久氏の妻が妊娠中に急流に飲まれて命を落としたことからその名がついたのだという。急流のせいで渡りづらい上に、全体的に傾斜地が多く、水資源も乏しかったため、住み着く人がいなかったのだ。そこに目をつけたのが、久賀島の前田儀太夫だった。

安政4（1858）年、前田儀太夫は頭ヶ島の開拓を藩に申し出た。そして西彼杵半島のひとびとに入植を勧めたところ、10名あまりの希望者があらわれた。開拓の地に選んだのは、島の北側にある海岸沿いの土地だ。急流に隔てられ、周囲を険しい山に囲まれた場所に移り住んだ人たちは、周囲に憚ることなく信仰を持つことができた。慶応3（1867）年には、潜伏キリシタンがいると聞きつけたクゼン神父が頭ヶ島を訪れ、ミサをおこなっている。そこに30名ほどの島民が集まり、カトリック教徒として洗礼を受けている。

明治初年に五島崩れが起こると、頭ヶ島でも信徒31名が捕えられ、拷問を受けた。迫害から逃れるように、島民たちは一時的に島を離れたが、明治6（1873）年に禁教の高札が撤去されると島に戻り、明治20（1887）年に木造の教会が建てられた。それから20年余りが経った頃に、頭ヶ島の信徒たちは新しい教会の建設に乗り出した。数々の教会を手がけた鉄川與助に設計を依頼し、島の石を切り出して教会を建ててゆく。巨大な石は数人がかりでしか運べず、1日に数個運ぶので精一杯だった。資金不足によって工事は何度も中断を余儀なくされたものの、昼間は教会の建築に従事し、夜はイカ釣り漁に出て資金を稼ぎ、10年近い歳月を費やしてようやく完成したのが、現在の頭ヶ島天主堂だ。島には現在もカトリック教徒が8世帯ほど暮らしており、集落は世界遺産に登録されている。

頭ヶ島天主堂を前にすると、石造りの荘厳な佇まいに圧倒される。2017年に放送された『祈りの島を訪ねて～五島列島～』というドキュメンタリー番組で頭ヶ島天主堂のことを知ってから、いつか足を運んでみたいと思っていた。全国的にも珍しい石造りの教会に惹かれたこともあるけれど、頭ヶ島に行ってみたいと思ったのは、そのドキュメンタリーに登場する女性の姿が印象的だったからだ。

その女性というのは、頭島サナさん。彼女の日課は、教会に続く道を掃除することだった。画面に映し出されるサナさんは90歳近く、腰はほとんど直角に曲がっているけれど、塵取りと箒を持って家を出て、100メートルほどの道を2時間かけて掃除していた。「もう無理すんなって、みんなが言うてくるっとさ。それでもなあ、やっぱり、しつけた仕事はなあ。ちらかっとれば黙ってはおれんでさ」。画面のなかでサナさんはそう語っていた。その姿は、信仰というもののありようを体現しているようで、胸を打たれた。

番組の後半、サナさんの名前が刻まれた墓石が映し出された。癌を患っていたサナさんは、撮影後に亡くなってしまったのだ。だからもう、サナさんの姿を見ることはできなくなってしまった。

ぶらりと旅に出て、目にすることができるものは、ごく限られている。わたしの目が捉えるのは、現在の頭ヶ島の姿だけで、そこにサナさんの姿は存在しない。もしもサナさんが生きているうちに頭ヶ島を訪れていたとしても、サナさんが掃除をする時間帯に通りかからなければ、その存在に気づくことはなかっただろう。ぴったりそのタイミングに訪れることができたとしても、立ち止まって声をかけることもなく、通り過ぎていたはずだ。今回の旅でも、あちこちで道を清掃する人たちを見かけたけれど、自転車を止めることもなく通り過ぎた。

誰かに声をかけるというのも、大変なことだ。いきなり声をかけられたら、相手も戸惑うだろう。ましてや世界遺産に登録され、大勢の観光客が訪れるようになった場所に暮らしていると、声をかけられるのも億劫になるだろう。観光客はたった一度きりの触れ合いのつもりでも、そこに暮らしている側は何千、何万と繰り返すことになる。だから、声をかけることは迷惑でしかないのだと、頭ではわかっている。それでも誰かの声に触れたいと思ってしまうのは、そこに佇んでいるだけでは見えないものに触れたいと思うからだ。この世界は、目に見えるものだけでできているのではなくて、目には見えないものであふれている。

今から60年ほど前に、民俗学者の宮本常一は五島を巡り、頭ヶ島にも足を運んでいる。宮本常一『私の日本地図5　五島列島』（未來社）には、五島列島を訪ねた当時のことが書き記されている。

「年寄りの話がききたいので、年寄りのいる家を紹介してほしい」。そんな宮本常一の希望にこたえようと、頭ヶ島の郷長は島に暮らす高齢者全員に声をかけた。郷長の家に集まった老人たちと対面した宮本常一は、「いずれも頑丈で、しかも清潔な感じの人びとで、明るく生きいきとしていて、いわゆる老人くささがない」と、その印象を綴っている。

私はこんなにあかるく充実した老人たちの群にあったことはきわめて少ない。一人ひとりにあうときにはみな充実感をもっているけれども、群をなしている老人にあうと、中にひねくれたり、しなびたり、暗い感じの人がいるものである。それが少しもない。写真をとっておけばよかったのを、話がはずんで、ついそのことを怠った。

この清潔さは長い苦難の生活にたえつつ、信仰によって支えられ、その苦難におしひしがれることがなかったためであると思われる。しかもこの人たちは、この島で畑をつくるだけでは生活をたてることができないから、みんな出稼ぎして来、歳をとって島におちついて生活するようになったものである。

この老人たちの中には、南氷洋で鯨を追った人もあれば、ブラジルで働いた人もある。シンガポールにいた人もある。小さな島の中のみに生きつづけた人ではなかった。そして、そのような外でのはげしい働きの後、島へかえって静かに余生をおくっている。そして島はこの人たちにとって天国にひとしいという。お互い気心がわかりあい、明るい天地と澄んだ空気。何一つ不平はありません、というのが老人たちの言葉であった。

高台から頭ヶ島の集落を見下ろす。教会の前に集落が広がり、その向こうに海が広がっている。海の近くには墓地があって、墓石の上には十字架が見える。宮本常一が出会った老人たちはここに眠っているのだろう。だからもう、僕はその姿を目にすることができない。でも、こうして書き綴られた言葉を通じて、ずっと昔の姿に、ほんの少し触れることができるような気がする。だから僕も、ぶらりと観光に出掛けた先で出会ったものを、こうして書き留めている。

小島満さん

旧・五輪教会堂

坂井好弘さん

キリシタン洞窟

広島

この街にいた誰かを思い出す

8月初めに郷里を訪れると、酒屋の軒先に盆灯籠が並んでいた。赤、青、黄、緑。色とりどりの紙が貼られた盆灯籠と、真っ白な盆灯籠が商店に並ぶのが、このあたりだと夏の風物詩だ。真っ白な灯籠のほうがシンプルで美しいのに、どうしてうちの墓に飾るのはカラフルな灯籠なんだろうかと、お盆にお墓参りをするたびに思っていた。真っ白な灯籠は初盆を迎えるお墓に飾るものだと知ったのは、ずっとあとになってからだ。

久しぶりに郷里をぶらついていると、神社の近くにのぼりがはためいているのが見えた。4年ぶりに盆踊り大会が開催されることを知らせるのぼりだった。そこに「盆踊り」の文字はなく、「みんなが主役」というキャッチフレーズが掲げられていた。その「みんな」には、もう死んでしまった人たちも含まれているのだろうか。

夏の記憶は原爆と結びついている。小学生の頃は、8月6日になると被爆者である祖母と一緒に広島市内に出かけ、平和記念公園の慰霊碑に手を合わせた。当時は広島市内に出かける機会が少なかったから、余計に記憶に残っているのかもしれない。

久しぶりに平和記念公園に出かけようと思い立ち、朝7時に実家を出発する。山陽本線の八本松駅に向かっていると、サイクルウェアを身に纏ったサイクリストの一団が国道2号線を疾走していくのが見えた。この町に暮らしていた頃は、旅人の姿なんて目にすることはなかった。

そんな郷里にも、2022年の夏に道の駅がオープンし、「つくり手とつかい手が選んだ東広島ブランド」を掲げ、さまざまな商品が並んでいる。こんな田舎町にまで、観光地化の波が及んでいるのかと驚いた。どんな小さな田舎町も、観光客のまなざしを意識せざるをえない時代になりつつある。

山陽本線は山のなかを進んでゆく。八本松駅は山陽本線のなかでもいちばん標高が高く、255メートル地点に駅がある。八本松−瀬野間は急勾配が続き、「セノハチ」の愛称で知られている。母がこどもだった頃は、急勾配をのぼるために補機を連結し、客車を後押ししていたそうだ。当時はまだ蒸気機関車の時代で、窓を開けていると白煙が入り込んできて、服が黒く汚れていたのだと母は語っていた。

山を抜けたあたりで、クリーニング屋の色褪せた看板が見えてくる。小熊のマークが印象的な看板は、昔と変わらずそこにある。その向こう側、山の上のあたりに、最近開通したばかりのバイパス道路が見えた。そういう大きな変化であれば、はっきり認識できるけれど、細かな変化はいくつも生じているのだろう。

何より変わったのは広島駅だ。10年ほど前に大掛かりな改良工事が始まって、ほとんど別の駅になっていて、戸惑ってしまう。僕がこの街を出て20年以上経つのだから、変わっているのは当たり前なのに、戸惑ってしまうのはどういうわけだろう？

改良工事が始まる前まで、ここには「ASSE」という駅ビルがあった。その駅ビルは、僕が高校生だったときにリニューアルオープンしたものだ。あの当時は、リニューアルされることに戸惑いをおぼえることなんてなくて、明るくぴかぴかした駅ビルがオープンしたことが嬉しかった。それなのに、今はなぜか戸惑っている。広島という街のイメージが、上京した当時の風景でとまっているから、戸惑ってしまうのだろうか。それとも、年齢を重ねるにつれ、自分にとって馴染みのあるものが変わったりなくなったりすることを受け入れられなくなってきたのだろうか。あるいは、改札の位置を含めて構造がまるで変わって、昔とはまるで別の空間が広がっていることに戸惑っているのだろうか。

今はまだ昔の面影を留めている停留所から、路面電車に乗る。この路面電車も、新しい駅舎が完成した暁には、駅ビル2階から発着することになるのだそうだ。路面電車が駅ビルの2階から発着する姿を、うまくイメージできずにいる。広島駅を出発した路面電車は、すぐに猿猴《えんこう》橋町《ばしちょう》という停留所にとまる。そこから大きな弧を描き、川を渡ると的場町だ。稲荷町を過ぎるとまた川があって、銀山町《かなやまちょう》、胡町《えびすちょう》、八丁堀と、電車は繁華街を進んでゆく。そごうがある紙屋町の次が、原爆ドーム前停留所だ。

この日は8月5日で、原爆ドームのあたりは観光客で賑わっていた。平和記念資料館には長蛇の列ができていて、20分ほど並んでようやくチケットを買い求めることができた。

東館と本館をむすぶ廊下を進んでいくと、正面に少女の写真が見えてくる。そこには何の説明書きもなく、右手と左頬に包帯をあてている女の子が、じっとこちらを見返している。そのまなざしを感じながら進んだ先に、こんな言葉が壁に展示されている。

御幸橋には
　大火傷を負って逃れてきた負傷者が群がっていた。
　　カメラを構えたが、シャッターが切れない。

二十分ほどためらい、
　　やっとの思いで、一枚目のシャッターを切った。

文字の隣に、「一枚目」の写真が展示されている。橋のたもとにある派出所前に、臨時の診療所が設けられ、被爆した人たちが橋の上に座り込んでいる。当時中国新聞の記者だった松重美人は、自宅で被爆したのち、カメラを手に街に出る。午前11時頃に御幸橋西詰に辿り着き、「やっとの思い」でシャッターを切る。その写真には、原爆投下からおよそ3時間後の広島の姿が写し出されている。この「一枚目」も、隣に展示されている「二枚目」も、御幸橋西詰で撮影された写真だ。被爆した人たちに視線を向けることに抵抗があったのか、橋の上に佇んでいる人の顔はほとんど写っておらず、背中を向けている。

資料館には、「原爆による人への被害」を示す資料として、当時撮影された写真がいくつも展示されている。全身に火傷を負った男性や、目を治療中の負傷者、背中に火傷を負った女性、傷を負ったこどもの写真が並んでいて、顔をそむけたくなる。

小さい頃の記憶がよみがえってくる。あの頃の自分は、平和記念資料館の展示を見るのがおそろしかった。資料館に入っても、「早く出よう」と言い出して、足早に出口に向かっていた。展示に囲まれていると、原爆が投下された瞬間に連れて行かれるようで不安だったのだろう。そこに展示されている誰かは、わたしだったかもしれない。被爆したひとりひとりが、わたしと変わらない日常を過ごしていて、それが原爆によって奪われたのだ——と。そんなふうに想像することで、戦争のおそろしさを感覚的に学ぶことはできたのだろう。でも、その考え方は間違っていたんじゃないかと、大人になった今では感じるようになった。

ここで被爆したのは、わたしではなく、昭和20（1945）年の広島を生きていた人たちだ。現在とは生活様式も違えば、考え方や感覚も違っていたはずだ。それに、ひとりひとり年齢も違えば、性格だって違っていたはずだ。そこにわたしを重ね合わせてしまうと、どこかの誰かの人生を、現在を生きるわたしの感覚で塗りつぶしてしまう。

戦争で奪われた命について想像しようとすると、「わたしと変わらぬ日常を送っていた誰かが殺されたのだ」と考えてしまう。その考え方だと、わたしという存在は、一度きりのかけがえのない人生を生きているものではなく、交換可能なものになってしまう。それに、誰かにわたしを重ね合わせて考えることには、もうひとつ問題がある。そのやりかただと、想像力を働かせられる範囲は、わたしと似通った誰かに限られてしまう。わたしとまるで異なる境遇を生きている誰かは、すっぽり抜け落ちてしまう。ひとたび戦争が起きれば、敵国を生きる誰かは、わたしとは遠い存在にされてしまう。だから銃を向けることができるし、原子爆弾を投下することができてしまう。

本館の入り口に飾られていた少女の姿を思い出す。78年前の夏、ここで被爆してカメラを向けられていたのは、わたしではなくあなただった。人は、わたしと異なる境遇を生きる誰かのことを、想像することができる。

資料館には「被爆者」と題した部屋があって、被爆者の遺品と遺影が並べられている。革靴。財布と死亡証書。印鑑と眼鏡。皮ベルト。三輪車と鉄かぶと。銀色の弁当箱には、真っ黒に焦げた中身が、今も詰まったままだ。遺品にはそれぞれ短い説明文があり、弁当箱にはこんな言葉が書き添えられている。

県立広島第二中学校1年生の折免滋《おりめんしげる》さん（当時13歳）は、建物疎開の作業現場で被爆し、亡くなりました。

この弁当箱と水筒は、骨になった滋さんの遺体を母親が見つけ出した時、遺体の下にあったものです。お弁当の中身は、米・麦・大豆の混合ごはんと千切りにしたジャガイモの油炒め。

滋さんはお弁当を楽しみに出かけましたが、それを食べることはできませんでした。

真っ黒な弁当箱の近くには、また別の遺品が展示されている。弁当箱の持ち主だった折免滋さんと同じく、13歳で被爆した女の子の日記だ。

今日美智子を私が風呂に入れたので、よろこんでゐた。お母さんだとゆをとばせばしかられて、私だと、一しょにゆをとばすので、おもちゃを浮かせたりしてよく入った。夕飯は、うどんだった。私が、おしるに味をつけて、こしらへたので、お父さんも、お母さんも、おいしいおいしいと言はれた。

この日記の日付は8月5日だ。その隣、8月6日の出来事が書かれるはずだったページは空白のままになっている。

日記を書いていたのは、県立広島第一高等女学校1年生の梅北トミ子さん。彼女は絵を描くのが好きで、毎日つけていた日記とイラストは、家族が形見として大切にしていたものだと、説明書きにある。日記を書いた次の日の朝、彼女もまた建物疎開に動員され、爆心地から800メートルの地点で被爆した。大火傷を負って郊外に運ばれ、8日になって父親が見つけ出したときにはすでに亡くなっていた。

こうして展示を眺めていると、頭の中で自然と、物語を拵えていることに気づく。いつもと変わらぬ日常を過ごしていたのに、原爆投下によって被爆し、命を落とした少年や少女——短い説明書きを読んでいると、頭の中でそんな物語をつくり出している。

「物語は、なまやさしい相手ではない。なにかをおもいかえし、記録しようとすると、もう物語がはじまってしまう」。そう書き綴っていたのは、広島県呉市で少年時代を過ごした田中小《こ》実昌《みまさ》だ。

田中小実昌『ポロポロ』（河出文庫）に、「大尾のこと」という小説が収められている。大尾というのは、田中小実昌と同じ分隊に所属していた初年兵だ。貧弱な体格で、背も低かったが、「ワリをくってることは知っていて、ワリをくってることを」引き受けるような男だった。長い行軍に出るとき、分隊には三八式歩兵銃が2挺支給された。三八式歩兵銃は重く、皆が交代で運ぶべきなのだが、2挺のうちの1挺は大尾がずっと運んでいた。その姿を見て、「大尾はこんなに大きな男だったのか」と、田中小実昌はおもう。大尾はやがて病気にかかり、バラック小屋のような施設に収容された。すると、大尾の姿は「いつからか、ちいさく見えだした」。そのバラック小屋で、大尾は死んだ。

ともかく、ぼくは、上海のあのバラック小屋で大尾が死んだことなど、大尾のことは、いろいろしゃべってきた。だけど、くりかえすが、ぼくがしゃべったことは、みんな大尾についての物語で、大尾を物語の人物にしてしまっていた。

（…）ぼくは、大尾を物語にした。また、くりかえすが、大尾は大尾だ。その大尾を物語にすると、大尾は消えてしまう。あるいは、似て非なるものになる。

ほんとの大尾が消える、などとも言うまい。ほんと、なんて言葉もまぎらわしい。戦争の悲劇とか、戦争の被害者だとか、そんな言葉は、ぼくはつかったことはないが、そういう言葉をつかうのとおなじことを、ぼくはしゃべってきた。

あの大尾が、あんなふうに死んだ、ひどいもんだ……ぼくは、自分でかってにつくった、それこそひどい物語を、ひどがっている。

田中小実昌が「自分でかってにつくった、それこそひどい物語を、ひどがっている」と書いていたのと同じように、僕もまた、亡くなった人たちのことを「物語」にして「ひどがっている」んじゃないかと自問自答する。初年兵として中国戦線で病に倒れた大尾も、原爆で亡くなった人たちも、ひどい目にあったのは確かだ。でも、それを「物語」にしてしまうと、そこにいたはずの誰かを「物語の人物」に変えてしまう。同じ分隊に所属していた同士でもそうなってしまうのだから、被爆した人たちと顔を合わせることもなかった僕なら、なおさらだ。「ぼくたちのありように、区切りなんかはあるまい。物語には区切りがあったり、そこでおわったりするけれども……」と、同じ小説のなかで田中小実昌は書いている。被爆した人たちのことを「物語」にするとき、被爆した8月6日が「区切り」となる。78年前に被爆した人たちは、「区切り」に向かって生きていたわけではないのに、僕が頭の中で勝手に拵える物語は、最期の瞬間にばかりクローズアップしている。真っ黒に焦げた弁当箱の持ち主は、「弁当を食べられなかった無念を抱えて死んだ少年」ではないのに、最期の瞬間だけを切り取って「物語」にして、ひどがっている。

弁当箱の持ち主である折免滋さんのことは、平成元（1989）年に『まっ黒なおべんとう』という児童書にまとめられている。著者は中学校の教員だった児玉辰春という人だ。著者が勤務する中学校の生徒たちが、滋さんのお母さんに話を聞き、文化祭で「原爆としげる」という劇を発表した。教員を退職したあと、話を聞かせてもらおうと、著者は滋さんの母・シゲコさんのもとを訪ねるようになった。最初のうちは「話しとうないです。思い出しますけえ」と断られていたが、何度か通ったある日、シゲコさんは家族の話を聞かせてくれたのだという。夫は歯科医だったこと。滋さんと、その兄・利昭さんが、父と一緒に投網を投げ、鮎をたくさん獲ったこと。兵役が免除となる50歳を目前にして、夫に赤紙が届き、召集されたこと。長男の利昭さんは海軍兵学校に行くことになり、「この弁当箱を形見と思って、大事に使ってくれ」と、滋さんに弁当箱を手渡したこと。シゲコさんは愛国婦人会の班長になったものの、竹槍訓練が上手にできず、滋さんが一緒に練習してくれたこと。様々なエピソードが綴られている。

　これだって、もちろん「物語」だ。あとがきにも、「作品は、ほぼ折免シゲコさんの話のとおりですが、部分的には創作したところもあります」と書かれている。この本が書かれた頃には元号も昭和から平成に変わり、戦争の記憶が遠のき始めていた。そんな時代に、「なにかをおもいかえし、記録しようとすると、もう物語がはじまってしまう」。ただ、「物語」が書かれていなかったら、僕は遠い昔の出来事を知ることはできなかった。だからせめて、「物語」を通してなにかに触れたとき、その「物語」の向こう側には、わたしが知りようもない膨大な時間が――「物語」には含めることのできなかった無数の瞬間が――存在しているのだと、常に意識しておく必要がある。そうでなければ、ひどい物語に触れて、ひどがっているだけで終わってしまう。

　平和記念資料館は、資料を劣化させないために、そしてじっくり資料と向き合えるように、照明は絞られている。本館の見学を終えて、東館に続く廊下に出ると、大きなガラスからひかりが射し込んでくる。そのまぶしさと、平和記念公園ののどかな景色に、いつも目を奪われる。いつもは芝生が広がっているエリアは、明日の平和記念式典に向けて、テントが設営されているところだ。

広島で最初に「平和祭」が開催されたのは、昭和21（1946）年のことだった。広島市町会連盟の申し出により、8月5日から3日間にわたって護国神社前広場で「平和復興祭」が開催された。花電車が街に繰り出し、パーマネント実習会が開催されるなど、お祭りムードが強いものだった。死者の追悼行事はというと、川を挟んだ向かい側、慈仙寺鼻広場にて、仏式、神式、キリスト教式の順で追弔会がおこなわれている。

昭和21（1946）年の「平和復興祭」は「広島市町会連盟」が主催する行事だったが、その翌年、市長に当選した浜井信三は、広島市の行事として「平和祭」の開催を計画し、昭和22（1947）年8月5日から7日にかけて「第一回平和祭」が開催されることになった。会場となったのは、前年に追弔会が開催された慈仙寺鼻広場だ。ここを「平和広場」と名づけ、高さ10メートルの平和塔と野外音楽堂が建設されている。平和音楽祭や平和美術展もあわせて開催され、町内会主催の山車や、市内を練り歩く仮装行列も見られた。「お祭り騒ぎが過ぎる」との批判もあり、昭和23（1948）年の「第三回平和祭」は企画を統一し、「ノー・モア・ヒロシマズ」のスローガンを掲げて開催された。これ以降、平和祭は慈仙寺鼻広場、旧護国神社前の「市民広場」、原爆供養塔前広場と会場を転々としながら回を重ねていたが、昭和27

（1952）年に平和記念公園の建設が進み、原爆死没者慰霊碑が完成したことで、現在のように慰霊碑前広場で開催されるようになったのだった。

現在平和記念公園になっているあたりは、戦前は繁華街として賑わっていた。原爆投下によって街は灰燼に帰したが、この焼け跡をどうするべきか、さまざまな議論が巻き起こった。

外務大臣の重光葵がポツダム宣言に調印し、太平洋戦争が終結した昭和20（1945）年9月2日、中国新聞に「原子爆弾の記念施設　広島で爆心部に計画」と題した記事が掲載された。原子爆弾の投下は「大東亜戦終結の重大契機となつたもの」であり、「これを記念するため何らかの施設を講ずべきであるとの意見が強く」、「大体において焦土と化し果てた同市の姿をそのまゝ永く保存する計画」を進めるというのが、広島県の構想だった。これを受けて、中国新聞は9月5日に「戦争記念物の運命」と題した社説を掲載した。「焼野原を永久に保存せよ」と述べるのは「無責任極まる暴論」であり、「戦争記念物の運命は、そこに住居する市民の総意によつて決せらる」べきだとして、広島県の計画を強く批判している。

その翌年、昭和21（1946）年5月、広島市復興顧問に着任したジョン・D・モンゴメリーは、爆心地を「記念」として残すために、産業奨励館（原爆ドーム）附近に来訪者を迎える施設を設けてはどうかと提言した。これを受けて、復興審議会は戦災記念公園の計画を決定し、昭和24（1949）年に平和記念公園と「記念館」の設計コンペが開催された。募集要項には、のちに「原爆ドーム」と呼ばれることになる廃墟が大きく描かれていた。145点もの応募の中から一等に選ばれたのは、丹下健三らのグループだった。最終候補に残った8点のなかで、丹下らのグループのプランだけが、原爆ドームに積極的な意味を持たせていた。

平和記念資料館のガラス張りの廊下を歩いていると、丹下らのグループが原爆ドームに持たせた意味がはっきり見てとれる。ここに立つと、正面に慰霊碑が見える。「安らかに眠って下さい 過ちは繰返しませぬから」という言葉が刻まれた慰霊碑だ。その向こう側に平和の灯があり、さらに奥には原爆ドームが見える。平和記念公園の入り口から、慰霊碑とアーチ、そして原爆ドームへとまっすぐ軸線を引くことで、原爆ドームを慰霊と平和祈念を象徴する存在に据えたのが丹下らのプランだった。

ところで、「原爆ドーム」という言葉が使われるようになったのは、昭和25（1950）年ごろだとされている。この建物は、開館当初は「広島県物産陳列館」という名前だった。物産陳列館というのは、産業振興を担う存在として、各地に設置されたものだ。現代に置き換えると、博物館と商工会議所、それに百貨店の役割を兼ね備えた施設だったようだ。

近代における広島は、「軍都」として発展した。明治4（1871）年、広島城内に鎮西鎮台第一分営が設置された。明治27（1894）年に日清戦争が始まると、広島に臨時の大本営や帝国議会が設営され、軍都として躍進する。日露戦争前夜には、呉鎮守府が海軍工廠となり、呉は東洋随一の軍港となった。

街が発展するにつれて、地域の特産品を宣伝し、販路を開拓する拠点が必要になる。明治43（1910）年、広島県議会は物産陳列館の建設を議決したが、一大事業とあって建設工事はなかなか捗らなかった。やがて県知事は宗像政《むなかたただす》から中村純九郎に代わり、この中村知事もわずか1年で広島を離れることになる。次にやってきたのは、宮城県知事として観光開発に力を注いだ寺田祐之だった。寺田は宮城県知事時代に、日本三景として知られる松島に、外国人観光客の招致を目指して「松島パークホテル」を建設している。チェコの建築家ヤン・レツルが手がけた松島パークホテルのデザインに関心を抱いた寺田知事は、広島県物産陳列館の設計をヤン・レツルに依頼。レツルは数か月で設計図を完成させ、大正4（1915）年には物産陳列館の落成式を迎えた。鉄筋コンクリート造3階建て、ドームの頂部まで25メートルの高さを誇る物産陳列館はひときわ目立つ存在で、夜間にライトアップされるときもあり、広島の絵葉書にもたびたび描かれている。

当初は政府が推し進める殖産興業の舞台となった物産陳列館は、時代のうつりかわりとともに名称と役割を変えてゆく。大正10（1921）年、農務省の規定によって「物産陳列所」に改称されると、海外貿易と植民地取引の斡旋に力を注ぐようになる。昭和6（1931）年に満州事変が勃発し、翌年に満州国が建国されると、広島県からの海外輸出量は飛躍的に伸びた。昭和8（1933）年に「産業奨励館」となり、販路の開拓や取引を斡旋するべく、中国大陸にいくつか出張所も設置された。

こうして歴史を遡ってみると、原爆ドームは広島の近代を象徴する建物だとわかる。それは「帝国」とかかわりの深い場所でもあった。それが原爆投下によって廃墟となり、戦後は慰霊と平和祈念の象徴となっている。

慰霊碑と平和の灯、そして原爆ドームが一直線に並んだ風景を目にすると、ちょっと不安になる。その構図があまりにも見事で、あらかじめ用意されたフレームを覗き込んでいるような心地がする。視点が一点に集中するように設計された場所に佇んでいると、見落としているものがあるんじゃないかという気がする。

平和記念公園を歩く。テントの下には、ずらりと椅子が並べられている。黒い服を身に纏ったスタッフが、椅子をひとつひとつ雑巾で拭いている。被爆者・遺族席、認定被爆者席、外国人・自治体席。ブロックの区分けごとにプラカードが立っている。最前列には「市長」と札が貼られた席があり、通路を挟んで反対側のテントの最前列には「内閣総理大臣」と書かれた紙が貼られている。まだ10時過ぎだというのに陽射しが厳しく、木陰を選んで歩いていると、別のテントが見えてきた。そこには韓国人原爆犠牲者慰霊碑が建っていて、これから追悼式典が始まるらしかった。慰霊碑のそばの説明書きには、こう記されている。

第二次世界大戦の終り頃　広島には約十万人の韓国人が　軍人、軍属、徴用工、動員学徒、一般市民として在住していた。

1945年8月6日原爆投下により、2万余名の韓国人が一瞬にしてその尊い人命を奪われた。

広島市民20万犠牲者の1割に及ぶ韓国人死没者は決して黙過できる数字ではない。

爆死した　これら犠牲者は誰からも供養を受けることなく、その魂は永くさまよい続けていたが、1970年4月10日　在日本大韓民国居留民団広島県本部によって悲惨を強い

られた同胞の霊を安らげ　原爆の惨事を二度と　くり返えさないことを希求しつつ平和の
地　広島の一隅に　この碑が建立された。望郷の念にかられつつ異国の地で爆死した霊を
慰さめることはもとより　今もなお理解されていない韓国人被爆者の現状に対しての関心
を喚起し一日も早い良識ある支援が実現されることを念じる。

「一隅に」という言葉に目が留まる。この文章だけ読むと、「一隅」とは現在石碑が建つこの場所を指しているかのように思えるけど、最初に韓国人原爆犠牲者慰霊碑が建てられたのはここではなかった。

原爆投下から20年を迎えた昭和40（1965）年、広島市の諮問機関である広島市平和記念施設運営協議会は、「彫像・記念碑等の設置許可基準要綱」を定めた。これにより、公園や緑地に彫像や記念碑などを設置する場合、「公園または緑地の利用目的を妨げない」ことと、「美観風致を害しないもの」であることが求められるようになった。その2年後には、山田節男市長に対し、「平和公園内に記念碑、慰霊碑等が多くなったため、この時計塔を最後として公園内には一切工作物を許可しない」ように答申がなされている（ただし、実際にはこれ以降に公園内に設置された工作物もある）。当選したばかりの山田市長も、平和記念公園を「聖地」とし、広島が「世界の平和のシンボル」であるためには、平和記念公園内に「ごたごたしたもの」を置くべきではないと市議会で発言している。この時期に建立が計画されていた韓国人原爆犠牲者慰霊碑は平和記念公園内に建てることができなくなり、本川を挟んだ対岸――本川橋

西詰に建立されることになった。

公園の外側という周縁的な立地に、「差別の象徴ではないか」という批判が巻き起こった。これに対して広島市は、「公園内には一切工作物を許可しない」というルールを遵守しなければならないこと、平和記念公園内に移築すると政治的論争が巻き起こる懸念があること、平和記念公園内の原爆死没者慰霊碑は国籍や人種を問わず原爆で命を落としたすべての魂を祈念しており、韓国人の原爆犠牲者だけに捧げる別個の慰霊碑は必要ないことを理由に、慰霊碑の平和記念公園内への移転に反対した。だが、平成2（1990）年に広島市は態度を一変させ、この慰霊碑を「韓国人原爆犠牲者慰霊碑」ではなく、北朝鮮側と韓国側の統一慰霊碑とすることを条件に、公園内への移設を認める方針を打ち出す。そして、その慰霊碑の正面に刻まれる碑文には国名を入れず、ただ「原爆犠牲者慰霊碑」とするようにと提案がなされた。植民地化によって国籍を剝奪された人たちが、終戦後に独立を回復してなお、祖国の名前を削除するようにと告げられた、ということだ。結局、強い抗議によって統一慰霊碑は実現せず、1999年に韓国人原爆犠牲者慰霊碑が現在の場所に移転された。

テントの下に、ひとり、またひとりと参列者が集まってくる。笑顔で握手を交わす人や、一緒に写真を撮る人の姿があちこちで見られる。この場所は、被爆2世や被爆3世の方たちが年に一度の再会を果たす場所でもあるのだろう。10時半になる頃には席が埋まり、「ただ今より、第54回韓国人原爆犠牲者慰霊祭を行います」という司会者の言葉で、慰霊祭が始まった。まずは国歌の斉唱があり、この1年で亡くなった8名の名前が読み上げられた。それに続けて、参列者による挨拶があった。挨拶のほとんどは韓国語によるものだったが、ふたり目の方の挨拶は日本語の訳文もあわせて読み上げられた。

「今より78年前、閃光が光った瞬間、すべてがこの世の地獄になりました」。そんな一文から、その挨拶は始まった。原爆の犠牲になりましたわが同胞の無念の死を、この世でたとえようのない無念の死を、心の底より哀悼いたします。酷使された挙句、戦火の中で命を落としたわが同胞を哀悼いたします。懐かしい祖国へ帰れなかった同胞たちを追悼いたします。二度とこのような無念の犠牲になる同胞がないようにすることを、祭壇に誓います――こうして韓国人被爆者を追悼する言葉が尽くされたあと、「もう、恨みと憎悪は手放してください」という言葉が読み上げられた。

広島で被爆した朝鮮半島出身者は、終戦と同時に「日本人」には含まれなくなった。終戦直後に祖国に還る人たちも多かったが、十分な医療を受けられず、後遺症に苦しんだ。昭和40（1965）年に日韓基本条約が締結され、日本と韓国の国交が回復されると、両国間の戦後処理は解決済みだとして、日本政府は韓国人被爆者に対する被爆者健康手帳の発給を拒否した。長年にわたる草の根運動により、海外に暮らす被爆者にも被爆者援護法が適用されるようになったのは、つい最近の話だ。慰霊祭の挨拶に耳を傾けていると、「わたし」に含まれずにいた誰かがいたのだということを、改めて考えさせられる。

木陰に立っていると、頭上で蟬が鳴きしきっている。78年前の夏には、蟬の声も途絶えたのだろうか。

慰霊祭を見届けて、本川を渡る。かつて慰霊碑が建っていた本川橋西詰を通り過ぎ、どこかでお昼ごはんでもとぶらついていると、昔ながらのお好み焼き屋を見かけた。鉄板の前に5席だけ椅子が並んだ、こぢんまりした店だ。

お好み焼きといえば、広島のソウルフードだ。小さい頃から当たり前のように食べてきたけれど、お好み焼きはどのようにして生まれたのか、近代食文化研究会『お好み焼きの物語』(新紀元社)を読むまで、考えてもみなかった。

お好み焼きのルーツとなる料理が誕生したのは、江戸時代のこと。好景気にわいた文化文政期に、「子どもの小遣いだけで生計を立てる、大道芸的な食べもの屋台」が登場する。それは「食物で花鳥草木の形態模写」をしてみせる屋台で、飴細工やしんこ細工、文字焼などがあった。この文字焼は、江戸時代には「小麦粉に砂糖あるいは蜜を混ぜて焼いた薄く甘いクッキー状の菓子」で、「魚、亀、宝船などの形態を模写」していたそうだ。こうした文字焼は、駄菓子屋の登場と、鋳鉄の焼き型を使った焼き菓子(このひとつが「鯛焼き」だった)の台頭により衰退し、文字焼の屋台は新しい商売を考案しなければならなくなった。そこで誕生したのが「お好み焼き」の屋台だ。文字焼屋台で培った水溶き小麦粉焼きの技術を使い、明治時代にはまだ目新しかった「洋食」のパロディ料理を作り、ウスターソースで味付けして提供するようになったのだ。

東京で誕生した「お好み焼き」は、広島にも伝わり、「一銭洋食」の名で親しまれていた。広島県呉市育ちの田中小実昌も、『ふらふら日記』(中公文庫)に、この「一銭洋食」の思い出を綴っている。

お好み焼と広島とは、まえはなんの縁もなかったはずだ。それがとつぜん、広島のお好み焼が有名になり、「お好み村」がガイドブックにものるようになった。ふしぎなこともあるものだ、とぼくはおもっていた。

そのわけが、この日、「お好み村」のなかの「ちいちゃん」という店にいってわかった。「お好み村」の村長の古田正三郎さんとはなしていて、「ほら、ずっとまえに一銭洋食というのがあって……」と言われ「ああ、あの一銭洋食が……」と顔がほころびナゾがとけた。ぼくが子供のころは一銭洋食をよくたべた。ぼくは甘いものがきらいで、一銭洋食が好きだった。ぼくたちのころは、もう五厘玉はなく、一銭が最小貨幣だったが、子供の小遣いは一銭、二銭がふつうだった。

それも一日の小遣いはいくら、ときまってるわけではなく、なにかほしくなると、「一銭ちょうだい」母親にせがんだ。その一銭玉をもって、一銭洋食をたべにいくのだ。たった一銭で洋食とは大げさだが、この名前はおかしく、おもしろい。

戦後の食糧難の時代に、アメリカは余剰小麦を日本に輸出し、大量の小麦粉が流通するようになった。戦前はこどものおやつだった「一銭洋食」が「お好み焼き」となり、広島のソウルフードになってゆく。僕の父は昭和20（1945）年に生まれているが、昔は土間に七輪と鉄板を置き、お好み焼きを提供する家があったのだと聞かせてくれた（横手のやきそばの話とよく似ている）。お好み焼きだけでなく、家から炊いたごはんを持参し、鉄板で焼きめしにしてもらうこともあったという。

さて、何を注文しようか。

壁に貼られたメニューを眺めて、肉玉そばを注文する。鉄板に丸く生地を描き、キャベツともやし、それにてんかすをのせ、最後に豚肉をのっける。その隣で、そばが焼かれている。しばらく経ったところでひっくり返し、そばの上に生地をのせる。じっくり焼いて、またひっくり返し、卵を鉄板に落とし、ヘラで丸く形を整えて、その上にお好み焼きをスライドさせる。もういちどひっくり返し、ソースと青のりを振ると、お好み焼きの完成だ。手際よくお好み焼きをつくる店主は、もう80代なのだと教えてくれた。

「こんな年になってまで何で店を続けよるんかと言われるんですけどね、リハビリに出てきよるだけなんです」と店主は笑う。彼女は大阪出身で、結婚相手の仕事の都合で広島に移り住んだのだという。「10年と経たんうちに主人は亡くなって、仕事せえへんかったらこどもを育てられやしませんからね、働かんかったのはお産のときだけで、あとはずっと働いてます」

シャオヘイ著『熱狂のお好み焼　お好み焼ラバーのための新教科書』（ザメディアジョン）によれば、現在のそば入り、重ね焼きスタイルの広島風お好み焼きが誕生したのは、昭和30（1955）年頃だという。この時代には、広島の繁華街・新天地公園のあたりに、お好み焼きを提供する屋台がたくさん並んでいた。こうした屋台で商売をしていた人のなかにも、県外出身の人が少なくなかったそうだ。

広島市民は焼け野原から立ち上がり、市民球団として設立された広島カープを応援し、お好み焼きで腹を満たし、戦後の復興を成し遂げてゆく――。「広島の復興」という言葉からは、そんなストーリーが浮かんでくる。その「広島市民」には、広島市に生まれ育った人だけでなく、外からやってきた人たちも大勢いたはずだ。

広島の復興を目指す復興審議会が発足したのは、昭和21（1946）年2月のこと。この復興審議会により、「広島復興都市計画」が立案され、平和公園のほかに、河川緑地の設置や、新生広島の大動脈として100メートル道路の建設も打ち立てられた。ただ、復興計画を実現しようにも、原爆投下で焦土と化した広島市では財源が不足していた。そこで浜井信三市長は、広島復興のための「広島平和記念都市建設法」の成立を目指した。

復興15か年計画を立て、法案の草稿を完成させた浜井市長は、GHQの国会担当官を訪ねる。草案に目を通した担当官は「これは素晴らしい！」と絶賛し、「国会へ行って、速やかに議決してもらうがいい」と言ったと、市長の回顧録に記されている。広島が平和都市として再建されることは、原爆投下が平和の礎を築いたのだと捉えることもできる。アメリカにとって、広島が平和都市として再建するのは好ましいことだったのだろう。

こうして昭和24（1949）年5月、広島平和記念都市建設法は衆参両院の満場一致で可決された。この法律が「打ちでの小槌」となって予算がつき、復興計画を推し進めることができたのだと、浜井市長は振り返っている。ただ、広島平和記念都市建設法が成立する少し前に、デトロイト銀行頭取のジョセフ・ドッジが公使として来日し、インフレ対策のために緊縮財政方針を打ち出したことにより、公共事業は大幅に縮小されつつあった。広島市にもその影響は及び、予算が大幅に縮小された上に、当初の復興計画に組み込まれていた河川・港湾・文教・住宅・観光・厚生といった事業は対象外となり、土地区画整理などの戦災復興事業・平和記念施設・排水施設・幹線道路・都市公共施設建設だけが進められることになった。

生活の再建が後まわしにされ、「平和記念施設」が公共事業として進められてゆくことに対して、厳しい声が寄せられた。「原爆被害者の会」を立ち上げた吉川清は、著書『「原爆一号」といわれて』（筑摩書房）にこう綴っている。

平和が来て六年もたつというのに、被爆者は、病苦と貧困にさいなまれ、立ち直ることもできずに、瓦礫と雑草の中に取り残されていた。一九四九年に〈広島平和都市建設法〉が成立して、復興が軌道にのりはじめていた。市の中心部には、ビルも建ちはじめ、夜の目にも明るく電灯がともり、ネオンサインもまたたきはじめていた。それにひきくらべ、被爆者の生活は、復興から完全に取り残されていた。私は、市役所に浜井市長を訪ねた。市として、原爆被害者に何らかの救援対策を考えているかをたしかめるためであった。市長の答は、ようやく復興の途についたばかりであって、被爆者の救済にまでは、財政上も手がまわりかねるということであった。私が被爆者訪問によって知った実情をいかに説明しても、市長の口からは、被爆者対策について何ひとつ聞くことができなかった。

〈広島平和都市建設法〉によって、公園ができ、広い道路がつき、ビルは建った。これが復興だった。人間は置き去りにされていた。病苦と貧困に追いうちをかけるように、住む家はボロボロのままに放置されていた。

吉川清は、爆心地から1・5キロ離れた自宅の前で被爆し、背中と両腕が焼けただれた状態となった。広島赤十字病院に入院し、生活保護を受けながら16回もの手術を受けた。だが、昭和26（1951）年の春、病院内の環境改善を求めて声を上げた途端に生活保護は打ち切られ、退院を命じられてしまう。住む家もなく、最初の夜は「今は平和公園となっている爆心地近くの焼け跡で野宿」せざるを得なかったと吉川は回想する。生活費を稼ぐために、「原爆ドームを訪れる観光客に、絵はがきなどのみやげ物を売ってはどうか」と提案された吉川は、「戸板の上に並べて妻と二人で商売にかかった」。

原爆投下から6年が経過したころでも、爆心地の近くには「焼け跡」が残り、バラックが建ち並んでいた。昭和27（1952）年、平和記念公園に慰霊碑が完成した年に開催された平和祭の写真を確認すると、平和祭の参列者の視界からバラックを覆い隠すようにして、大きな幕が張られている。少しずつ広島の「復興」が進み、ビルが建ち並ぶようになると、バラックは「平和都市」にふさわしくない存在と見做されるようになり、立ち退きを命じられたのだった。

幼い日に祖母と原爆ドームを訪ねたときには、平和記念公園にかき氷の屋台が出ていたような気がする。現在の平和記念公園には屋台はひとつも見かけないから、もしかしたら別の記憶が混ざっているのかもしれない。今はもう、整然とした公園が広がっているばかりで、ここでは原爆ドームだけが焼け跡のまま残っている。その風景を眺めていると、ひとつの疑問が浮かんでくる。どうして原爆ドームは保存されることになったのだろう?

モンゴメリーの後任として広島市復興顧問となったS・A・ジャビーは、昭和23(1948)年7月13日の『夕刊ひろしま』に掲載された「観光と原爆記念」という座談会において、「原爆記念物は広島に与えられた唯一の観光資源」だと語っている。ただ、被爆の痕跡が残る建物に対しては、「忌まわしい記憶がよみがえるから撤去してほしい」という市民の声も寄せられていた。

昭和26(1951)年8月6日の中国新聞に、「〝平和祭〟を語る」と題した座談会が掲載されている。広島市長・浜井信三や、広島県知事・大原博夫、広島大学学長・森戸辰夫などが参加した座談会だ。司会を務める中国新聞社長・山本実一から「原爆遺跡の保存は今後どのようにされますか」と問いかけられると、それぞれ次のように答えている。

浜井　私は保存しようがないのではないかと思う。石の人影、ガスタンクとも消えつつあるし、いま問題となっているドームにしても金をかけさせてまで残すべきではないと思っています

大原　敵愾心を起すのなら別だが平和の記念とするのなら残さなくてもいいと思う

森戸　私も残す必要はないと思いますネ、あのドームも向いの建物は残っているんだし、建

物の建て方が悪いんですネ、とにかく過去を省みないでいい平和の殿堂をつくる方により意義があります　そういうものをいつまでも残しておいてはいい気分じゃない

原爆ドームの保存に消極的だった浜井市長が、一転して保存を打ち出すきっかけとなったのは、ひとりの少女が書き残した日記だった。1歳のとき、爆心地から1・5キロ地点で被爆した楮山ヒロ子は、高校生になって白血病となり、入院生活を余儀なくされた。彼女が綴った昭和34（1959）年8月6日の日記には、「広島民の胸に今もまざまざと記憶されているおそるべき原爆が十四年たった今でも、いや一生がい焼き残るだろう」と綴られている。その日記はこう続く。「そうして二十世紀以後はわすれられて、記念碑に書かれた文字だけと、あのいたいたしい産業商れい館だけがいつまでもおそる（べき）げん爆を世にうったえてくれるだろうか」と。

この日記を書いた翌年に、彼女は亡くなった。その日記の言葉を深く心に受け止めた「広島折鶴の会」のこどもたちが募金活動を始めると、他の平和団体からも原爆ドームの保存を求める声が高まり、昭和41（1966）年になってようやく、広島市議会で原爆ドームの保存が決議されている。

21世紀を迎えた今、「おそるべき原爆」の記憶は、どれだけ残っているだろうか。

米山リサ『広島 記憶のポリティクス』（岩波書店）を読むと、時代が昭和から平成に変わった1989年は、大きな転換期を迎えていたのだと気づかされる。この年は広島市制100周

年と広島城築城400周年にあたり、「企業や行政により数多くの催し物やプロジェクトが企画され」たそうだ。そこで戦争や原爆の「暗い」記憶に対置されるものとして、「明るい平和」が生成されてゆく過程を、米山リサは書き綴っている。

市の観光行政は、無批判に消費文明に資金を投じることによって原爆の記憶を消し去ろうとしているのではないか。先の市職員はそのような私の懸念を払拭しようとした。観光産業の促進そのものが、平和の追求なのです。平和体験を探し求め広島を訪れる人々は、観光客と定義することができる。お寺や神社への参詣者と同じなのです。聖なる場所にある街、平和のメッカは、近くの有名なお寺や神社から発展する門前町と同じだと考えていい。彼はこのように説明した。ここでは、広島の聖性、広島の平和への祈りが、諸外国からの観光客に向けた魅力的な目的地と同じように、消費の対象に変換されている。(…)観光課の市職員は、原爆体験を他の人々に伝えることの重要性は否定しなかった。しかし、平和のことや被爆者のことについて、人は毎日二四時間考えていることはできない、と彼は強調した。戦争と原爆の記憶は、「きちんと」、適切な場所と時に思い起こされなければならない、つまり「けじめ」が必要だ、というのである。彼の非歴史的な説明によれば(…)明るさへの志向も、人々がみな自然に共有する日本人の文化的特性のひとつである。日本人は一般的にグロテスクなものを見ていられないのだと思う。原爆資料館のなかにあるものまで含めて原爆の残骸を全て移転しようという計画さえあるくらいだから。戦争記念公園は、ひとつの選択肢になるかもしれない。しかしそれもちょっと暗いと非難されるでしょうけれど。彼はこのように話した。

広島市制100周年記念事業として計画された事業のひとつに、地上600メートルの「ひろしまタワー」建設構想があった。「明るさと地域振興のシンボルに」とマツダが提唱したプロジェクトで、原爆が炸裂した高度とほぼ同じ高さとなる頂上には「平和の光」を灯し、広島の街を一望できる展望台をそなえ、地上にはワールドショッピングプラザや世界青少年交流センター、フェスティバルプラザなど市民や観光客が集える施設を配置する計画だった。当時のマツダの専務は、新聞社の取材に対し、「原爆ドームを否定しているわけではない。ただ、悲惨さだけでなく、平和の楽しさを追求していく時期ではないか」と語っている。ただ、被爆者団体などから批判が相次ぎ、タワーが建設されることはなかった。

それから20年あまりが経過した2010年、広島マツダは原爆ドームに隣接する広島東京海上日動ビルを取得し、「広島マツダ大手町ビル」と改称した。2014年から改修工事が始まり、2016年に「おりづるタワー」としてリニューアルオープンした。1階には物産館があり、屋上には展望台がある。入場料の2200円を支払って、50メートルの高さにある展望台から街を眺める。原爆投下直後には「70年は草木も生えない」と報じられた広島は、今やすっかり復興を遂げ、人口100万人を超える大都市となった。その賑やかさが、ここからだとよく見渡せる。足下には原爆ドームがある。原爆ドームを見下ろすのは、なんだか畏れ多いような気もする。

「なんだか畏れ多い」という感覚は、どこからやってきたのだろう。

昭和20（1945）年3月10日、東京大空襲によって下町は焼け野原となった。東京スカイツリーの展望台から、その下町を見下ろしても、「なんだか畏れ多い」とは感じなかった。その違いはどこから生じているのだろう。広島の原爆被害は小さい頃から繰り返し資料を目にしてきたのに対して、東京大空襲にはそれほど触れてこなかったことが理由なのだとしたら、ずいぶん身勝手な話だ。

原爆が投下された翌月には、連合国側のジャーナリストが広島を訪れている。最初に広島入りした英国デイリー・エクスプレス紙記者のウィルフレッド・バーチェットは、八丁堀の警察署を訪れた際に、その場にいた市民から罵倒された。被爆者を収容した焼けビルでも、広島市民から睨まれ、罵声を浴びせられている。僕は被爆3世ではあるけれど、広島を訪れる外国人観光客を見かけても、憎しみは浮かんでこない。原爆ドームを見下ろしても、忌まわしい記憶はよみがえってこず、ただ「なんだか畏れ多い」というぼんやりとした心地があるだけだ。

高さ450メートルの東京スカイツリーの展望台では、人の姿は小さな粒にしか見えなかった。高さ50メートルのおりづるタワーからは、顔は判別できないまでも、どんな服装かは見える。お昼に立ち寄ったお好み焼き屋さんは、どのあたりだろう。展望台から景色を眺めていると、広場のような場所に櫓が立っているのが見えた。そこは小学校のグラウンドで、これから盆踊り大会が開催されるようだった。タワーを降りて、その小学校に向かってみると、敷地内に建つ原爆慰霊碑の前で慰霊祭が執り行われているところだ。

ここ本川小学校は、明治6（1873）年に「造成舎」として創立された。昭和3（1928）年には広島市内の小学校としては初となる鉄筋コンクリート造の校舎が落成した。だが、原爆によって全焼し、生徒約400名と教職員十数名が亡くなり、生徒ひとりと教師ひとりだけが奇跡的に生き延びたのだという。被爆した翌日から、学校は臨時の救援所となったのだそうだ。

献花を終えると、慰霊祭の参列者たちは盆踊りの会場である校庭に流れてゆく。校庭では小さなこどもたちが砂埃を立てながら駆けまわっていた。あるこどもはおにぎりを手に走り、あるこどもは「かき氷！」と叫びながら走り、あるこどもは葉っぱを持って走り、あるこどもはヨーヨーを振り回しながら走っている。「えー、こどもたちにお伝えします。ゴミが舞い上がりますので、走らないでください」と、マイク越しに何度かアナウンスが流れたけれど、そんな言葉はこどもたちの耳には届かず、ひたすら駆けまわっている。その姿はなんだか頼もしかった。

「ただ今より、第39回慰霊盆踊り大会を開催いたします」。そんな開会宣言とともに、盆踊りが始まる。300円のアサヒスーパードライと、1本100円のフランクフルトを買って、知らない街の知らない踊りをずっと眺めていた。

すっかり夜が更けた頃になって、もういちど平和記念公園に出かけた。昼間は大勢の観光客で賑わっていた公園も、今は静まり返っている。原爆ドームは照明でライトアップされていた。

広島市内の主要な観光コースをライトアップする「ひかり感覚都市ひろしま」という企画が始まったのは、平成元（1989）年のことだった。市民や観光客が河畔の散策を楽しめるようにと計画されたもので、平和記念公園を中心に、緑や建物がひかりに照らされた。爆心地から1・3キロ地点で被爆し、戦後は教員として働きながら「語り部」として被爆証言活動を続けた沼田鈴子は、夜ぐらいは平和公園をそっとしておいてあげてほしい、広島の過去がけばけばしい光で霞んでいくように思えるから、と語っていたという。彼女は2011年に亡くなっている。

2023年の夏で、終戦から78年が経過した。

今から8年前、つまり戦後70年を迎えるとき、『エンタクシー』（2015年夏号）に、評論家・坪内祐三さんのインタビューが掲載された。そこで坪内さんは、「『戦後何十年』という区切りが意味を持つのは今年が最後だと思います」と語っていた。人間の記憶が5歳から始まるとして、戦後80年を迎える年には、終戦の年に5歳だった人ですら85歳を迎える。だからもう、戦争の記憶を持つ人はほとんどいなくなってしまって、「戦後80年」という区切りは意味を持たなくなるのではないか、と。

「戦争中は食糧事情が酷かったというイメージが強いけど、それは最後の一年半ぐらいと戦後の数年間なんです」。坪内さんはそう語ったあとに、こう話を続けた。

その飢餓体験にも、微妙な世代の差があります。たとえば昭和十年生まれの人は、八歳ぐらいからの数年間が食糧事情にめぐまれなかったことになる。それはそれで可哀想だけど、その世代は物心がついたときから困窮していた。でも、たとえば昭和四年生まれの小沢昭一さんの世代だと、物心がついたときには豊かなものを食べられたのに、それが段々なくなっていく――その恐怖がいまだにあると言っていました。小沢さんはもともと軍国少年で、海軍兵学校にも通っていたのに、反戦に傾いていく。それはイデオロギーとしての反戦じゃなくて、食べ物がなくなっていく怖さを知っているがゆえの反戦でした。僕が小沢昭一さんと会ったとき――そのときはもう七十歳ぐらいでした――デパ地下に行くと全部買い占めたくなると言っていた。小沢さんより三歳若い小林信彦さんも同じことを言っていました。でも、戦後八十年になる頃には、そういうリアリティは失われていくでしょうね。

（坪内祐三「戦後八十年はもうないかもしれない――歴史の物差しのひとつとして」）

この言葉を語っていた坪内さんの姿を思い出す。このインタビューが収録されたのは神保町の「伯剌西爾《ぶらじる》」という喫茶店で、僕が聞き手を務めていた。ふたまわり年長の坪内さんは、いつも歴史の物差しを手渡してくれた。あれから8年が経ち、そんな坪内さんもいなくなってしまった。

昭和57（1982）年生まれの僕には、昭和の記憶はほとんどない。いちばん古い記憶として残っているのは、「平成」という新しい元号が発表されたときのことだ。そんな僕の目だと、ライトアップされた原爆ドームを見ても、広島の過去がけばけばしい光で霞んでいくようには映らなかった。人通りが途絶えた真夜中の平和記念公園で、ひかりを浴びた原爆ドームだけが大きな存在感を放っている姿を目の当たりにしていると、死者が主役となった世界に佇んでいるような心地がした。

夜が明けて、8月6日の朝がやってくる。

その日、広島中央放送局の情報連絡室では、警報発令を知らせるベルが鳴り響いた。敵機空襲の知らせを受け取ったアナウンサーは、すぐさま放送スタジオに入り、「中国軍管区情報！敵大型三機、西条上空を――」と読み上げた。そこまで読んだところで、鉄筋の建物が傾くのを感じ、体は宙に投げ出された。

「敵大型三機」が通り過ぎていた「西条」というのは、僕の郷里・八本松の隣町だ。原子爆弾を積んだ戦闘機は、8時13分に西条上空を通過している。ということは、八本松でもエノラ・ゲイの姿は見えたのだろうか。

当時、僕の祖母は18歳だった。軍国少女だった祖母は、女学校を卒業して挺身隊に行くつもりでいたけれど、父に猛反対され、臨時教員養成所に通い、小学校の教師になった。原爆が投下された日には、八本松からでもキノコ雲が見えたという。広島壊滅の報せを聞き、祖母は弟を探しに出かけ、被爆した。いちどだけ、ＩＣレコーダーをまわしながら、昔のことを聞かせてもらったことがあった。

「弟は一番おとんぼ（末っ子）で、女の子に囲まれて育ったから、弱々しい子じゃったけど、頭は良かったんよ。『工業学校へ進んで設計士になりたい』ゆうて、広島の工業学校へ通いよったんじゃけど、あの頃は勤労奉仕ゆうのがあってね。8月6日言うたら、普通は夏休みじゃけど、勤労奉仕へ出にゃならんかった。同じ汽車に乗って広島に出かけとっても、広島駅のあたりでぐずぐずしよった人は助かっとるんじゃけど、あの子は真面目な子じゃったけん、汽車を降りたらすぐ工場へ行きよったんじゃろうねえ。

それで、私とお父さんとで広島まで毎日探しに行ったんよ。身内が広島に勤めに出とる者や、広島に親類がおる者は皆探しに行きよったけん、駅がいっぱいになるほどじゃった。途中までしか汽車が動いとらんかったけん、そこからは歩いてね。広島じゅうの収容所という収容所を探したけど、見つからんかった。学校が負傷した人の収容所になっとって――遥か昔のことじゃが、昨日のように覚えとる。体育館の床に布切れみたいなんを敷いて、その上へ死体が転がされとったよ。あんな時代があったんよ」

祖母が暮らしていた家には、昭和61（1986）年に撮影された航空写真が飾られている。そこには祖母の家が写っていて、家屋を囲むように田んぼが広がっている。今はその半分近くが住宅地になっている。そこで生まれ育ったこどもたちからすると、昔は田んぼが広がっていたなんて、信じられないだろう。僕にとっても、祖母が語る昔の話は、今とはまるで別世界のようにも思える。

「今では信じられんような話じゃけど、あの頃は街から『コメと交換してくれ』と言ってやってくる人も多くてね、物々交換しよったんよ。知り合いだけじゃなくて、知らん人が訪ねてくることもあったよ。戦争中やなんか、なんぼお金があっても食べ物が手に入らんかったけん、おかずを買うて食べるということは滅多になかった。鶏小屋で鶏を飼いよったけん、卵はあったけどね。コメはあるし、卵もあるけど、魚を食べるようなことは月に何回かしかなかったねえ。八本松の駅のほうまで出んと、魚やなんか買えんかったけん。

私が小さい頃に住んどった家は、駅まで40分ぐらいかかるところにあったんよ。そのあたりは一等地じゃと言われるぐらい、黒々としたええ土じゃったみたいよ。ほいじゃが、昭和15（1940）年じゃったか、そのあたりを海軍省が買い上げるという話になって、それで皆、移転することになった。うちのじいちゃんは百姓人間で、『ここで100年も庄屋をしてきたのに、今さらヨソへ行かれるか』と言いよったけど、海軍省が言うんじゃけ、しょうがないよね。それに、前は駅まで40分かかりよったのが、ここに移ってきたら10分で行けるようになったけん、私らなんかは喜んだんよ。前の家があったところは、海軍省の弾薬庫になって、戦争が終わったらそこに米軍が入ったんよ」

小さい頃から、「弾薬庫」という言葉には聞きなじみがあった。ただしそれは、「だんやっこ」という音でしかなく、そこに米軍の弾薬が貯蔵されていることは知らなかった。夜になると、山のなかにある「だんやっこ」に、オレンジ色のひかりが点々と灯る。僕はそのひかりにただ見惚れていた。

広島は平和教育が盛んな土地だ。学校の授業でも頻繁に原爆の話を学ぶ機会があった。だから、「広島」と「戦争」という言葉を重ねると、原爆のことばかり思い浮かべてしまう。僕が生まれ育った小さな町からは遠く離れた場所で起きた出来事のように考えてしまう。でも、こんな小さな町にも、戦争の影は及んでいたのだ。広島市長だった浜井信三の回顧録『原爆市長復刻版』（シフトプロジェクト）にも、八本松が登場する。

家財一切を焼いた市民は、着のみ着のまま、夜寝る布団にも困った。夏の間は裸の生活でもよかったが、そろそろ涼風がたちはじめると、それではすまされなくなってくる。秋——そして寒い冬がやってくる。当然、衣料が要る。といって、当時市民に着せる大量の衣料を、正規のルートで手に入れることは不可能であった。

そこでわれわれは、軍服と軍用毛布に目をつけた。幸いにも、広島市には陸軍の被服支廠があったので、その払い下げを受ける交渉を進めたところ、結局、新しい軍用被服一万梱《こうり》をもらい受けることに話がついた。「軍用被服一万梱」というのは、軍服、下着、軍帽、軍靴など、兵隊一人が身につける、上から下までの被服が十万人分である。これだけあれば、まず市民の当座の衣料はまかなえる、と喜んだ。しかしそれも束の間であった。

それらの被服は、加茂郡西条町に疎開してあるので、そこまで行って引きとってこい、というのである。トラックも人手もないときである。それをどうして運ぶかが問題である。だがこのとき私は、どんなことをしても、この軍服を運び出して来て、ひどく窮迫した市民の衣料を確保してやり、この冬の寒さをしのがせようと心に決めた。

被服の疎開先は「川上《かわかみ》」という地区で、「西条駅から相当離れた山の中」と書かれている。「川上」というのは現在の八本松町だ。一体どこに陸軍の物資が疎開されていたのだろう。試しにネットで検索してみると、「米軍空中写真を用いた広島陸軍兵器補給廠八本松分廠の調査と活用方法の提案」と題した論文が見つかった。論文を読むと、物資を疎開させていた建物があった場所は、小さい頃から何度となく通ってきたエリアだった。そこには今も、軍用地と民用地の境界線を示す「陸軍」の文字が刻まれた標石が残っていた。

自分が生まれ育った町でも、知らないことが山のようにある。実家の本棚にあった『広島県川上村史』によると、八本松が栄える端緒をひらいたのは、停車場ができたことだったようだ。明治28（1895）年に八本松停車場が旅客の扱いを始めたことで、それまで「きつね山とよばれ墓地で寂しいところ」だった八本松停車場のあたりが、年々発展し、人家も増えていったのだそうだ。

驚いたのは、この町にかつて「廻り馬場」があったという記述だ。明治33（1900）年、「飯田区と米満区との間の天林とよぶ山林を開いて、巾三間（約五米）長三〇〇間（約五四〇米）余」の廻り馬場が建設されたのだという。この廻り馬場は、牛馬市を開催するために建設されたものだったが、毎年10月17日には大競馬会が開催されたのだそうだ。明治36（1903）年には馬場の拡張工事がおこなわれ、「廻り馬場神社」も建設されている。競馬場は「桜山馬場」、牛馬市は「桜山牛馬市」と名づけられ、「この市場を目指して集散する博労、一般見物人のために、宿屋をはじめとして幾多の建物」が並び、大いに賑わっていたという。

その競馬場というのは、どんな佇まいだったのだろう。今ではもう、競馬場も神社も姿を消してしまった。郷土史に書かれた「天林」という地名も、現在では使われなくなっており、親も「聞いたことがない」と首を傾げていた。昭和2（1927）年生まれの祖母なら知っていたかもしれないけれど、3年前に亡くなってしまった。

お盆になると、祖先の霊が還ってくるという。もしも幽霊というものが存在するのだとしたら、どんなに良かっただろう。自分の祖先に限らず、聞いてみたいことはたくさんある。2023年の夏、久しぶりに開催された盆踊り大会を見物していると、誰かに話しかけたい気持ちが膨らんでゆく。

登別・洞爺

絶景、記憶をめぐる旅

8月の終わりに、北海道に出かけた。東京では猛暑日が続いていたけれど、新千歳空港に降り立ってみると風が冷たく、秋の気配が感じられた。

JRの改札口の近くに、「外国人デスク」と書かれた窓口があった。札幌駅と新千歳空港駅に「外国人デスク」が設置されたのは、2005年のことだという。もともとはみどりの窓口の脇に併設されていたのだが、海外からの観光客が増えたことで2018年にリニューアル工事がおこなわれ、現在ではみどりの窓口のほうがひっそりした佇まいになっている。インターネットできっぷが予約できるようになって、みどりの窓口は業務を縮小しつつある。

新千歳空港から快速エアポートで南千歳に出て、特急すずらんに乗り換える。車窓には平原が広がり、牧草ロールが点々と並んでいる。しばらく走ると、海が見えてくる。海岸沿いには工場や倉庫が建ち並んでいて、数えきれないほどコンテナが積まれている。ほどなくして特急列車は苫小牧駅に停車する。

初めてひとり旅をしたのは、15歳の春だった。高校進学前の春休みを利用して、2泊3日の北海道旅行に出かけた。目的は日高の牧場を訪ねて、引退したサラブレッドを見学することだった。当時のメモを引っ張り出してみると、飛行機の到着が遅れても慌てなくて済むように、新千歳から日高方面への乗り継ぎ時刻をいくつか書き写してある。今ではもう信じられないけれど、実家にあった分厚い時刻表を繰って、汽車の時刻を調べたのだろう。細かい縮尺の地図を買う余裕はなく、社会の授業で使っていた日本地図を広げながら、「静内《しずない》と新冠《にいかっぷ》は隣り町だから、レンタサイクルでまわれるだろう」と踏んで、旅程を立てた記憶がある。レンタサイクルを漕ぎながら、北海道のスケールを体感した日のことを思い出す。

あのときは苫小牧駅で汽車を乗り継ぎ、日高本線で静内に向かった。でも、2021年に日高本線の鵡川《むかわ》-様似《さまに》間は廃止となり、現在では鉄路で静内や新冠を訪ねることはできなくなってしまった。廃止の大きな要因となったのは、2015年1月、猛烈に発達した低気圧が直撃し、高波により土砂が流出したことだった。

日高本線のはじまりは、明治42（1909）年、王子製紙苫小牧工場まで木材を運ぶために、苫小牧-鵡川間に馬車鉄道が敷かれたことにある。沿線にはかつて牧場が点在しており、海岸沿いには昆布を天日干しする光景があった。ただ、人口が著しく減ったことで鉄道を利用する人も減り、鵡川-様似間の輸送密度は30年のあいだに81パーセントも減少し、日高本線の赤字額は15億円を超えた。地元自治体との協議が重ねられたが、JR北海道は持続的に運行を維持することは不可能と判断し、鵡川-様似間は廃止されたのだった。

現在この区間は、鉄道に代わってバスが走っている。それに、15歳の頃と違って、今はレンタカーを借りて牧場をまわることだってできる。でも、あのとき牧場で悠々自適の生活を送っていたオグリキャップも、ミホノブルボンも、ビワハヤヒデも、マヤノトップガンも、皆いなくなってしまった。

特急すずらんは、汽笛を鳴らして動き出す。次の停車駅は今回の目的地である登別《のぼりべつ》だ。「停車時間はわずかです」というアナウンスに急かされるように汽車を降りると、年季を感じさせる駅舎が建っていた。それもそのはず、登別の駅舎は昭和5（1930）年に建てられたものなのだそうだ。

温泉と聞いて連想する地名はいくつかあるけれど、そのひとつは登別だ。それはきっと、「旅の宿」という入浴剤の影響もあるのだろう。昭和61（1986）年に発売された「旅の宿」は、お中元やお歳暮で贈られてくるのか、うちの風呂場によく置かれていた。登別に草津、箱根に白浜、それに別府。地名のついた入浴剤を湯に溶かし、版画で描かれた温泉地の光景を眺めながら、こんなにカラフルなお湯が湧いているのだろうかと思いを巡らせていた。それに、ザ・ドリフターズの楽曲「いい湯だな」で真っ先に登場することもあって、登別の名前を小さい頃から認識していたのだろう。

登別の名は、アイヌ語で「色の濃い川」を意味するヌプルペッに由来する。温泉から流れ込む白濁した水が、川を青白く濁らせていたことから、この名がついたとされている。アイヌは文字の記録を残していないから、登別の温泉がいつごろ発見されたのか、明確なことはわからない。はっきりとした記録で最古のものは、天明5（1785）年から蝦夷地を調査した最上徳内による『蝦夷草紙』で、そこには「ノボリベッという小川有り、この川上に温泉湧き出て、流れ来るため白粉と紺青をかき立てるが如し」という記述がある。

「北海道」の名付け親ともなった探検家・松浦武四郎も、弘化2（1845）年に登別に立ち寄っている。当時の登別温泉には仮の小屋が建てられている程度で、アイヌの人たちは温泉水が流れる川のなかにむしろを敷いて湯治をおこなっていたそうだ。だが、松浦武四郎が安政5(1858)年に登別を再訪してみると、そこには止宿小屋が建ち、浴場に屋根がかけられていたという。幕末の時代に登別温泉の整備を手掛けたのが、場所請負人の岡田半兵衛だった。

江戸時代の北海道には、「場所」という区割りが存在した。当時の北海道では米がとれなかったこともあり、松前藩は蝦夷地をいくつかの「場所」に分割し、家臣にアイヌとの交易権を与えることで知行としていた。最初のうちは武士が直接アイヌと交易をおこなっていたが、やがて「場所請負人」に指名した商人に交易させて税を徴収する場所請負制にかわってゆく。登別があるのは「幌別《ほろべつ》場所」で、岡田半兵衛がこの地の場所請負人になったのは天保9(1838)年のことだった。

江戸時代に北海道を旅した近藤重蔵は、幌別場所について、「近年漁がなくてさびれアイヌの人も少なく貧弱な場所」であり、「海産物は何ひとつなく、たいへん難儀のようすである」と書き綴っている。不漁となる年も多く、そっぽを向く商人も多かったが、岡田半兵衛は場所の発展に尽くした。私財を投じて登別温泉に至る道路をつくり、止宿小屋を建てたのも岡田半兵衛だった。

この登別温泉を開拓し、温泉地としての礎を築いたのが滝本金蔵だ。文政9(1826)年、武蔵国本庄村(現・埼玉県本庄市)の農家に生まれた滝本金蔵は、早くに両親を亡くし、江戸に出て大工となった。安政5(1858)年、幕府の募集に応じ、官費で北海道に渡ると、長《おしゃ》万部《まんべ》の「御手作場《おてさくば》」（農場）で働き始める。金蔵には佐多《さた》という名の妻がいて、かねてより皮膚病に苦しんでいた。登別温泉の噂を聞きつけた金蔵は、佐多を連れて山道を分け入り、湯治をおこなったところ、妻の皮膚病は快方に向かった。この名湯を世に出さなければと、金蔵は文久2（1862）年に登別に移り住み、温泉地開発に乗り出す。大工の腕をふるって湯治宿を建て、温泉場に氏神を祭り、湯沢神社と名付けた。さらに人馬継立所を設置し、道産子に鞍をつけ、温泉まで湯治客を運ぶ商売も始めた。ただ、当時の道路は人馬がやっと通れるだけの険しい道のりで、いちどにひとりの湯治客しか運ぶことができなかった。湯治客が増えると、いちどに複数名の乗客を運べるようにと、明治24（1891）年には新たな道路を開削。完成した道路に客馬車を走らせ、御者に豆腐屋のラッパを吹かせると、その音色は登別温泉の名物になった。この翌年、明治25（1892）年に、北海道炭礦鉄道の登別駅が開業している。

新千歳空港では青空が見えていたのに、登別は雨が降っていた。雨雲レーダーを確認すると、登別周辺だけが雨と表示されている。南から湿った空気が吹き込むと、オロフレ山系にあたって雨となることから、登別は雨の多い街らしかった。駅舎の前には、大きな赤鬼像が鎮座している。記念に写真を撮っていると、ちょうど登別温泉行きのバスがやってきたので、これに飛び乗った。

市街地を走っていたバスは、やがて山深い道に入ってゆく。渓谷沿いをしばらく走ったところで、登別温泉ターミナルに到着した。「極楽通り」と呼ばれる登り坂を進んだ先に、正面に「第一滝本館」が見えてくる。滝本金蔵が始めた湯治宿は、今ではすっかり近代的なホテルになっている。

極楽通り沿いには、食堂や土産物店が建ち並んでいる。そのうちの一軒に、木彫りの看板が出ていた。そこは「貴泉堂本店」という土産物店で、木彫りのフクロウが「店内へどうぞ」とばかりに羽を広げている。

「この看板はね、私が自分で彫ったんです」。3代目として「貴泉堂」を切り盛りする吉田光雄さんはそう教えてくれた。聞けば、店内にある木彫りのランプシェードやレリーフも、吉田さんが手掛けたものだそうで、「どこにでもある感じだと、せっかく旅行でやってきた人が楽しくないだろうと、北海道らしい模様を彫ってるんです」と吉田さんは語る。

「ここはもともと、うちの祖母が始めたお店なんです。昔は隣に郵便局があったんですけど、祖父がそこで郵便局長をやっていたんですね。当時は今ほど広くなくて、この何分の一かの広さでやってました。お土産と言っても、当時はお菓子みたいなものは少なくて、本州から仕入れた玩具だとか、そういったものを並べていたみたいですね」

吉田光雄さんの祖父・富次郎さんは、明治時代に宮城から北海道に移り住み、登別で郵便局長を務めることになった。その妻・きそいさんが、郵便局の隣で「貴泉堂本店」という小さな土産物店を始めたのは、大正5（1916）年のこと。このとき、登別は飛躍的な発展を遂げつつあった。

きっかけとなったのは、道路の建設工事だった。

明治4（1871）年にお雇い外国人として来日したアメリカ人ホーレス・ケプロンは、開拓使顧問兼御雇教師頭取に就任し、北海道の開拓に尽力した。なかでも重きを置いたのが道路の敷設で、ケプロンは「建国ノ新古ヲ論セス、実際上国ヲ開クハ道路ノ外ナシ」と語り、「首都ト室蘭トノ間ニ一路ヲ開クハ最大要件タルコト明瞭」との報告書を開拓使に提出している。この進言に従って、明治5（1872）年に札幌本道の建設工事が始まった。開拓費として用意された予算の実に6割が投じられ、札幌‐函館間を千歳・室蘭経由で結ぶ馬車道が完成。開拓が進み、生活の礎が築かれるにつれ、登別は湯治場として活気を呈し始める。

明治時代に切り開かれた交通網は、大正時代にさらなる発展を迎える。大正2（1913）年、第一滝本館と第二滝本館を買い取った栗林五朔《ごさく》は、登別駅‐登別温泉間の交通アクセス改善に乗り出し、大正4（1915）年に馬車鉄道を開通させている。こうして登別を訪れる旅行客が増えた時代に、きそいさんは土産物店を始めることにしたのだろう。栗林五朔は、馬車鉄道を開通させただけでは飽き足らず、大正7（1918）年には蒸気機関車による軽便《けいべん》鉄道を走らせている。ただ、蒸気機関車がはき出す火の粉で山火事が頻発するようになったので、大正14（1925）年には50人乗りの電車の運行を開始する。主力電源はカルルス町に新設されたカルルス発電所で、満員電車が坂にかかると電力消費量が増し、温泉街の電灯は暗くなった。その加減を見て、旅館で働く人たちはその日の客の多寡を判断していたそうだ。

「私は昭和14（1939）年に函館で生まれて、最初はカルルス温泉にきたんです。カルルス温泉にある岩井旅館というのが、うちの伯父がやっている旅館でね。うちの親父は、登別の郵便局からカルルスまで郵便を配達する仕事をしてたんですけど、当時は歩いてたっていうんだから、大変ですよね。カルルス温泉も昔から湯治のお客さんが多かったけど、冬になって雪が降ったら車が通れなくなる。そうしたら、どうやってお客さんを運んだと思います？　今じゃ考えられないけど、馬橇《ばそり》ですよ。カルルス温泉の旅館はどこも馬を飼っていて、冬は馬橇でお客さんを運んでましたね」

カルルス温泉は、登別温泉から8キロほど離れた場所にあり、アイヌの人々のあいだで古くから薬湯として親しまれてきた。登別温泉に比べると交通の便が悪いこともあって、静かな湯治場だった。そんなカルルス温泉で暮らしていた吉田光雄さんは、小学校6年生のときに登別温泉に引っ越し、その賑わいに目を見張った。

「当時はまだ木造建築でしたけど、今みたいに空き地というのはなくて、この通りにはずらっと店が続いてましたね。食堂なんかも多かったし、寿司屋さんもありました。そういうところはもう、地元の人はほとんど入らなくて、観光のお客さんが利用してましたね。それから、写真館もいくつかあったんです。昔は今のようにカメラを持って歩く人は少なかったですから、写真館の人が地獄谷で記念写真を撮って、それを売る、と」

吉田さんは昭和30（1955）年頃の登別温泉の地図を見せてくれた。そこにはびっしりとお店が並んでいた。「千代の家」や「日の出」、「梅乃家」――古風な名前が並んでいるあたりが芸者街だったのだろう。割烹・サロン「赤坂」に、割烹カフェー「ハレム」、スマートボールにガチャ万パチンコ……。地図の名前を追っているだけでも、当時の賑わいが伝わってくる。観光客向けの店だけではなく、「黒田牛乳店」や「泉とうふ」、「清野書店」に「福田新聞店」

と、登別温泉に暮らす人々の生活を支えるお店もたくさん並んでいる。

「中学生の頃はね、この福田新聞店というところでアルバイトをやっていたんです」と、吉田さん。「私が担当していたところには病院もあって、それぞれの病室に新聞を配るんですよ。患者さんはベッドに横になってるから、すぐ手に取れる場所に配ったほうがいいだろうと思って、ベッドのそばまで配達してたんですよ。そしたら、『入り口の下んとこに置いとけ！』って怒られてね。そんなこともありましたね」

昭和30（1955）年頃の地図を見ると、街の規模に比して療養所が多いことに気づく。日露戦争も終わりに近づいた明治38（1905）年、登別温泉は陸軍の転地療養所の指定を受けた。登別には一般の湯治客だけでなく、戦地から引き揚げてきた傷病兵や見舞客も訪れるようになり、昭和15（1940）年には陸軍の傷痍軍人登別温泉療養所が、昭和18（1943）年には大湊海軍病院登別分院が置かれている。戦局が悪化し、物資の調達が困難になると旅客は途絶えたが、戦後の回復は早かった。2020年に登別市が発行した『新登別市史』にはこんな記述がある。


戦後の混乱は、その後も2年ほど続き、人々は食糧不足の中、窮乏を強いられていた。しかし、次第に「平和」が浸透しはじめ、娯楽を楽しもうという雰囲気が高まり、観光客も増え始めていった。『登別観光史Ⅱ』によると、「昭和21年5月28、29日と2日続いた休日は、勤労者らの家族づれがどっと押しかけ旅館はどこも超満員で定員4人の客室に倍も詰め込まれるという盛況ぶりであった。街には物資欠乏の時代とあって土産物はあまりないが、毛ガニが3杯20円で飛ぶように売れた。限られた新円生活の中で札束が乱れ飛んでいる情景は、何とも不思議で奇怪な現象であった」と書かれている（当時の20円は映画館入場料、駅弁1つの代金と同じである）。

この記述を読む限り、終戦の翌年にはもう、観光が復活していたことになる。終戦直後は娯楽施設が少なかったこともあり、温泉地に観光客が詰めかけたのだろう。ただ、競輪や競馬、パチンコといった娯楽が復活するにつれ、客足は遠のいてしまう。そこで登別温泉は団体客の誘致に乗り出し、昭和25（1950）年には国鉄労働組合の全国大会が登別で開催されている。また、昭和24（1949）年には、支笏《しこつ》湖と洞爺《とうや》湖が「支笏洞爺国立公園」に指定されている。当時は国立公園の看板は大きく、県外からも観光客が訪れるようになった。昭和29（1954）年には登別温泉に至る道路が完全舗装され、洞爺湖と登別を結ぶ道路の整備も進んだことで、一帯が広域観光圏として注目を浴びるようになった。昭和36（1961）年に年間観光客数が100万人を突破したかと思うと、その5年後にはすでに200万人に達している。

「あの頃はね、ゴールデンウィークが終わるまで、あんまりお客さんがこなかったんですよ」。吉田さんはそう教えてくれた。昔は農家のお客さんが多く、田植えが終わったところで、疲れを癒しに温泉を訪れていたのだそうだ。

吉田さんの話を聞いて、数年前に観たドキュメンタリー番組を思い出した。その番組というのは、昭和38（1963）年から昭和57（1982）年にかけてNHKで放送されていた『新日本紀行』の再放送である。僕が観たのは、「道中　那須の湯けむり」という回だった。

カメラが追うのは、漆原フヨさんと、松本ウメさん。那須岳の麓の村に暮らす、農家のおばあさんだ。そこは明治に入って開拓が進められた村で、祖父の代に入植が始まり、フヨさんで3代目。「自分の田んぼでとれたお米を口にしたのは、戦後のことです」と、ナレーションで説明が入る。もうひとりのウメさんは、「16歳で結婚して、10人のこどもを育ててきました」とナレーターが語る。フヨさんは70歳、ウメさんは74歳で、ふたりとも夫に先立たれている。老人会で仲良くなったふたりが、1週間の湯治旅に出る様子が映像に記録されている。「農閑期に湯治に出る」なんて聞くと、遠い昔の話のように思えるけれど、このドキュメンタリーは昭和54（1979）年に放送されたものだ。

ふたりはこれまでにも湯治に出かけたことはあったそうだが、いずれも日帰りの旅ばかりで、1週間も旅に出るのは初めてのことだという。ふたりが宿泊した宿のひとつは、那須湯本温泉の旅館で、そこは自炊を基本とする旅館だった。調理場には宿泊客が集い、さながら社交場のようになっている。この調理場でうどんを打っていたフヨさんは、流しでお米を研ぐ別の宿泊客に話しかける。

「私、初めてきたんですけど、うどんは打てる、ごはんは炊ける、なんでもできんだね。ほんと、おじいちゃんのいたときに一回来てみたかったねえ。こんないいとこあんの。皆さん、いいねえ。おじいちゃんいんのかい？　私ら、おじいちゃんいないんだよ、もう。だけど、今の人は手打ちなんて――」

「もう、できないよ」と、誰かが合いの手を入れる。

「うん。外へ出れば、いくらでも、なんでもあっからね。何できなくてもお嫁さんになれるんだから、いいよね。あら、おじいちゃん、ひとりで自炊して。どこからきてんの、おじいちゃん。会津？　いやいやいや、会津からきたのけ？　うちらも初めてきたんだけど、こうやってうどんも打てるって、今うどんを打ったの、今。おじいちゃんも食べなさいよ、うどんあげっから。ほれ、こんな良いうどんできたよ」

　ふたりは実によくしゃべる。それも、仲良しのふたりのあいだでだけしゃべっているのではなく、初対面の相手に対しても同じ調子で語りかけ続けている。日本人は寡黙だと語られがちだけど、案外おしゃべりだったのではないかと思えてくる。

　調理場の映像が終わると、ウメさんが旅館の廊下を歩く姿が映し出される。がらっと障子をあけると、調理場で顔を合わせていた女性たちが座っていて、「どうも、うどんいかがでしたか？」と声をかける。その部屋をあとにして、今度は向かいの部屋の戸を開けると、男性のグループ客のなかにフヨさんが座っている。

「ああ、おフヨさん。ここにいたの？」ウメさんが声をかけると、グループ客のひとりが「俺が色男だから、寄っちゃったんだ」と笑う。彼らは茨城からきた養豚農家で、豚肉を持ち込んで宴会をおこなっていて、そこにフヨさんがふらりと混じっていたのだ。ウメさんもその輪に加わり、「このご馳走、若返っちゃうよ」と笑いながら、卓を囲んでいる。

画面の中に映し出される旅の姿は、今の時代とまるで違っている。もしも部屋の扉が突然開けられて、見知らぬ客が入ってきたとしたら、「ちょっと！」と声をあげ、追い返すだろう。そもそも、旅館にしてもホテルにしても、部屋に鍵がかけられるようになっているから、隣の部屋の戸をがらっと開けることは不可能だ。だから、こんなふうに他の宿泊客に混じって飲み食いすることもなければ、うどんをお裾分けすることもなくなった。旅というものが、この40年のあいだにまるで変わっている。

登別の温泉街も、今と昔とでは随分違っているのだろう。登別には数多くの文人が訪れているが、そのひとりに加能作次郎がいる。昭和16（1941）年に刊行された加能作次郎『このわた集』（大理書房）には、「登別の二日」という私小説が収められており、夏の終わりに登別を訪れたときの出来事が綴られている。

「省線の駅から電車に乗換へ、三十分余渓川に沿うた道を山の方へ登つて行」くと、「駅前には大勢の客引が、手に〳〵提灯を翳しながら雨中に整列して客を迎へてゐた」。客引きのひとりに声をかけられ、旅館の前まで案内されると、「リン〳〵リン〳〵と客を報ずる合図のベルが景気よく鳴り、十数人の女中達が、ずらりと廊下に居並んで、恭しく手をついて迎へてゐた」。

大袈裟な出迎えとは対照的に、作次郎が案内されたのは「黒い壁の所々剝げ落ちた、電燈の光も薄暗い、やゝ陰気な感じのする部屋」だった。しかも、その部屋は段梯子と電話器と便所に囲まれて騒々しく、「絶間ない足音の度毎に部屋がビリ〳〵と震動する」ほどだった。部屋を替えてもらえないかと女中に尋ねてみたものの、残念ながら他に空きがなく、「私はすつかり悲観して了つた」。

やがてお膳が運ばれた。炉には火がかん〳〵におこり、鉄瓶がごう〳〵煮えてゐた。それで少しも暑い感じはなかつた。その炉を挟んで向側に、さつきの女中が銚子を持つてゐた。その情景は併し一寸よかつた。

「囲炉裏に差向ひなんていゝね。」と私は戯れて言つて、続けざまに二三杯傾けた。

「美人でもお呼びしますか？」と女中は本気な調子で言つた。

「いや、君の方がいゝね、迷惑でなかつたらもう暫くさうして居て呉れ給へ。」

「えゝ、幾らでも。」

「何だか寂しい気がしてならないんだ。」

「お一人ぢやお寂しう御座いますわね。」

「うむ、それもあるがね。……そればかりでなく、どうも……」と、私は部屋のことをも暗示するやうに言つた。

「そんなら尚ほ更美人でもお呼びになればよろしいでせう。」

それから一寸この土地の芸者や酌婦についての話が続いた。そして女中は代りの銚子を取りに行つた。彼女はさつきも言つた通りやゝ小柄な、二十前後の、一寸見てくれのいゝ面長な顔をした女だつた。物言ひも態度もはき〳〵してゐた。只だ若いに似ず頰から頸筋にかけて妙に皮膚がたるんでゐた。

「君は何といふの？」と彼女が再び部屋に戻つた時尋ねて見た。

「名前ですか……今の季節と同じです。」

「ぢや、お夏さんだね？」

「いゝえ。」

「違ふ？　そんならお秋さん？」

女はうなづいた。

「なるほど、もう秋なんだね。」と私は一寸感慨を催した。東京を出たのは八月の十六日、暑い真盛りであつたが、もう彼是二週間近くも経つた。そして此処では最早すつかり秋なのだ。

この小説が書かれた昭和初期には、まだ「女中」という言葉が一般的だったのだろう。お膳を運んできた仲居さんが、最初の一杯だけビールを注いでくれることはあるかもしれないけれど（それだって戦後に成立した風俗営業法で「接待」にあたり、公安委員会の許可が必要だ）、ひとりの客と差し向かいに座って談笑するなんてことは、今では考えられない。それに、仲居さんがずっと向かいに座っていたら、気が休まらないだろう。個室で過ごすことに慣れてしまって、部屋に知らない誰かがいると、妙に取り繕ってしまう。

登別温泉を訪れた加能作次郎は、当初の予定だと滞在を1泊で切り上げるつもりでいた。だが、翌日になっても雨が降り続き、乗るつもりだった船も出航しそうになく、仕方なくもう1泊していくことに決める。夕食を済ませた作次郎は、酔い覚ましにと浴場に向かった。その旅館の浴場は、「入口こそ、又湯槽こそ男女二つに分たれてゐる」ものの、「中は勿論混浴だつた」。脱衣場から中の様子を窺うと、「一人の男と二人の女とが、表面男湯となつてゐる方の湯槽の周囲を取り巻くやうな形に」陣取って、「如何にも愉快さうに又楽しさうに、四方を憚らず声を合せて唄つてゐるのだつた」。そして、もう一方の湯槽――表向きには女湯となっている方――には、外国人の老紳士が腰掛けていて、「ぢつとその歌を聴いてゐる」。作次郎はちょっと面食らいながらも、もしも男湯のほうに割って入れば合唱を止めてしまうのではないかと考えて、老紳士のいる湯槽に浸かることにした。

三人の男女はこちらを気に掛けることもなく、「小さな柄杓」を持ち、「その底でなみ〳〵と溢れてゐる湯の上をぱちや〳〵と叩いて拍子を取り、それにつれて上体を左右にひねり、頭を上下に振り動かしながら」歌っているのだった。

電燈の光も朧ろげに、朦々と温かい陽気の立ちこもつた温泉の浴場の中で、おしなべて何れも齢壮んな三人の男女が、身に一物も掩はぬ赤裸々の姿で、恰も他に人もなく所も知らぬものゝやうに、我を忘れて楽しげに唄つてゐる、実際彼等は今にも互に手を取つて踊り出しはしないかと思はれるほど熱中してゐた。そしてそれがとても巧いのであつた。その声は美しく、その調子は優婉にして艶めかしい。そしてこちらには、一人の異国の旅人が、柱の蔭に幾らか身をかくすやうにして、黙然とそれに聞き惚れてゐる。外は折柄の雨である。その景、その情、その趣、正にこれ一幅の生きた名画である。私はすつかりそれに魅せられて了つて、長い間夢みるやうに恍惚としてゐた。

湯につかり、ちょっとうたでも歌いたくなる。そんな心地になることは現代でも往々にしてある。でも、そこで口ずさむうたは、今と昔とでまるで別物だ。「登別の二日」に描かれる三人の男女が歌っていたのは民謡だった。

「どうも実にいゝですね。すつかり聞き惚れて了ひました。うまいもんですね。」

「どう致しまして、うまくも何ともないですよ。」と年若の女がこちらを向き、つやゝかに赤く光つた顔をにこつかせながら、さつぱりした調子で言つた。「どうも飛んだ所を見られましたね。わしらは今此の人に（と男の方を顧み）習つてるんですけれど、とても六かしくて中々うまく唄へないんですよ。」

「いや、どうして〳〵、迚もいゝですよ。感服しました。本場でせう?」

「本場だか何だか分つたもんぢやありません、私のはたゞ声で胡魔化すだけですからね。」と彼女は自らその声自慢を無意識に告白した。そして再び男の方を顧み「この人のは本場です、八尾《やつお》の萬龍の直伝ですからね。」

「いや、どう致しまして、迚も〳〵……」と男は頭へ手をやった。「声がなくて駄目ですよ。調子がうまく出ませんからね。この人はとても声がいゝんですけれど。」

「さうですよ。本当にこの人はいゝ声ですからね。」と年増の女も口を挿んで若い女の美声を称揚した。

三人が歌っていたのは「越中おわら節」という民謡だ。

「八尾の萬龍」は、小原萬龍一座を率いて全国をめぐり、「越中おわら節」を世に広めた女性で、その歌声はレコードにも収録されている。明治後期に新しいメディアとして登場したレコードには、各地の民謡が数多く収録され、同じく新しいメディアだったラジオで放送された。蓄音機やラジオ受信機を全国的に普及させるのに、民謡は一役買ったとされている。流行が広がるにつれ、民謡は観光客誘致や地域の振興に資するものと見做されるようになり、あらたに創作された「新民謡」も各地に誕生した。こうして民謡が興行的に成功を収めた時代だからこそ、石川県出身の加能作次郎も越中おわら節の存在を知っていて、「本場でせう?」と声をかけたのだろう。

越中おわら節を熱唱していた三人は、「本場」である富山出身だと作次郎に明かす。ここで不思議なのは、その越中おわら節が「萬龍の直伝」だということだ。

小原萬龍の越中おわら節は、歌詞や旋律を改変したものだった。萬龍の越中おわら節が広まったことを受け、地元では「郷土八尾町に育まれた民謡小原の特性を失はず、より良いものに保存」することを目指して、昭和4（1929）年に越中八尾民謡おわら保存会が立ち上げられている。こうした動きは八尾に限ったものではなく、地域で歌い継がれてきた民謡を正しく残そうと、全国各地で民謡の保存会が立ち上げられている。民謡は格式高い「正調」として保存され、郷土らしさを感じるよりどころとなってゆく。

民謡とは、Volkslied の翻訳語として創出された言葉だ。民俗学者の柳田國男は、『民謡の今と昔』において、民謡とは「たとえば織屋・紡績工場の女工などの口から洩れ出るもので、自身の労苦に対する歎き、外からからかいに来るものへの応酬」がうたになったものであり、「これの一代古いものが子守唄である」と述べている。「すなわち必要に応じてその時その場で作るのがこれまでの民謡」であり、「ウタには古くから季節がありまた地方があった」のだ、と。だとすれば、正調として保存された民謡は、近代以前のそれとは別物だ。

湯につかったとき、わたしが口ずさむのはメディアを通じて耳にしたうたばかりだ。つまり、誰かが作詞作曲したうたばかりである。「その時その場で作る」ウタが、ふとした瞬間に「口から洩れ出る」ということは、わたしの身体では起こりそうにもない。正調として保存された民謡も、意識的に学ぼうとした経験がない限り、口ずさむこともできない。そう考えると、わたしという存在は、すっかり土地から浮遊して漂っているように思えてくる。

わたしたちの生活が土地に根ざしていた時代には、生まれ育った地域を離れて観光に出かけることもなかった。土地から切り離されたことで、田植えのシーズンであっても旅行に出かけられるようになった。日本国内に限らず、世界中の人たちが土地から浮遊して、世界中を観光してまわっている。

「今は泉源公園になってるところに、昔は大浴場があったんですよ」と、吉田さんが教えてくれた。「そこは昔、男女混浴だったんです。私たちは小さいときからそういう生活できてたから、それが当たり前だと思っていた。それで、私は室蘭にある工業高校の土木科に進学したんですけどね、学校でその話をしたら、同級生たちが『俺も温泉に入りたい』って、登別まで風呂に入りにきてましたね。私にしてみたら、なんでわざわざって思うけど、室蘭と登別でも文化が違っていたんですね」

大浴場はやがて「登別パラダイス」というホテルになり、現在は泉源公園という公園になっている。ここには間欠泉があって、3時間に一度、轟音とともに湯が噴き出す。80度の熱湯が、8メートルの高さにまで噴き上がるのだという。公園には色とりどりの鬼の金棒が飾られ、風呂桶と手拭いを持った可愛らしい鬼の像が置かれている。この泉源公園に限らず、登別温泉ではいたるところで鬼の像を見かけた。これらの鬼の像は、吉田さんがデザインしたそうだ。

登別温泉が鬼の街になったのは、今から60年ほど前のこと。昭和30年代、登別を訪れる観光客の数は右肩上がりに伸び続けていた。ただ、昭和37（1962）年、ある新聞社が、登別温泉は「地獄谷にあぐらをかいている眠れる獅子である」と批判的な記事を書いた。雪まつりで観光客を集める札幌や、湖水まつりを開催する支笏湖温泉に比べると、登別温泉にはなんの努力の跡も見られないと批判する記事だった。地元有志のあいだでも、将来を見据えて新しい取組を始めるべきとの声が高まり、昭和39（1964）年に第1回登別地獄まつりが開催されている。

「せっかく地獄谷があるんだから、地獄まつりにしようってことになったんです。その時代まで、鬼の商品はひとつもなかった。せっかく地獄まつりをやるんだったら、鬼のおみやげを作ったらいいんじゃないかと考えて、登別の焼き物屋さんに頼んで、鬼のお面を作ってもらったんですよ。でも、それをお客さんに見せたら、『こんな怖いお面だと、部屋に飾れない』と言われて。ああ、そうかと考え直して、可愛らしいイラストで鬼のグッズを作ってみたら、それがウケたんです。最初の頃は『鬼のグッズなんて、陰気くさいもの作るな！』と言われてたんですけどね、今は鬼だらけになっちゃった。もう、この経済効果はすごいですよ」

かつて登別温泉のおみやげとして人気を博していたのは、木彫りの熊だった。極楽通りに軒を連ねる土産物店では、軒先で熊を彫ってみせるところもあって、木彫りの熊は飛ぶように売れた。戦後復興から高度成長に向かう時代に、住宅事情が改善されるにつれ、部屋に飾るおみやげが大勢の観光客に選ばれたのだろう。「でも、置き物というのは何度も買うものじゃないから、そのうち売れなくなってきた」のだと吉田さんは振り返る。

登別を訪れる観光客数の変遷を見ると、いくつかピークがある。1960年代には増加の一途を辿っていたが、昭和48（1973）年のオイルショックの影響で景気が後退すると、観光客数は十数年のあいだ横ばいになる。平成4（1992）年には過去最多となる446万人を記録したものの、バブル崩壊の影響が広がるにつれて低迷期を迎える。

浴衣姿で温泉街をそぞろ歩く観光客が減るにつれ、観光客向けの店は少なくなった。また、昔は温泉街で働く人たちのために生鮮食品や日用品を扱う店も軒を連ねていたけれど、市街地に暮らして車で通勤する従業員が増えたことで、こういったお店も姿を消した。昔はびっしり埋まっていた極楽通りも、今はちらほら空き地がある。「貴泉堂本店」の向かいも、いちどは空き地になったが、温泉旅館の駐車場となり、そのままだと殺風景だからと植物が植えられている。極楽通り沿いにも、ところどころに小さな花壇があった。このまちなか花壇は、吉田さんの提案で実現したものだという。

「僕らが小さい頃は、食べるものが少なかったでしょう。だからもう、あっちこっち、平らなところは全部畑にして、じゃがいもをよく植えてました。こどもが畑仕事を手伝うのは当たり前の時代だったから、『草取りやれ！』と、よく親から怒られたもんですよ。トウモロコシなんか植えてると、熊に食われてね。熊が出るとおっかないから、近所のこどもたち皆で集まるんです。バケツ叩きながら畑まで行って、『よし、次はお前のうちの畑だ』って、順番に草取りしてまわってました。われわれの時代は苦労が当たり前だったから、ちょっと雑草が生えてると気になって、パッと草取りをするんです。でも、今の人たちはもう、花壇に雑草が生えてても、誰もとりません。戦後の大変な時代を生きてないんだから、そうなるのも当たり前ですよね」

北海道は農業大国という印象がある。だから戦時中もきっと、食べるものには困らなかったのだろうと思い込んでいた。でも、「このあたりは、気候的に農産物がとれづらいんですよ」と吉田さんが教えてくれた。「このあたりでも、室蘭から向こう側、伊達《だて》のあたりだといろんな農産物があるけど、こっち側――太平洋側はあんまりとれなくて、だから日高のあたりは馬を飼っているんですよ」と。

北海道にも戦争の傷痕は残されている。昭和18（1943）年5月には、アメリカの潜水艦スティールヘッドが北海道沿岸に接近し、室蘭の製鉄所に向けて艦砲射撃をおこなった。このときには着弾地点がずれ、閃光を発する砲弾が登別地区に着弾するも、死傷者は出なかった。だが、昭和20（1945）年7月14日の北海道空襲の際には米軍艦載機が飛来し、登別にも機銃掃射を浴びせ、室蘭方面に飛び去っている。その室蘭では、翌7月15日に艦砲射撃があり、多くの犠牲者が出た。吉田さんによれば、艦砲射撃の音は登別まで聞こえたそうだ。

終戦を迎えてからも、厳しい生活は続く。幌別村（現在の登別市）もまた、深刻な食糧危機に見舞われ、どの家庭でも自給自足の畑を作っていたという。インフレの影響もあってお金を出しても物は買えず、ひとびとは物々交換で食糧を手に入れようと奔走する。だが、石炭が不足していたことから、汽車の運行は制限されており、それぞれの駅で発売されるきっぷも限られた数だけで、登別駅では1日に88枚しか発売されなかった。汽車以外に移動手段はなく、前日から駅に泊まり込んできっぷを求める日々が続いた。どうにかきっぷを手に入れても、「地獄列車」と呼ばれるほどに汽車は混み合っていた。地獄をくぐり抜けて闇の物資を手に入れたのに、駅で警官に没収されることも少なくなかったという。

「貴泉堂本店」を出て、極楽通りを上がってゆくと、閻魔堂がある。30回目の登別地獄まつりに合わせて、平成7（1995）年に建てられたもので、なかには高さ5・2メートルの閻魔が鎮座している。さらに進んで、「第一滝本館」と泉源公園を抜けてゆくと、地獄谷が見えてくる。

雨が降っているせいか、見物客はほとんどいなかった。荒涼とした景色のなかに、煙が吹き出し、小さな川が流れている。まるで三途《さんず》の川のようで、「地獄」というネーミングがぴったりくる。その風景を眺めていると、戦後の間もない時期から——つまり、地獄のような日々の記憶が鮮明に残っている頃に——地獄を見物しようと観光客がやってきたことが、不思議に思えてくる。

そもそも地獄とは何だろう。

梅原猛『地獄の思想 日本精神の一系譜』（中公新書）によると、地獄を日本に定着させたのは、平安時代中期を生きた天台宗の僧・源信による『往生要集』だそうだ。ここで源信は、わたしたちが住む世界を地獄、餓鬼、畜生、阿修羅、人間《じんかん》、天の「六道」に分類する。地獄とは純粋な苦の世界であり、そこには等活地獄、黒縄《こくじょう》地獄、衆合《しゅごう》地獄、叫喚地獄、大叫喚地獄、焦熱地獄、大焦熱地獄、阿鼻地獄と8つの地獄が存在し、犯した罪が重いほど苦しい地獄に落ちるとされた。『往生要集』の冒頭には、地獄がどんなところであるのか、おどろおどろしい描写が続く。地獄に限らず、六道とはつまるところ苦しみの世界であり、不浄の世界であるから、極楽浄土を願い求めよ——これが源信の教えだという。そのための手段として、念仏が登場する。死んだあとに極楽浄土へ行くためには、阿弥陀浄土を常に思い浮かべる必要がある。ただ、阿弥陀浄土全体を想像することは難しいので、阿弥陀仏の名前を念じることで、せめて阿弥陀仏の姿を想像しよう、と。

このように源信が、念仏をすすめるのも、けっきょく死のときの用意のためである。死が迫っている。はたして、人間が阿弥陀仏のところへ行けるかどうか。その臨終の作法を、源信は細かく規定する。(…)細かく病人に気をくばりながら、最後に病人につぎのような勧めの言葉を語れという。

「あなたが永いあいだ、浄土の行をしてきたのも、まったく極楽往生のためなのです。今がそのときです。あなたの心をじっと西のほうに向けなさい。すべての世間のことを忘れ、ひたすら心を澄して阿弥陀仏とその白毫相《びゃくごうそう》のことを思い続けなさい。(…)南無阿弥陀仏をとなえなさい。今が大切です。今こそ極楽浄土に行けるかどうかの分かれめです。どうか静かに極楽浄土を念じてください。」

他の部分では引用が多い『往生要集』も、この部分だけはまったく源信自身の文章である。(…)それはひどく悲しい情景である。死にゆく人がある。その死にゆく人に源信は、お前の行くのはすばらしい国だという。源信が美しい浄土を語れば語るほど、その言葉はかえって悲しみとなって返ってくるかのようである。この情念には悲しさと同時に甘さがある。この悲しさと甘さが、私には日本的センチメンタリズムの原型であるかに思われる。

人はいずれ死ぬ。世界は変わらず続いてゆくのに、わたしは消滅してしまう。その空白に耐えられず、「極楽」や「地獄」という観念が受け入れられたのだろう。ただし、釈迦は積極的に地獄の思想を説かなかったと梅原猛は指摘する。

不死の願いから、多くの宗教は生まれ、多くの文明は生まれた。しかし、ほとんどすべての宗教に反して、釈迦は冷たくいいきる。人間は死ぬものであり、したがって私は死ぬものであり、人間が死ぬものであるかぎり、人生は苦であると。

私は、ここに残酷なまでに冷酷な釈迦の知恵をみる。キリストは、死にのぞんで、彼の死後の復活を予言し、ソクラテスですら、魂の不死を証明しつつ、彼が死後行く国のことをあれこれ想像して死についた。しかし、そういう死後の仮説について、釈迦はなにもいわない。ただ人間は死ぬものであるといいきるだけである。人間にたいするあまりに多くの愛を持つ聖人は、人間への愛ゆえに、かえって信ずべからざる神話を語るのである。なぜなら、多くの人間は耐えられない現実より、喜ばしい嘘のほうを好むからである。けれど釈迦は、人間への同情のために、彼の知恵を信じがたい神話でくもらせることを好まない。彼の人間をみる眼はあくまでもさえている。幻想によって人の心を喜ばすより、人間を悲劇的な運命の前に立たせよ。そして、その運命をおのれの運命として凝視することから、さとりは始ると彼はいう。

「喜ばしい嘘」とわかりつつも、極楽浄土を求める心は、なるほど「日本的センチメンタリズム」の原型なのだろう。その一方で、地獄を見物する精神には、また別個の「日本的」な精神があるように思える。

地獄めぐりで有名な観光地に別府がある。

かつて別府は、新婚旅行客で賑わっていたそうだ。どうして新婚旅行で別府を訪れ、地獄めぐりをするのか。別府を訪れた作家の田辺聖子は、「イロイロ考えて、私は、ハタと思い当った」と、『旅』（1974年5月号）に寄稿した「別府の地獄めぐり」に綴っている。「身を新婚の極楽において、地獄八景をヒトゴトのようにたのしむのが、うれしいのではあるまいか」と。

団体の亡者たちは、金を払って地獄を経めぐり、しかし、自分たちがいつかは地獄へゆかねばならぬ身とはつゆ思わぬさまで、嬉々として、中気よけの卵をくらい、竜巻地獄に拍手し、ワニの背中にコインを投げたりするのである。

地獄、というコトバ自体、こわい、おそろしい所、という語感を失ないつつある。日本人にはどうも、地獄感覚が薄いようである。そうして、極楽感覚ばかりが発達しているのであるらしく、いかにも一大事といわんばかりに、

「夕食におくれないように帰って下さい」

と団体さんの引率者がふれあるいていた。私たちも、夕食のたのしみの極楽へいそぐことにする。

　別府の地獄のひとつ、山地獄では、熱気や噴気を暖房として利用して、熱帯植物やワニ、それに熱帯魚が育てられている。その光景を目にした田辺聖子は、桂米朝の「地獄八景亡者戯《じごくばっけいもうじゃのたわむれ》」を連想する。その噺では、「亡者たちが地獄の鬼やえんまサンをからかったり、ふざけたりする」が、地獄の熱気や噴気を利用した「熱帯魚飼育や植物園は、地獄のすさまじさをからかってる感じがして面白い」と。

「地獄八景亡者戯」という噺には、大金持ちの若旦那が登場する。この若旦那は、「この世でおもろいこと」はやり尽くしてしまって、「いっそのこと今度はあの世へでも行って遊ぼやないか」と、馴染みの芸妓や舞妓、お茶屋の女将や仲居、幇間と一緒にふぐの肝を平らげて、あの世を訪れる。

「昔から、懺悔というて人にしゃべってしまうと、その身の罪は滅びるというな」。若旦那がそんなことを口にすると、連れの男は罪を自白する。一緒に別府旅行に出かけたとき、若旦那のダイヤの指輪がなくなったのも、箱根旅行で上等なカメラがなくなったのも、いつだかなくなった時計も、自分が盗んだのだと白状する。それに対して若旦那は、「しょうがない奴やなあ、ほんまに」「もうええわ」と言うだけで、特に責め立てることもなく、さばけた調子で受け止めている。

　一行は鬼の船頭とともに三途の川を渡り、地獄のメインストリートに出て、閻魔の裁きを受ける。医者と山伏、軽業師と歯抜き師は、その咎の重さから「地獄に落としてやる」と宣告される。だが、この4人は、熱湯の釜に放り込まれても、針の山に放り上げられても、鬼に呑み込まれても、それぞれの技を駆使して切り抜ける。地獄というおそろしい世界が骨抜きにされ、飼い慣らされてゆく。

登別の極楽通りの光景も、それに近いものを感じる。本来はおそろしい存在であるはずの鬼が、可愛らしいキャラクターになって並んでいる。ある鬼の像の口には、どういうわけだか1円玉が詰め込まれていた。ここではもう、地獄のおそろしさは骨抜きにされている。

地獄谷をひとしきり散策したあと、「第一滝本館」の大浴場へと向かった。2250円支払えば日帰り入浴も可能だ。広々とした大浴場はガラス張りになっていて、ここからも地獄谷が一望できた。

さっきまで閑散としていたはずなのに、団体バスでも到着したのか、地獄谷は大勢の観光客で溢れ返っている。窓際にある食塩泉は39℃とぬるめに設定されており、いくらでもつかっていられた。地獄谷を背景に記念写真を撮り終えると、観光客たちは足早に引き上げてゆく。観光客がいようがいまいが、地獄谷の風景は変わらずにそこにある。この場所が「地獄谷」と名付けられ、観光客が訪れるようになるずっと前から、この風景は存在し続けている。そのほんの一瞬を、人間が見つめている。

登別を訪れた翌朝、8月31日は洞爺湖に向かった。小学生の頃、家族旅行で洞爺湖に出かけ、湖畔のホテルに泊まったことがあった。その当時の記憶をたどるように、30年ぶりで洞爺湖を目指す。

洞爺湖は洞爺湖町と壮瞥町《そうべつちょう》にまたがるカルデラ湖だ。今から約11万年前、火山の噴火があり、大規模な火砕流が発生した。それによってくぼみが生まれ、そこに水が溜まって洞爺湖が誕生した。5万年前にはこの洞爺湖の真ん中で噴火が続き、湖上にぽっかりと小島が浮かんだ。2万年前になると、洞爺湖の南側で噴火が繰り返され、有珠山《うすざん》ができあがった。山麓には土産物店が並び、高さ約560メートルの山頂駅までロープウェイが走っている。ここに観光客が訪れるようになったのは、昭和18（1943）年に始まった火山活動により、昭和新山が誕生したことにある。

標高398メートルの昭和新山は、赤茶色の岩肌が剝き出しになっているけれど、山麓は緑に覆われている。30年前にも昭和新山を訪れたはずなのに、その佇まいはあまり記憶に残っていなかった。

「その頃だときっと、赤い山がポーンとあっただけで、緑はなかったんじゃないですかね」。山麓にある「だるまや」という土産物店に立ち寄り、白い恋人ソフトクリームを買ったついでに尋ねてみると、女将さんはそう教えてくれた。「昭和新山はまだ活火山なので、ずっと蒸気が出てるんですよ。でも、年々地熱が下がって、下から少しずつ緑に覆われていってるんです。だから、1年経っただけでも、姿は違ってきますよ」

昭和新山は戦争中に誕生した山だ。火山活動が始まると、何度となく地震が起こり、地面は割れ、あるいは隆起し、家屋は傾き、線路や道路も破壊された。この事態が報じられると、国民が動揺するおそれがあるとして、軍部は報道を禁じた。戦後になって、昭和新山という山がぽっかり誕生したのだという話が広まり、観光客がやってくるようになったのだ。すると、観光客相手の商売も生まれる。「だるまや」が開業したのは昭和34（1959）年のこと。ここで商売を始めたのはうちが3軒目だったと、と、女将さんは聞かせてくれた。

「この商売を始めたのは、うちの主人の両親なんですよ。昔は函館でパン屋さんをやっていたそうなんですけど、洞爺湖温泉に知り合いがいて、『どこかに仕事はないだろうか？』と訪ねてきたそうなんです。そのとき昭和新山にも立ち寄って、ここで商売できるんじゃないか、と。最初はね、昭和新山側で商売してたんですよ。今は芝生が生えてるあたりに何軒か店があって、そこでゆで卵を売ったり、ホットコーヒーを売ったり、絵葉書を売ったりして。そのうちに現在の場所が整備されて、ここに移りました。昔は住まいもここだったから、主人はここで生まれ育ってるんです」

今は許可がなければ立ち入りができないけれど、昔は自由に昭和新山に立ち入れたのだそうだ。女将さんは結婚を機に、「だるまや」を手伝うようになった。2階には「ニュー火山」の文字が見える。今は1階にある土産物店だけ営業しているけれど、昔は2階でレストランも営んでいたのだという。

「私がここに来たのは昭和60年代でしたけど、当時はお客さんがすごかったですよ」と、女将さん。「新婚さんを狙うと言ったらおかしいですけど、商売する人は新婚さんを探してました。新婚さんはね、10万、20万と買ってくれる。皆にお祝いしてもらって新婚旅行にきてるから、そのぶんお返しするために、おみやげをたくさん買っていくんですよ。でも、今はみなさん、ネットでぽちっとするようになって、おみやげを買いません。昔はね、『これがおすすめですよ』と言ったら、買ってくれたんです。でも、今のお客さんは財布の紐が堅いし、目的が決まってる。旅行に出る前から『ここに行って、これを買う』と決めたもの以外、すすめてもなかなか買ってくれません」

店内を見渡すと、「昭和新山」と書かれた赤いペナントが飾られているのが見えた。僕が小さい頃だと、地名入りのペナントや通行手形、それに提灯をよく見かけたものだった。取材であちこち出かける父にねだって、提灯を買ってきてもらっていたから、実家の居間には各地の提灯がずらりと並んでいた。そういった土産物は、かなりの数をまとめて注文する必要があるから、追加生産ができないのだそうだ。

「今はもう、流行のものしか売れなくなって、今はシマエナガ一色です」と女将さんは笑う。「こどもからお年寄りまで、男女関係なく、皆これ。お菓子も売れますけど、昭和新山にきたからこのあたりの銘菓を買おうっていうんじゃなくて、場所に関係なく、有名なものだけ買っていく方が増えましたね。ちょっとテレビで紹介されると、すぐ足りなくなる。空港なんかでも、売れるものは限られていて苦戦してるみたいですけど、地方のこういった土産物店はもっと苦戦してます。私が警戒してるのは、土産物店はなくなるんじゃないか、ってことなんです。何かの施設に付随した土産物店だとか、あとは道の駅みたいなところは残るかもしれないけど、うちみたいに小さな店でお菓子を扱うのは難しい時代になりました」

昔はずらりと土産物店が軒を連ねていたが、「だるまや」の両隣は現在空き地になっている。

店主が高齢になり、後継者不在を理由に店を閉じるところが多いそうだ。「だるまや」でも、こどもたちに店を継がせるつもりはないのだと、女将さんはきっぱり言う。

「やっぱり、親としては継がせたくないですよ。だって、大変ですもん。昔は何もしなくてもお客さんがきてくれて、従業員もたくさん雇ってましたけど、今は時代が違いますよね。景気が良いときは良いんですけど、悪いときはほんと悪いですから。中国人観光客の爆買いがあったときは良かったですけど、その前は厳しかった。でも、領土の問題だとか、政治が絡むたんびに観光は揺らぐんです。予約が入ってても、キャンセル、キャンセルですよ。修学旅行もそうだけど、いちど逃げたものに戻ってきてもらうのは大変なんですよね。それに、ここは噴火も抱えてる。30年に1回は噴火があって、そのたびに被害がある。もう、次の噴火も近いですよ。最近はいろんなところで災害が起こって、国もそんなにお金がないでしょうから、次に噴火があっても、そんなに補償は出ないんじゃないですか。こどもを産むのもどうしようかと考えてる時代に、ギリギリでやってる観光商売を次の世代に渡すって、やっぱり大変ですよ」

20世紀に限ってみても、有珠山は明治43（1910）年、昭和18（1943）年、昭和52（1977）年、それに2000年と、4度も噴火している。有珠山が噴火すれば、あたり一帯に火山灰が降り積もり、甚大な被害が出る。ただ、それでもここを離れるつもりはないのだと女将さんは語る。

「昭和52（1977）年の噴火のときは、札幌や函館まで灰が飛んでるんですよ。しかも、あのときはちょうどお祭りをやってるときに地震があって、『噴火が始まるぞ』と。有珠山はまず地震があって、4、5日して噴火なんです。だから逃げる時間はあるんですけど、当時は噴火を経験した人が少なくなっていて、大変なことになった。2000年のときは、前回の経験もあったし、少し前に普賢岳の噴火もあったから、避難は早かったです。そのときは3週間立ち入り禁止になって、噴火されると痛い目には遭うんですけど、それでも皆、離れませんよ。ここは火山と共生している街ですし、住みやすいんですよね。気候も良いし、お水も良いし、温泉もある。のんびりして、過ごしやすいっていうかね。こういう観光地もあって、住みやすい街ですよ。だから皆、遠くには行かないんですよね」

話を聞かせてもらったあと、洞爺湖銘菓だという「わかさいも」と、「昭和新山」の文字が書かれたフェルト地のペナントを買い求めた。お店を出ると、正面に昭和新山が見える。その手前に銅像があった。トランシットという測量機を覗き込む、三松正夫さんの姿を銅像にしたものだ。三松正夫さんは、昭和新山の生成過程をつぶさに記録した人物である。土産物店が軒を連ねるエリアの端っこに、三松正夫記念館があったので、見学していくことにした。

三松正夫さんは、明治21（1888）年、北海道伊達町（現・伊達市）に生まれている。祖父・三松林太郎百助は延岡藩士として内藤家に仕えていた。明治10（1877）年に西南戦争が起こると、本来なら官軍に加わるべき百助は、西郷隆盛との義に殉じ、息子・禮太郎とともに西郷軍を援護した。逆徒となった親子は、北海道開拓に尽力することを条件に助命され、開拓使による官設の製糖工場が伊達に完成したのを機に北海道に移り住んだ。明治29（1896）年に壮瞥郵便局が創設されると、やがて禮太郎に依頼があり、郵便局長を引き受ける。当時正夫さんは札幌にある北海中学校（現・北海高校）で学んでいたが、卒業を待たずに郷里に呼び戻され、「郵便局で働いてくれ」と父から頼まれた。「話し相手に末っ子の私だけでも、手元においておきたかったのでしょう」と、正夫さんはのちに振り返っている。

北海道で郵便制度が始まったのは、明治5（1872）年のことだった。まず、函館郵便局が開局している。広い北海道を函館郵便局だけで切り盛りするのは大変だったが、同じ年のうちに札幌、室蘭、幌別など、22の郵便取扱所が設置されている。道路や鉄道の敷設とともに、郵便網も張り巡らされ、近代化が推し進められてゆく。そうした時代に郵便局長を務めたのが、三松正夫さんの父・禮太郎さんであり、登別の「貴泉堂本店」を創業されたきそいさんの夫・吉田富次郎さんだったのだろう。

郵便制度が始まった頃は、新聞もまた郵便で配達されていた。郵便局員となった三松正夫さんが、新聞を届けにいくと、「まあ、あがって、ストーブにでも当たれや」と誘い込まれ、お茶を飲みながらの世間話となることが多かったそうだ。隣家まで数キロもあるような奥深いところに暮らすひとびとは、冬になると顔を合わせる相手もおらず、新聞をとることで郵便局員という話し相手を求めていたのだ。

明治43（1910）年、当時22歳だった三松正夫さんは郵便局長代理に任命されている。そして、この年の7月、57年ぶりに有珠山が噴火した。研究者たちによる調査活動が始まることが決まると、三松正夫さんは現地案内役を買って出た。そこで研究者たちの調査ぶりを目のあたりにしたことが、のちに活きることになる。

昭和18（1943）年、有珠山では再び火山活動が始まった。だが、研究者たちも戦時体制に組み込まれており、すぐに有珠山に足を運ぶことはできなかった。そのあいだにも土地の隆起は続き、新しい山が誕生しようとしていた。だが、そこに観客はいなかった。「だれかがこの火山の誕生をじっと見つめているならともかく、ほかにだれもいない以上、私だけでも一部始終を見守ってやろう、見とどけてやらなければならない、という使命感を、いつのまにかもつようになっていました」と、三松さんは著書に綴っている。

しかし、火山活動を記録しようにも、専門的な道具はもちろんのこと、フィルムや紙、鉛筆にも事欠く有様だった。そこで三松さんはまず、皿と豆を用意した。揺れを感じたら、豆を1粒皿に移す。こうして有感地震の回数を記録することにした。また、郵便局の隣にある自宅からは活動地域が一望でき、観測にはうってつけの場所だった。どうにかして定点観測をおこなうために、三松さんは郵便局舎と物置のあいだに、2本のテグス糸を、高さを違えて水平に張った。その1メートル手前の場所にも、同じように2本のテグス糸を張る。さらに1メートル手前にある柱に、丈夫な板を水平に打ちつけ、そこに顎を載せる。そこから前後2本ずつの糸が重なって見えるように角度を調整すれば、視点が固定できる。明治43（1910）年の噴火の際に有珠山を訪れた地質学者・田中舘秀三から「一定の物を一定の角度からながく継続して追う」ことの意義を教わった三松さんは、隆起する新山をひとつの視点から観察し、稜線をスケッチに残した。この記録は田中舘秀三から「なにごとをも事実を事実のままにまとめてある点、好感をもつ」と評価され、昭和23（1948）年にオスロで開催される万国火山会議で発表されることになった。三松さんが残した記録は「ミマツダイヤグラム」と命名され、世界で唯一の火山誕生の記録として評価された。

三松正夫記念館には、このミマツダイヤグラムが展示されている。火山活動による稜線の変化を丹念に観察し、「事実を事実のままに」と客観的に記録したものだ。ただ、それ以外にも、三松さんが昭和新山をモチーフに描いた絵画が何点も飾られていた。精緻で客観的なミマツダイヤグラムとは対照的に、どれもダイナミックに描かれている。

小さい頃の夢は絵描きだったという三松さんは、洞爺村に漂泊中だった画家・佐藤春玉《しゅんぎょく》に師事し、日本画を学んでいる。その経験を、『昭和新山物語 火山と私との一生』（誠文堂新光社）にこう綴っている。

> 絵を学ぶようになってから、それまではなんとなく目にうつっていた風景が、まったくちがって、目に読めるようになり始めました。自然を絵の対象として、鋭くながめるようになったのです。それからというものは、せまい局舎で机に向かっているより、広い自然をのんびり歩く配達の仕事の方が楽しくなりました。こうして、仕事を通じて壮瞥の地理、世情にくわしくなり、身体をきたえ、冬のきびしい配達の仕事から根気と忍耐力を養っていったものでした。

わたしの目は、自然をどんなふうに捉えているのだろう。そこに誰ひとりとして観客がいない風景であったとしても、立ち止まって何かを見出す目を、わたしはそなえているだろうか。

昭和新山から30分ほど歩くと、洞爺湖のほとりにある温泉街にたどり着く。そこに「洞爺サンパレス」というホテルがある。30年前に家族旅行で宿泊したのもこのホテルだった。エントランスとロビーラウンジは随分ラグジュアリーな雰囲気に改装されているけれど、部屋に入ってみると懐かしい心地がした。窓際に置かれたソファとテーブルは30年前と同じ配置だ。

部屋は全室レイクビューで、窓の向こうに洞爺湖が一望できる。まずは浴衣に着替えて、大浴場の露天風呂につかる。ここからも洞爺湖が見渡せた。部屋に戻って缶ビールを開け、また湖を眺める。日が沈むと、湖は淡い水色になる。そこから少しずつ紺色に変わってゆく。

すっかり日が暮れたところで、レストランに向かった。夕食はビュッフェ形式だ。鰹のたたきにサーモンの刺身、イタヤ貝の小柱、キンキの姿煮、鮪のかま大根、赤魚の西京焼き、炊き合わせ、鶏と玉子の甘辛煮、烏賊大根、烏賊飯、ジンギスカン、菜の花のお浸し、鱈子和え蒟蒻、薩摩芋の甘露煮、味噌汁にチャーシュー飯、そば、茶碗蒸し、シューマイ、エビフライ、フライドポテト、お子様用ビーフカレー、グリーンカレー、ビーフカレー、シーフードパエリア、シーフードグラタン、ガーリックムール、海鮮アヒージョ、スモークサーモン、彩り野菜のゼリー寄せ、たらこクリームパスタ、ミートソースパスタ、クワトロフォルマッジ、マルゲリータ、ロングバケットサンド……。どれを皿にのせたものか、迷ってしまう。それとは別に、海老の天麩羅や長芋フライ、ステーキ、握り寿司や味噌ラーメンは、料理人がその場で調理している。

30年前も、「洞爺サンパレス」の夕食はビュッフェ形式だった。写真を見返すと、メロンとさくらんぼとオレンジ、それにステーキと蟹をたっぷり皿に盛り、無心で頬張る自分の姿が写っている。あの頃はきっと、物珍しさに惹かれるままに料理を選んでいたのだろう。あれから30年経った今は、「せっかくだから郷土の味覚を」と考えるようになった。

時刻はまだ19時過ぎだが、夕食のピークは過ぎたのか、広々としたレストランは少し閑散としていた。ほとんどの宿泊客は、このあとのイベントに備えて、早めに夕食を済ませたのだろう。春から秋にかけて、洞爺湖温泉では毎日花火大会が開催されている。洞爺湖を移動する打ち上げ船から、およそ450発の花火が打ち上げられるのだ。夏の終わりに洞爺湖を訪れたのも、ここでまた花火を観たいと思ったからだった。

20時45分を迎えると、最初の花火が上がった。打ち上げ船は花火を打ち上げながら、のんびり近づいてくる。湖上には花火を見物する遊覧船が浮かんでいて、その船もぴかぴかと輝いている。あっという間に20分経ち、最後の花火が打ち上がると、湖は暗闇に包まれた。その暗闇を見つめていると、さっきまで夢中になって見物していたのは湖上に打ち上げられた花火で、湖のことはまるで見ていなかったことに気づかされる。

部屋のあかりをつけると、窓ガラスが鏡のように反射して、湖が見えなくなる。せっかくレイクビューの部屋に泊まっているのだから、部屋のあかりは消したままウィスキーの水割りを飲むことにした。

洞爺湖が誕生したのは11万年前だ。湖畔にホテルが建ち並ぶずっと前から、そこに洞爺湖はある。日本列島に人類がやってきたのが3万8000年前だから、ここに人類がやってくるより遥か昔から、洞爺湖はここに存在していた。これから先、人類がいなくなったとしても、そこに洞爺湖はあり続けるのだろう。洞爺湖が存在している、永遠にも思えるような時間に比べると、人間の一生はほんのわずかな時間に過ぎない。諸行は無常であり、すべてのものは生まれては消えてゆく。そんなふうに儚く虚しいものだからこそ、その一瞬を見つめていたい。

やがて雨が降りだして、湖は靄に包まれた。どこまでが陸地で、どこまでが湖で、どこからが空なのか、境界線が曖昧になってゆく。その暗闇をじっと見つめていると、ところどころにひかりが見えた。この窓の向こうにも、真夜中の洞爺湖を見つめている誰かがいるかもしれない。その誰かは今、どんな気持ちで洞爺湖を見つめているのだろう。この世界にいる、誰かのまなざしを探し求めるようにして、わたしはまた旅に出る。

極楽通りにある鬼の像

貴泉堂の吉田光雄さん

洞爺サンパレスの客室

昭和新山の三松正夫像

あとがき

年始の三連休、倉敷に出かけた。

20代の頃は青春18きっぷで帰省することも多く、よく倉敷で途中下車していた。倉敷には昔ながらの町並みを保存した美観地区がある。川沿いには柳並木があり、蔵屋敷が建ち並んでいる上に、大原美術館や民藝館など文化施設もあって、多くの観光客で賑わっている。ただ、僕が倉敷で途中下車するようになったのは、「蟲文庫」という古本屋に立ち寄るためだった。

「観光地とは土地の演技である」

倉敷出身の演出家・危口統之《きぐちのりゆき》さんは、そう書き記していた。危口さんはその文章において、厳格に町並みを保存することで観光地化された「美観地区」と、そこに隣接する「本町《ほんまち》」とを比較して論じていた。厳密に言うと、「本町」もまた条例で美観地区に含まれているのだが、倉敷に生まれ育った危口さんからすると、観光客で賑わう倉敷川沿いの「美観地区」と、地元の人が生活する「本町」は分かれていたのだろう。「蟲文庫」があるのは後者のエリアだ。

電線を地中に埋めて綺麗な外観保持に努める美観地区と違って、本町には電信柱が立ってるし、お店の看板も張りだしてます。観光客向けのお店も近年は増えましたが、昔からあるのは畳屋さん、電気屋さん、駄菓子屋さん（10年程前になくなっちまった）など地域の人のためのお店です。言うなれば、冷凍保存と漬物の違い、といったところでしょうか。

美観地区が、「そのものになりきる」完ぺきな演技を続けているのに対し、本町はあくまでも自然体、まずは住む人達の暮らしがベースとしてあります。ぱっと見は綺麗な美観地区ですが、個々の建物は商家や土蔵という本来の機能を剝奪され、民芸品店やレストランとなっているのに対し、本町では民家は民家として、蔵は蔵として使われているという健全さがあります。

この文章が書かれたのは２０１２年だ。

それから十数年のあいだに、街の雰囲気はずいぶん変わった。かつては比較的静かだった「蟲文庫」のあたりまで、メンチカツやコロッケを手にした観光客が行き交うようになった。それに、現在では「本町」のあたりも電柱は地中化され、観光客向けの店が増えている。危口さんの言葉を借りれば、「住む人達の暮らしがベース」にあったエリアにまで、「演技」の波が及びつつある。

倉敷の町並みにいち早く着目したのは外村吉之介だった。

滋賀生まれの外村は、倉敷紡績の社長・大原總一郎の招聘を受け、倉敷を訪れた。紡績業で栄えた倉敷には、沖縄から女子挺身隊として動員された女性たちが多く暮らしていた。終戦後もすぐに帰郷することは叶わなかった女性たちに、織物の技術を学ばせようと、織物の研究者でもあった外村が招聘されたのだ。外村はやがて倉敷に移り住んで、岡山県民藝協会を立ち上げ、昭和23（１９４８）年には倉敷民藝館の初代館長に就任したほか、古い町並みを「美観地区」として保存する運動にも大きく貢献した。いち早く竹富島の町並みに注目した人物というのも、この外村吉之介だった。

竹富島をテーマにした古いガイドブックを読むと、そこには人の姿がある。機織りをする大山菊さんや、竹富診療所の親盛長明さん、民宿を切り盛りしながら「神司《かんつかさ》」を務める新田初子さんなど、島のひとびとの姿が紹介されている。ところが、最新のガイドブックになると、島に暮らす人は姿を消し、赤瓦の町並みときれいな海、美味しそうなグルメに可愛らしい土産物だけが掲載されている。

竹富島が観光客で賑わい始めた時代には、島に息づく営みが注目されていたはずだった。それなのに、今では写真映えする絶景とグルメと土産物だけが――つまり日常生活の疲れを癒してくれるものだけが――求められている。竹富島に限らず、旅行ガイドを手に取ると、「癒し」と「絶景」の文字が目につく。観光客の求めるものに応じて、土地は「演技」をするのだとすれば、このままだと全国各地の観光地はテーマパークになってしまう。

もっと別の「観光」の形はありうるのか。

現在とは違う未来を思い描くには、過去の歴史を辿ることが近道となる。そこで僕は、全国各地の観光地をめぐり、観光客をもてなしてきた人たちに話を聞かせてもらって、人は何を求めて観光に出かけてきたのかを考えてみることにした。編集者の森山裕之さんに企画の相談をして、『OHTA BOOKSTAND』(ohtabookstand.com)で「観光地ぶらり」と題した連載を始めたのは、2023年の1月のことだった。

「観光地ぶらり」と看板を掲げたものの、僕の旅は「ぶらり」とは程遠い。これはもう、小さい頃からの性分なのだと思う。生まれて初めてひとり旅に出たときのメモを見ると、細かく旅程が書き記されている。大人になった今でも、事前にその土地の地図をくまなく観察し、図書館で調べ物をしている。だから、旅に出るときにはもう、どこをどんなふうにめぐるか、しっかり予定を組んでいる。

なんの予備知識も持たず、宿泊先も決めずに、ぶらりと旅に出る——そんな旅にあこがれる。でも、ありあまる情報に囲まれたこの時代に、なんの予備知識も持たずに旅に出るのはほとんど不可能に近い。駅に貼り出されたポスターや、テレビから流れてくる映像、SNSのタイムラインに表示される投稿。メディアを通じて、大量の情報がなだれ込んでくる。だから、ぶらりと旅に出たつもりでも、どこかで見聞きした情報の確認作業に陥ってしまう。

絶景のなかに、何を見るか。

わたしたちの目は、絶景を見慣れている。どんなに美しい景色でも、1時間、2時間と見惚れることは稀で、しばらく眺めたあと、写真を撮って立ち去る場合がほとんどだ。わたしたちは、ちゃんと景色を見つめられているだろうか？

絶景を前に立ち止まり、目を凝らすことで、見えてくる姿がある。じっと耳を澄ますことで、聴こえてくる声がある。そんな偶然の出会いに、「ささやかな未知」が詰まっている。ここではないどこかに、わたしとは違う人生を生きている誰かがいる。そんな誰かを想像することは、世界に触れようとすることであり、それこそが「観光」なのではないかと、僕は思う。


僕が全国各地を旅するようになったきっかけは、ZAZEN BOYSというバンドと出会ったことだった。そのサウンドに衝撃を受け、何度でもライブを観たいと思い、原付でツアーを追いかけるようになった。それが僕の最初の著書である『ドライブイン探訪』に繋がっている。

『ドライブイン探訪』は、全国各地に点在するドライブインを通じて、戦後史のようなものを辿る取材になった。今回の『観光地ぶらり』は、もう少し長い射程を——日本の近代が歩んできた足跡に思いを巡らせる取材になったように感じている。

「繰り返される諸行は無常」——と、ZAZEN BOYSの向井秀徳は繰り返し歌っている。その言葉を反芻しながら、いろんな土地を旅して、そこに広がる景色を見つめてきた。人口減少社会を迎えた今、何十年、何百年と続いてきた営みが途絶えつつある土地もある。観光客が関わりを持てることには限りがあって、住むことでしか解決できないことはある。これから先の未来には、鉄道や道路が維持できなくなって、気軽にアクセスできない土地も出てくるのだろう。まさしく諸行は無常である。この瞬間にわたしが目にしているひかりも、いずれ消えてしまう。だからこそ、今そこに存在しているひかりに目を凝らしていたい。それをひとりで噛み締めているだけではあきたらず、この世界のどこかにいるあなたに伝えたくて、こうして文章に綴っている。

2024年1月24日　橋本倫史

道後温泉

坪内祐三『慶応三年生まれ 七人の旋毛曲り 漱石・外骨・熊楠・露伴・子規・紅葉・緑雨とその時代』（講談社文芸文庫）2021年
福田和也『日本人の目玉』（新潮社）1998年
高島俊男『漱石の夏やすみ——房総紀行『木屑録』』（朔北社）2000年
種田山頭火『新編 山頭火全集 第7巻』（春陽堂書店）2022年
金子兜太『放浪行乞 山頭火百二十句』（集英社）1987年
村上護『山頭火 名句鑑賞』（春陽堂書店）2018年
村上護『山頭火の手紙』（大修館書店）1997年
町田康『入門 山頭火』（春陽堂書店）2023年
池田洋三『わすれかけの街 まつやま戦後』（愛媛新聞社）1975年
篠崎勝・監修、女性史サークル・編『愛媛の女性史 近・現代 第一集』（女性史サークル）1984年
『Ｄｉｄｉｏｎ（01）』（エランド・プレス）2017年 特集「ストリップ・ナウ！」
前野健太『ワイチャイ』（ロマンスレコード）2022年

竹富島

外村吉之介「南島通信（二）竹富島より」『民藝』1958年3月号
本田安次『南島採訪記』（明善堂書店）1962年
下嶋哲朗『沖縄・聞き書きの旅』（刊々堂出版社）1978年
島仲信良「町並み保存のとりくみ—沖縄県竹富町竹富島伝統的建造物群保存地区—」『文部時報』1987年10月号 特集「文化財と国民生活」
森まゆみ「竹富島の宇宙」『すばる』2013年8月号—2015年7月号

竹富町史編集委員会・編『竹富町史 第2巻 竹富島』（竹富町）２０１１年

摩耶山

平民金子『ごろごろ、神戸。』（ぴあ）２０１９年
石川達三『蒼氓』（秋田魁新報社）２０１４年
西東三鬼『神戸・続神戸』（新潮文庫）２０１９年
『神戸市小売市場連合会 50年史』（神戸市小売市場連合会）２０００年
砂本文彦『近代日本の国際リゾート 一九三〇年代の国際観光ホテルを中心に』（青弓社）２００８年
野瀬元子、古屋秀樹、太田勝敏「戦前における日本の国際観光政策に関する基礎的分析」『土木計画学研究・講演集vol.40（CD-ROM）』２００９年
赤井正二『旅行のモダニズム 大正昭和前期の社会文化変動』（ナカニシヤ出版）２０１６年
村上しほり『神戸 闇市からの復興 占領下にせめぎあう都市空間』（慶應義塾大学出版会）２０１８年
灘区グローカルサイト「ナダタマ」（www.naddist.jp）

猪苗代

鬼多見賢『猪苗代湖の白鳥』（野口英世記念館）２０００年
守谷早苗「人と物の往来史 第12回　明治14年東北・北海道巡幸と福島県」『福島の進路』２０１９年３月
「座談会・わが町わが村８ 耶麻郡猪苗代町 磐梯朝日国立公園の表玄関」『財界ふくしま』１９７９年12月号
「白鳥と磐梯観光の町」『時の動き』１９８１年１月号
「脚光浴びる猪苗代開発の視点」『とうほく財界』１９８３年１・２月号
「佐藤光信猪苗代町長に猪苗代のスキーと観光を聞く」『財界ふくしま』１９８４年12月号
「初当選を果たした西村寅輔猪苗代町長 町政への信頼回復が急務」『財界ふくしま』１９８６年２月号
「〝宝の山〟を中心に『会津フレッシュリゾート構想』が具体化」『財界ふくしま』１９８８年６月号
「会津フレッシュリゾート構想まとまる」『とうほく財界』１９８８年７・８月号
阿部輝郎「大規模プロジェクト28 会津フレッシュリゾート構想」『月刊不動産流通』１９８８年10月号

杉本憲司「会津フレッシュリゾートの功罪」『月刊自治研』1989年10月号
「再選を果たした西村寅輔猪苗代町長 二期目は活気ある町づくりを」『財界ふくしま』1990年1月号

羅臼

戸川幸夫「羅臼の早朝酒場」『サンデー毎日』1970年11月1日号
「羅臼——スケソウの海」『企業年金』1987年1月号
岩松喜三郎「羅臼・秋・番小屋」『母の友』1986年11月号

横手

『エンタクシー』2003年秋号　特集「『食』の氾濫文脈——『里見真三』以後のグルメという非喜劇」
『ユリイカ』2011年9月号　特集「B級グルメ」
福田和也『保守とは横丁の蕎麦屋を守ることである』（河出書房新社）2023年
人文社観光と旅編集部・編『郷土資料事典秋田県・観光と旅 改訂新版』（人文社）1979年
『横手市史 特別編（文化・民俗）』（横手市）2006年
『よこてfun通信（12）』2018年
渡邉英彦、中澤朋代「まちづくり公開講座『富士宮やきそば』による市街活性化の裏舞台」『地域総合研究』2007年
向井浩司「『B級ご当地グルメで街おこし 富士宮やきそばにみる地域ブランド戦略』の概要と小考察」『ECPR：Ehime Center for Policy Research』（通号25）2009年
渡辺英彦『ヤ・キ・ソ・バ・イ・ブ・ル—面白くて役に立つまちづくりの聖書』（静岡新聞社）2007年
『観光とまちづくり』（日本観光振興協会）2011年新年号　特集「食を旅する」

しまなみ海道

『雑居雑感』2号　2022年
向島町史編さん委員会・編『向島町史 通史編』（向島町）2000年
岡田富之助「生長する商店街（広島・瀬戸田町）」『商業界』1954年4月号
竹元千多留「尾道大橋の建設について」『しま』1965年12月号

「柑橘の島・レモン日本一をめざす 広島県豊田郡瀬戸田町」『社会保険』1981年4月号
菅生直孝「開通した尾道大橋」『高速道路と自動車』1968年4月号
有田英司「瀬戸内しまなみ海道を訪ねて」『日経研月報』1996年5月号
岡野敬一「瀬戸内しまなみ海道の全線開通を控えて」『市政』1996年10月号
「まちづくり大作戦 文化の薫るまちづくり　瀬戸田町」『かんぽ資金』1997年9月号
別冊山と渓谷『せとうちブック』(山と渓谷社)1999年
地井昭夫「しまなみ海道と瀬戸内海のポスト架橋の地政学」『しま』1999年3月号
「サイクリング客は地元以外が7割以上 しまなみ海道(来島海峡大橋)における自転車の利用実態について」『IRC Monthly』2011年10月号
『道路』2014年5月号 特集「自転車を活かす道づくり〜安全で快適な自転車利用に向けて〜」
山本優子「西瀬戸自動車道「瀬戸内しまなみ海道」がもたらす新たな可能性　瀬戸内まるごとサイクルツーリズム構想」『人と国土21』2016年1月号
林恒宏・小倉哲也「日本におけるサイクルツーリズムの現状と可能性　しまなみ海道サイクリングの外国人観光客に対するプロモーションに着眼して」『日本産業科学学会研究論叢』(通号22)2017年

五島列島

松田毅一・川崎桃太訳『完訳フロイス日本史9　大村純忠・有馬晴信篇Ⅰ』(中公文庫)2000年
松井圭介『観光戦略としての宗教 長崎の教会群と場所の商品化』(筑波大学出版会)2013年
本馬貞夫『世界遺産キリシタンの里　長崎・天草の信仰史をたずねる』(九州大学出版会)2021年
浦川和三郎『五島キリシタン史』(国書刊行会)2019年
松田典子『世界文化遺産「長崎と天草地方の潜伏キリシタン関連遺産」を巡る 美しき教会と祈り』(講談社)2018年
江濱丈裕『長崎・五島 世界遺産、祈りが刻まれた島』(書肆侃侃房)2020年
中山元『アレント入門』(ちくま新書)2017年
田野大輔・小野寺拓也編著『〈悪の凡庸さ〉を問い直す』(大月書店)2023年

広島

『photographers' gallery press no.12』2014年 特集「爆心地の写真 1945-1952」
斉藤道雄『原爆神話の五〇年 すれ違う日本とアメリカ』(中公新書) 1995年
繁沢敦子『原爆と検閲 アメリカ人記者たちが見た広島・長崎』(中公新書) 2010年
頴原澄子『原爆ドーム 物産陳列館から広島平和記念碑へ』(吉川弘文館) 2016年
佐藤真澄『ヒロシマをのこす 平和記念資料館をつくった人・長岡省吾』(汐文社) 2018年
松田哲也『2045年、おりづるタワーにのぼる君たちへ』(ザメディアジョン) 2019年
志賀賢治『広島平和記念資料館は問いかける』(岩波新書) 2020年
西井麻里奈『広島 復興の戦後史 廃墟からの「声」と都市』(人文書院) 2020年
古川修文『原爆ドーム 再生の奇跡』(南々社) 2022年
「原爆と防空壕」刊行委員会編著『原爆と防空壕 歴史が語る長崎の被爆遺構』(長崎新聞社) 2012年
高瀬毅『ナガサキ 消えたもう一つの「原爆ドーム」』(文藝春秋) 2013年
山川剛『被爆体験の継承 ナガサキを伝えるうえでの諸問題』(長崎文献社) 2017年

登別・洞爺

岡田光一郎「登別温泉附近」『旅』1929年2月号
早坂義雄『北海道見物』(北光社) 1934年
『北海道の十八景勝地』(北海道景勝地協会) 1936年
成田研一「洞爺湖の観光客に思う」『温泉』1964年10月号
井崎一夫「登別温泉地獄まつり」『温泉』1965年10月号
「総点検日本の観光地(51) 登別〜洞爺湖」『サンデー毎日』1969年9月7日号
洞爺村・編『洞爺村史』(洞爺村) 1976年
登別市史編さん委員会・編『やさしい史話 登別の歴史』(登別市) 1986年
三松正夫『昭和新山物語 火山と私との一生』(誠文堂新光社) 1974年
椹木野衣「文化の震度(6) 火の山の麓で 三松正夫と昭和新山」『新潮』2006年1月号

柳田國男『柳田國男全集18』（ちくま文庫）1990年
武田俊輔「民謡の歴史社会学 ローカルなアイデンティティ／ナショナルな想像力」『ソシオロゴス』（通号25）2001年
長尾洋子『越中おわら風の盆の空間誌 〈うたの町〉からみた近代』（ミネルヴァ書房）2019年
富山新聞社・編『越中の群像 富山県百年の軌跡』（桂書房）1984年
桂米朝『昭和の名演 百噺 其の十 地獄八景亡者戯』（ユニバーサルミュージック）2020年
チェルフィッチュ×金氏徹平『消しゴム石』（SHUKYU）2021年
藤田貴大『Kと真夜中のほとりで』（青土社）2017年

あとがき

「悪魔のしるし」（主宰・危口統之）ブログ「観光地とは土地の演技である（2）」https://akumanoshirushi.blogspot.com/2012/11/2.html
大森久雄『倉敷伝建地区の歩み』（備中倉敷学）2014年
『エアリアガイド37 沖縄 宮古・八重山諸島』（昭文社）1991年
『てくてく歩き21 石垣・竹富・西表島&那覇 気ままに船とバスの旅』（実業之日本社）2002年
又吉直樹『人間』（毎日新聞出版）2019年
坪内祐三『ストリートワイズ』（晶文社）1997年
ZAZEN BOYS『らんど』（スペースシャワーミュージック）2024年1月24日

（撮影＝河内彩）

橋本倫史（はしもと・ともふみ）

1982年東広島市生まれ。物書き。著書に『ドライブイン探訪』（ちくま文庫）、『市場界隈 那覇市第一牧志公設市場界隈の人々』、『東京の古本屋』、『そして市場は続く 那覇の小さな街をたずねて』（以上、本の雑誌社）、『水納島再訪』（講談社）がある。

装丁　名久井直子
装画　ヒロミチイト
写真　橋本倫史
組版　飯村大樹

『OHTABOOKSTAND』（ohtabookstand.com）連載「観光地ぶらり」第0回2023年1月25日、第1回1月26日、第2回2月8日、第3回2月15日、第4回3月29日、第5回4月19日、第6回5月17日、第7回6月21日、第8回7月26日、第9回8月30日配信を大幅に加筆修正しました。「登別・洞爺　絶景、記憶をめぐる旅」は書き下ろしです。

STAND BOOKS

スタンド・ブックス
2016年設立の出版社
2024年より太田出版内の
出版レーベル

観光地ぶらり
橋本倫史
二〇二四年三月三十一日　初版発行

編集発行者　森山裕之
発行所　株式会社太田出版
〒一六〇 - 八五七一
東京都新宿区愛住町二二
第三山田ビル四階
TEL 〇三 - 三三五九 - 六二六二
FAX 〇三 - 三三五九 - 〇〇四〇
ohtabooks.com

印刷・製本　中央精版印刷株式会社

ISBN 978-4-7783-1925-0 C0095